DANS L'ŒIL DU MIROIR

FRANÇOISE FRONTISI-DUCROUX
JEAN-PIERRE VERNANT

DANS L'ŒIL
DU MIROIR

© ÉDITIONS ODILE JACOB, AOÛT 1997
15, RUE SOUFFLOT, 75005 PARIS
INTERNET : http://www.odilejacob.fr

ISBN : 2-7381-0497-5

Le Code de la propriété intellectuelle n'autorisant, aux termes de l'article L. 122-5, 2° et 3° a, d'une part, que les « copies ou reproductions strictement réservées à l'usage privé du copiste et non destinées à une utilisation collective » et, d'autre part, que les analyses et les courtes citations dans un but d'exemple et d'illustration, « toute représentation ou reproduction intégrale ou partielle faite sans le consentement de l'auteur ou de ses ayants droit ou ayants cause est illicite » (art. L. 122-4). Cette représentation ou reproduction, par quelque procédé que ce soit, constituerait donc une contrefaçon sanctionnée par les articles L. 335-2 et suivants du Code de la propriété intellectuelle.

Pour Claude et Claude

AVANT-PROPOS

Cet ouvrage, en trois parties, est un livre à deux voix. L'ouverture et la clôture racontent la progressive reconquête par Ulysse de son identité et de son statut de roi d'Ithaque, reconquête qui ne s'obtient pleinement que par le bon vouloir de Pénélope. Au centre, il est question du miroir. Objet culturel privilégié, dont la forme schématisée – cercle surmontant une croix – fournit, encore aujourd'hui, son sigle au genre féminin, le miroir de Vénus, opposé à l'arc d'Apollon – cercle d'où monte en oblique vers la droite une flèche et qui dénote le masculin –, le miroir servait en Grèce ancienne d'opérateur symbolique pour penser le rapport des deux sexes.

Autour du miroir, comme avec Ulysse, il est question d'identité. De l'identité masculine, car il n'est dans l'Antiquité de sujet qu'au masculin. Mais les femmes sont constamment présentes dans cette quête de soi-même par l'individu mâle grec. Des femmes pensées et fantasmées par les hommes, et non point des femmes réelles, lesquelles, de toute façon n'avaient pas leur mot à dire. Des figures féminines donc, nécessaires à l'homme pour se penser et se définir, mais utilisées bien différemment selon les époques. Considérées, dans les poèmes homériques, comme d'indispensables auxiliaires de l'homme, dans un contexte culturel qui semble poser la complémentarité des sexes et la réciprocité de leurs rôles dans un couple, elles se voient, à l'âge classique, reléguées dans une altérité radicale d'où elles font avant tout fonction de repoussoir. Sur ce point au moins, le hiatus est incontestable entre le monde d'Ulysse et le monde du miroir.

Pour explorer ces quelques secteurs d'un imaginaire collectif, lointain certes, mais dont notre propre univers culturel n'est encore que trop marqué, les deux auteurs ont œuvré dans la complémentarité bien plus que dans la différence. Si leurs textes sont délimités et attribués sans équivoque, c'est un dialogue d'amitié, ancien et constant, qui les sous-tend.

Nos remerciements vont à tous ceux qui nous ont aidés à mener cet ouvrage à son terme, par leur écoute et leur lecture attentive, leurs critiques, leurs suggestions, leurs conseils, leurs encouragements. En particulier à François Lissarrague, dont l'amitié efficace nous a soutenus à toutes les étapes de ce travail, à Stella Georgoudi, Annie-France Laurens, Claude Mossé, Nicole Sels et Froma Zeitlin, à Michel Casevitz, Marcel Detienne, Riccardo Di Donato, Louis Marin, Piero Pucci, Charles Segal, Michel Tardieu, Paul Veyne, Pierre Vidal-Naquet et François Villard. Notre gratitude va également à André Miquel qui nous a donné l'occasion de présenter, au Collège de France, en conférence du soir, une première version d'un chapitre de ce livre. Que soient aussi remerciés tous les auditeurs des séminaires de l'EPHE, section des Sciences religieuses.

# Ulysse en personne

En ce premier matin de retour à Ithaque, sur la grève où l'ont déposé endormi les marins phéaciens, navigateurs nocturnes, Ulysse s'éveille. C'est l'aube. Après vingt ans d'épreuves, d'errances, de souffrances, il est chez lui. Il ouvre les yeux, il regarde. Que voit-il, sous quelle forme lui apparaît le rivage d'une patrie qu'il retrouve après l'avoir, en vain, si longtemps, si passionnément désirée ? Le paysage qui s'offre à sa vue, nous l'imaginons aisément ; le poète, à deux reprises, nous en a brossé le tableau : une rade que cernent deux pointes rocheuses dressant face à face leurs falaises abruptes ; à l'entrée de ce port naturel, sur la plage où Ulysse a dormi, un grand olivier qui s'éploie et, toute proche, la vaste grotte voûtée que le héros, au temps jadis, est venu si souvent visiter pour y offrir de pieux sacrifices aux Naïades. Enfin, dominant la baie, la hauteur du Nérite, revêtue de ses bois.

Or, quand s'ouvrent les yeux d'Ulysse, ils sont comme aveugles au décor de cette côte tant de fois parcourue : « Ulysse s'éveillait de son premier sommeil sur la terre natale, mais sans la reconnaître après sa longue absence ; car Pallas Athéna avait autour [de lui] versé une nuée afin que de ces lieux il ne reconnût rien [1] [...] c'est pourquoi tout

---

1. Ou, suivant une autre lecture : « pour le rendre méconnaissable ». Sur l'ambiguïté de tout ce passage, cf. P. Pucci, 1986.

lui apparaissait d'aspect étranger : les mouillages du port, les rocs inaccessibles, les sentes en lacets et les arbres touffus » (XIII, 187-196). Sautant aussitôt sur ses pieds, au sortir du sommeil, Ulysse contemple debout la terre paternelle et gémit de se découvrir de nouveau rejeté en pays inconnu, chez un peuple peut-être malfaisant et sauvage.

Comment expliquer [1], chez l'homme que les premiers vers du poème célèbrent comme celui qui a vu (*ide*) et connu (*egnô*) tant de pays et tant de peuples, celui dont l'idée fixe était de voir (*ideein*) les siens et sa maison, cette soudaine méconnaissance, à l'heure des retrouvailles avec Ithaque, ou plutôt cette métamorphose qui change, à travers son regard, en un spectacle inconnu, inquiétant, les formes familières et rassurantes de ce doux « chez-soi » dont le souvenir, sous la plume de Du Bellay, évoque aussitôt, en écho nostalgique, le bonheur d'Ulysse rentré en sa maison.

Heureux qui comme Ulysse...

Athéna, nous a-t-on dit, a répandu autour d'Ulysse une nuée. Ce n'est pas la première fois qu'elle agit avec lui de la sorte. Quand un dieu recouvre quelqu'un d'une nuée, c'est pour le cacher, le soustraire aux regards, le rendre pour un temps invisible. Ainsi a déjà fait la déesse, quand sous l'aspect d'une jeune enfant, elle a croisé Ulysse sur le chemin qui le mène au palais d'Alcinoos, en Phéacie. Tout en lui indiquant la route et la marche à suivre pour parvenir jusqu'à la salle où il lui faudra se jeter en suppliant aux pieds de la reine, elle verse sur lui, par précaution, une nuée qui le rend invisible tout au long du parcours ; elle ne la dissipera qu'au dernier moment, quand, apparaissant soudainement aux yeux des spectateurs stupéfaits, il aura déjà touché les genoux de la maîtresse de maison. « Sous

---

1. Telle est la question que pose Simon Goldhill, 1991, p. 7.

l'épaisse nuée versée par Athéna, le héros d'endurance alla par la grand-salle vers Areté et le roi Alcinoos. Comme il jetait les bras aux genoux d'Areté, la divine nuée soudain se dissipa et tous, en la demeure, voyant cet homme (*phôta idontes*), restèrent silencieux, s'émerveillant de le voir (*thaumazon d'horôontes*) » (VII, 143-5).

Mais quand Ulysse s'éveille à Ithaque, cette même nuée qu'Athéna a répandu sur lui de la même façon ne le rend pas cette fois invisible au regard d'autrui, elle rend autre ce dont son propre regard lui donne la vision.

Sur les routes de Phéacie, le brouillard qui camoufle la présence d'Ulysse tant qu'il n'a pas remis son sort entre les mains d'Areté répond à des exigences de sécurité bien compréhensibles. Mais à quoi rime cette nuée qui lui fait voir sa patrie sous l'aspect d'une terre étrangère ? Un détail de l'épisode phéacien, précisément par ce qu'il comporte en apparence d'incongru, nous met peut-être sur la voie d'une réponse. Athéna ne se contente pas de rendre Ulysse invisible en l'enveloppant de brume ; elle lui enjoint, quand il la suivra, de « ne regarder aucun être humain en face », comme si l'invisibilité ne pouvait être pleinement acquise qu'à la condition de ne pas croiser en chemin le regard de quiconque pourrait le voir. Entre voir et être vu, la réciprocité s'impose si rigoureusement que la meilleure façon d'échapper à la vue de quelqu'un est de ne pas chercher non plus à le dévisager soi-même : pour que l'œil d'autrui ne risque pas de percer le nuage d'obscurité qui vous enveloppe, pour demeurer ignoré jusque dans sa présence, le mieux est d'éviter de diriger vers autrui l'éclat de son propre regard, de se faire aveugle à qui ne doit pas, vous voyant, vous « connaître ».

Or, à Ithaque, il n'est pas question pour Ulysse de demeurer invisible, de pénétrer dans son palais sans que personne ne le voie. La réussite du plan qu'a machiné l'esprit retors d'Athéna n'exige pas qu'il dissimule sa présence, mais qu'il change du tout au tout son apparence, qu'on le prenne pour un autre, un étranger, lui, le maître des lieux, et que, tout en le voyant autant qu'il est là, en chair et en os, on ne l'identifie jamais. De retour chez lui, voyant de ses yeux, comme ardemment il le souhaitait, ses proches, sa femme, son fils, sa terre, sa maison, Ulysse doit entrer dans la peau d'un autre, cesser d'être lui-même, se rendre de la tête aux pieds méconnaissable, même aux yeux de ses plus intimes. Relisons dans son intégralité le texte que nous citions tout à l'heure : « La terre de sa patrie, il ne reconnaissait pas ; Athéna avait autour de lui versé une nuée afin que de ces lieux il ne reconnût aucun [1] et qu'il les apprît d'elle : ni sa femme, ni son peuple, ni ses amis ne devaient le connaître tant qu'il n'aurait pas des prétendants puni toutes les violences ; c'est pourquoi tout lui apparaissait d'aspect étranger. »

Pour demeurer en Phéacie caché dans son nuage d'invisibilité Ulysse devait se garder de jeter son regard à la face d'autrui ; de la même façon, à Ithaque, pour que personne ne le reconnaisse, le « chez-lui » qui se dévoile à sa vue quand il ouvre les yeux doit d'abord lui apparaître comme un paysage ignoré. Son incognito, pour être assuré, exige en retour une méconnaissance de son regard au décor le plus familier de son île [2]. Dans le palais d'Alcinoos, la nuée qui camouflait Ulysse se dissipait d'un coup, par le vouloir d'Athéna, dès lors que le héros avait atteint le but fixé : comme s'il surgissait de la nuit, le héros apparaissait brusquement à la lumière, manifestant aux yeux des hôtes du palais ébahis sa présence authentique. Sur le rivage d'Ithaque, Athéna va aussi dissiper le nuage, quand le moment lui paraîtra venu [3]. Elle doit d'abord mettre Ulysse

---

[1]. Nous lisons : *ophra min autôi agnoston*, et conservons la traduction de Victor Bérard. Si on lit : *ophra min auton agnoston teuxeien*, « pour le rendre [Ulysse] méconnaissable », la réciprocité entre « ne pas reconnaître ce qu'on voit » et « être soi-même méconnaissable » n'en est que plus directement inscrite dans le texte.

[2]. Cette île que, par la bouche du devin Halithersès, le poète qualifie au chant II d'« Ithaque bien visible », *Ithakès eudeielos* (vers 167), et où Ulysse doit rentrer « méconnu de tous », *agnôstos pantessi* (vers 175).

[3]. On a parfois interprété cette nuée comme un brouillard réel qui,

à l'épreuve. Depuis le temps qu'il rêve de « voir » les siens, de les retrouver, saura-t-il endosser assez intimement l'aspect et la personne d'un étranger pour réussir à donner le change même en face de ses proches ? Athéna doit être sûre qu'Ulysse est prêt à faire ce qu'elle attend de lui : jouer dans les règles, jusqu'au bout, sans défaillance, le jeu de l'altération. C'est alors qu'à son protégé, toujours prêt à penser, en dépit de ce qu'elle lui affirme, qu'il se trouve sur une terre étrangère, la déesse déclare : « Viens, je vais te montrer le site d'Ithaque pour te convaincre. Là est le port de Phorkys, le Vieux de la mer, là l'olivier, là la grotte des nymphes, là le Nérite. En disant ces mots, elle dissipe la nuée et le pays se fait voir » (XIII, 342-352).

Changer d'identité, qu'est-ce que cela signifie dans « le monde d'Ulysse », cette société de face à face, cette culture de la honte et de l'honneur où chacun est placé sous le regard d'autrui et ne se connaît lui-même qu'au miroir de l'image que les autres lui présentent de sa personne, en écho aux paroles de louange ou de blâme, d'admiration ou de mépris qu'ils profèrent à son sujet ? Le statut social et personnel d'un individu – ce qu'il est aux yeux d'autrui et aux siens propres – n'est pas séparable de son apparence, peut-être faudrait-il dire plutôt de son « apparaître », c'est-à-dire de la façon dont il est vu, connu, reconnu, aux deux sens de ce dernier terme, la reconnaissance impliquant tout à la fois qu'on sait qui il est, de qui il s'agit – son nom, sa patrie, ses parents –, et qu'on apprécie exactement sa « valeur », son excellence – son renom. Aussi ne suffit-il pas, pour maquiller son identité, de changer son appellation, de

---

noyant le paysage, en dissimulerait l'identité aux yeux de tous. Mais Ulysse, s'il en était ainsi, verrait la brume ; il verrait qu'on n'y voit rien, ce qui n'est pas le cas. Le texte implique qu'il voit très clairement, mais autre chose que ce qui est. La nuée ne modifie pas le paysage, mais la vision qu'en a Ulysse. De la même façon, en *Iliade*, V, 126-130, Athéna écarte des yeux de Diomède la nuée qui l'empêche, au cours du combat, de distinguer les dieux des mortels et lui fait prendre les uns pour les autres. La nuée n'est pas répandue sur le champ de bataille ; elle couvre les yeux de Diomède, qui pour le reste y voit fort bien.

se donner une autre origine, fausse patrie et parenté fictive, de s'inventer un passé illusoire, de s'affubler de vêtements étrangers ; c'est ce que de vous-même d'emblée vous donnez à voir, votre visage, votre face, ce *prosopon* qui signifie littéralement ce qui est de front présenté à la vue, qu'il faut rendre méconnaissable. Le *prosopon* donc, à modifier en premier lieu. Mais la face ne vaut que comme partie découverte, apparente, du corps dans son entier, avec sa taille, sa carrure, sa prestance, sa démarche, sa carnation particulières. Se faire un corps autre pour ne plus être semblable à soi. Or, la dissemblance par rapport à soi peut s'obtenir de deux façons contraires, suivant qu'elle s'opère vers le haut ou vers le bas. Et Ulysse, à plus d'une reprise, a connu cette double forme de dissemblance à soi dont la première, comme par surassimilation, accomplit le personnage dans sa pleine dimension héroïque, dans son statut d'*agathos aner*, d'homme valeureux, en le rendant « semblable à un dieu », dont la seconde le réduit, par sous-assimilation, à n'être plus personne, en le défigurant, en enlaidissant à travers son corps son être même, jusqu'à ce que, par défaut de similitude, de convenance, il ait perdu figure humaine.

Nous prendrons, dans l'épisode phéacien encore, un exemple de cette double possibilité d'écart maximal par rapport à l'aspect habituel d'une personne, comme si, pour chacun, depuis la forme ordinaire, moyenne, de son « apparaître », existait dans les deux sens une marge de variation dont les limites extrêmes seraient, d'une part, une entière « restauration » de sa figure, dans la plénitude des valeurs qu'elle présente, à la semblance d'un dieu ; de l'autre, une détérioration, ou même une totale dégradation, dans l'indignité d'une dissemblance complète à l'humain.

Quittant Calypso sur le radeau qu'il a construit lui-même, avec l'aide de la nymphe bouclée, Ulysse navigue solitaire sur les routes du large. Depuis dix-sept jours il n'a pas fermé l'œil (V, 271) ; pour gouverner sûrement l'esquif, pas une fois au cours des nuits il n'a détaché son regard des étoiles sur lesquelles il le tenait fixé : les Pléiades, le Bouvier, l'Ourse. Son salut exigeait qu'il les garde constamment à gauche de sa main. Le dix-huitième jour, sur la mer brumeuse, les côtes de Phéacie « apparurent », toutes proches (V, 279). C'est alors que Poséidon, revenant des confins du monde où il était parti banqueter chez les Éthiopiens, découvre subitement Ulysse voguant sur son radeau. Le dieu le voit (*ide*) ; la rage le prend. Il cache la terre et la mer dans l'obscurité d'une même nuit. Il déchaîne la tempête. Le radeau chavire. Ulysse aurait péri si, à son tour, Ino Leucothéa ne l'avait vu (*iden*, V, 333) et secouru. Pendant deux jours et deux nuits Ulysse, à la nage, dérive, ballotté de vague en vague. Au troisième, le vent tombe ; le calme s'établit ; plus un souffle. Le héros voit (V, 392) la terre toute proche ; il la fouille du regard (V, 394). Il éprouve la même joie que celle des enfants voyant, après une longue maladie, réapparaître un père (V, 394). Dès qu'il a réussi à gagner la terre ferme, à l'embouchure d'un fleuve, Ulysse épuisé se cherche, pour s'y étendre, une cache où s'enfouir à l'abri des regards. Dissimulé sous un amas de feuilles (V, 488 et 491), Ulysse est décidé, en dépit de sa fatigue, à ne pas succomber au sommeil par crainte de se laisser surprendre. Mais à peine se trouve-t-il caché par les feuilles qu'Athéna, versant sur ses yeux le sommeil comme une sombre nuée, étend sur ses paupières cette cache d'obscurité et l'endort (V, 493).

Il émerge du sommeil et des broussailles où il se tient tapi, aux cris aigus poussés par les servantes de Nausicaa, quand leur maîtresse envoie tomber au trou d'une cascade la balle de leur jeu. Ulysse sort de son abri tel un lion des montagnes dont les yeux jettent des flammes. S'avançant vers les jeunes filles, « il leur apparaît horrible, le corps abîmé par la mer » (VI, 137). Toutes aussitôt s'enfuient épouvantées. Seule Nausicaa demeure sur place. Mais s'il est affreux à voir, Ulysse n'en est pas moins plaisant à entendre quand il affirme n'avoir jamais auparavant vu de ses yeux (*idon... ophthalmoisi*, VI, 160) beauté égale à cette jeune femme plantée droit devant lui ; à la voir un respect sacré l'envahit (141). Pareil seulement à ses yeux le jeune palmier qu'il a connu naguère, à Délos, s'élevant vers le ciel. De la même façon que, le voyant (*idôn*) alors, il restait dans l'extase, « de même, toi aussi, jeune femme, dit-il à Nausicaa, je t'admire et je suis dans l'extase ». À tenir de tels propos, qui démentent sa sordide apparence, Ulysse n'est pas sans intriguer la fille du roi ni gagner sa sympathie : « Tu n'es pas, lui dit-elle, semblable (*eoikas*) à un vilain ni à un imbécile » (VI, 187). À ses servantes, elle commande d'apporter à cet étrange naufragé de quoi se vêtir proprement, de l'huile aussi pour s'oindre après le bain. Ulysse se lave aux eaux du fleuve, il purifie son corps, sa tête, son visage des impuretés et de la crasse qui lui souillaient la peau ; il se frotte d'huile et met les vêtements qu'on a déposés près de lui ; « et voici qu'Athéna, la fille du grand Zeus, le faisant apparaître et plus grand et plus fort, déroulait de son front des boucles de cheveux aux reflets d'hyacinthe ; tel un artiste habile, instruit par Héphaïstos et Pallas Athéna de toutes leurs recettes, coule en or sur argent un chef-d'œuvre de grâce, telle Athéna versait la grâce sur la tête et le buste d'Ulysse ; il était rayonnant de beauté et de grâce, quand il revint s'asseoir, à l'écart, sur la grève (VI, 229-236). »

Au départ, un Ulysse affreux, horrible comme un lion sauvage dont les yeux dardent une flamme meurtrière ; au terme, un Ulysse de beauté, rayonnant cette fois de tous les feux du charme et de la grâce. Cette restauration de la figure d'Ulysse dans l'intégrité de son éclat s'opère en deux temps. Pour que son « apparaître » manifeste clairement aux yeux d'autrui, à la façon d'un emblème, sa valeur authentique, il doit commencer par débarrasser son corps de tout ce qui le couvre, le salit, le souille, pour lui restituer, dans toutes ses parties, par des procédures d'hygiène, son aspect normal. Mais ce n'est pas suffisant : il y faut un surplus dont la divinité seule peut se charger. Le même pouvoir qui lui fait « répandre » sur un homme ce nuage d'obscurité qui tantôt le dissimule à la vue, tantôt encapuchonne ses yeux dans la nuit du sommeil, permet aussi à Athéna de « répandre » sur la personne de son choix un flot de lumière qui le fait apparaître, par ce rayonnement, plus grand, plus beau, plus éclatant [1].

Nausicaa, qui a assisté à cette métamorphose d'Ulysse, en fixe le sens dans la brève formule qu'elle glisse, en confidence, à ses servantes : « Je l'avoue, cet homme tout à l'heure me semblait *aeikelios,* non semblable, pas convenable, maintenant *theoisi eoike,* il ressemble aux dieux qui tiennent le vaste ciel » (VI, 292-293). Pour redevenir pleinement lui-même, Ulysse doit apparaître plus que lui-même : semblable aux dieux. Auparavant il était *a-eikelios*, non semblable, non convenable, défiguré, indigne, vulgaire. Cet état de dégradation qui rejette un individu en marge du convenable, hors de sa semblance à soi, c'est celui que vise à réaliser, sur le cadavre de l'adversaire, la pratique de l'*aeikia*. *Aeikizein,* outrager le cadavre ennemi, ne consiste pas seulement à priver le guerrier tombé sur le champ de bataille des rites funéraires qui le font accéder au statut de « beau mort », en lui assurant de survivre à jamais par la mémoire des hommes dans l'éclat d'une gloire impérissable. En livrant sa dépouille aux chiens et aux oiseaux, en

---

[1]. La restauration de la figure d'Ulysse dans la plénitude d'un éclat qui le fait apparaître « semblable aux dieux » se reproduit, toujours grâce à Athéna, devant les Phéaciens en VIII, 18-23 ; devant Télémaque en XVI, 172-176 ; devant Pénélope en XXIII, 156-163 ; de même Athéna restaure la figure de Pénélope endormie en XVIII, 189-196, et celle de Laerte au sortir de son bain, en XXIV, 365-375. Dans l'épisode où Ulysse, touché par la baguette d'or d'Athéna, se fait reconnaître par son fils, Télémaque n'en croit pas ses yeux d'avoir sous son nez vu un vieux mendiant loqueteux dont l'aspect misérieux disait l'indignité se transformer d'un coup en un être tout autre (*alloios*, XVI, 181), dont la prestance est telle que le jeune prince ne peut que lui dire : « Tu étais à l'instant un vieux, couvert de haillons sordides (*aeike*), maintenant tu ressembles aux dieux » (*nun de theoisi eoikas :* 16, 199). Dans sa réponse, pour lui confirmer qu'il n'est pas d'autre Ulysse que lui-même -*ou... et'allos,* Ulysse donne la clé de ce que signifie, à travers la transformation de l'apparaître, cette restauration d'identité : « Il est facile aux dieux de couvrir un mortel ou d'éclat -*kudenai* –, ou d'opprobre -*kakôsai* » (16, 212).

le traînant dans la poussière pour déchirer sa peau, comme Achille fait d'Hector, en la laissant pourrir et se décomposer, mangée de vers, en plein soleil, on cherche, en ramenant sa figure au degré zéro du convenable et du ressemblant, à détruire entièrement son identité, sa valeur, pour le réduire à n'être rien.

Quand il se montre aux yeux horrifiés des servantes, Ulysse, même défiguré, le corps abîmé et flétri par son séjour dans les eaux marines, n'est pas parvenu à l'extrême degré de la détérioration. Et surtout, elle s'est opérée en lui à son insu, sans qu'il le veuille. À Ithaque, la situation est différente, même si le résultat doit être comparable. Pour transformer de fond en comble son aspect et le rendre méconnaissable, Athéna doit être convaincue qu'en accord avec elle Ulysse est fermement décidé à déguiser ses traits, à endosser une autre identité, à entrer dans la peau d'un vieux mendiant misérable. Saura-t-il se faire autre et demeurer inconnu aux yeux de tous comme son regard lui fait apparaître étrangère, ignorée, la terre de sa naissance ? Expert à ourdir en ses paroles, mille mensonges ressemblant à des vérités, ce menteur accompli a fait ses preuves aussi dans l'art du déguisement. Écoutons Hélène narrer à Télémaque, parmi les hauts faits de son père, un de ses plus brillants exploits : « S'étant meurtri lui-même de coups défigurants (*plêgeisin aeikelieisi*), ayant jeté sur ses épaules une loque, semblable à un esclave (*oikêi eoikôs*), il s'enfonçait dans la ville aux larges rues. Se cachant lui-même il se faisait semblable à un autre, à un mendiant en rien tel à ce qu'il était près des nefs des Achéens. À ce mendiant semblable, il plongeait dans la cité des Troyens. Tous s'y laissèrent prendre. Mais moi je l'avais reconnu, même dans l'état où il était » (VI, 244-250).

Le récit de ce coup de maître où Ulysse se métamorphose en mendiant pour pénétrer dans Troie et y accomplir sa mission d'espionnage fonctionne dans le texte de l'*Odyssée* comme un prélude à son retour chez lui pour y exercer sa vengeance et redevenir lui-même (cf. XIII, 386 [1]). C'est Athéna cette fois qui se charge de l'opération en le rendant *aeikelios*, non semblable, comme elle l'a fait et le refera *theoisi eikelos*, semblable aux dieux. Pour qu'il demeure ignoré de sa femme et de son fils, elle lui annonce ce qu'elle va fabriquer avec lui : « Je vais te flétrir cette si jolie peau sur ces membres flexibles, faire tomber ces blonds cheveux de cette tête, te couvrir de haillons qui saisiront d'horreur les regards des humains ; j'éraillerai (*knuzôsô*) tes yeux, ces beaux yeux d'autrefois, afin qu'à tous les prétendants tu apparaisses *aeikelios* – d'une hideuse non-semblance » (XIII, 398-402 et 430-438). Horrible à voir aux yeux d'autrui, les siens abîmés et gâtés, le personnage qu'incarne désormais Ulysse et dont il fait apparaître la figure à la lumière du jour se profile aux antipodes de ce qu'est le héros d'excellence, semblable à un dieu. En tant qu'*aeikelios*, sa semblance, sa convenance ne peuvent être que toutes négatives : face défigurée, valeur avilie, éclat et rayonnement obscurcis, honneur anéanti. Pour qui le regarde, le mendiant qu'Ulysse est devenu pour s'y cacher invisible n'est véritablement personne.

Personne : *Outis*, c'est le nom qu'Ulysse a lui-même choisi de s'attribuer pour tromper le Cyclope sur son identité. Mais cet *Outis*, derrière lequel Ulysse se dissimule, fait apparaître en transparence, par un jeu de mots ironique, ce qui précisément donne au héros le pouvoir de berner et de se déguiser [2], *métis*, l'astuce retorse, cette forme subtile d'intelligence rusée qui est sur terre son apanage, comme celui d'Athéna chez les dieux. Riant sous cape, Ulysse le proclamera lui-même sans ambages : la tromperie qui a fait

---

[1]. Il s'agit de ne pas renouveler l'erreur fatale qu'a commise Agamemnon en rentrant chez lui, sans méfiance, sans précaution, sans rien dissimuler, pour s'offrir directement aux coups de Clytemnestre et d'Égisthe ; ce qu'explique Athéna en XIII, 333 *sq.*, et Ulysse en 383 *sq.* Cf., sur ce point, M. Arthur, 1991.

[2]. Comme l'ont bien vu Norman Austin, 1994 et Simon Goldhill, 1991.

la perte du Cyclope c'est, affirmera-t-il, son faux nom, *Outis*, et sa parfaite ruse, *métis* [1]. Celui qui n'est personne n'est personne d'autre que le *polumetis Odusseus*, le *poikilometis*, Ulysse aux mille ruses.

Mais commençons par le début. Débarquant sur la grève que domine de haut la vaste caverne où le Cyclope vit en solitaire, avec son troupeau de brebis et de chèvres, les douze hommes de la troupe emmenée par Ulysse grimpent jusqu'à l'antre du monstre ; ils y pénètrent en son absence, font main basse sur les fromages, les agnelets et les chevreaux. Unanimes, ils pressent leur chef de filer au plus vite rejoindre le reste de l'équipage, qui veille sur le navire prêt à reprendre la mer. En vain. Ulysse ne veut rien entendre. Il refuse de partir avant qu'il n'ait « vu » l'habitant de la grotte et compris à quel genre d'hôte ils ont affaire. Les hommes demeurent donc assis dans l'antre à attendre. Tous leurs malheurs viennent de là, de cette exigence d'un savoir *de visu*, qu'en « apparaissant à leurs yeux » le Cyclope va leur faire payer au plus cher. Il arrive, fait rentrer son troupeau, vaque aux tâches pastorales quotidiennes, rallume le feu ; il les « voit » (*esiden*). Première question : qui êtes-vous ? Réponse prudente d'Ulysse. Rien de précis sur leur identité. Ils sont des Achéens, retour de Troie, égarés par les vents hors de leur route ; ils ont servi Agamemnon, dont le renom monte jusqu'au ciel. Le seul point précis est un mensonge : leur navire – celui-là même qui les attend au mouillage dans la rade – aurait été brisé et, seuls survivants, ils sont là à implorer, à ses genoux, en suppliants, son hospitalité. La réponse ne se fait pas attendre. Le Cyclope attrape deux d'entre eux, les rompt à terre comme des petits chiots, avant de les dévorer membre

---

1. *Ou* et *mê* ont valeur équivalente de négation. « Le jeu sur *outis/Outis* se prolonge par le jeu *outis/mètis* », écrit Michel Casevitz, observant que le calembour sur « personne » (*outis*) (vers 366) et le nom propre forgé pour la circonstance *Outis* (vers 414 *sq.*) n'est pas gratuit puisque le témoignage de la *mètis* d'Ulysse (vers 414) assure l'impunité à la ruse salvatrice » (1989, p. 55).

à membre. Le même scénario se répète le lendemain, deux hommes le matin, deux hommes le soir. La moitié de la troupe est déjà engloutie dans le ventre de ce sauvage. Mais d'un jour à l'autre, Ulysse a eu le temps de mettre au point le plan qui va permettre à ceux qui restent d'échapper à la mort et d'« apparaître » (IX, 466) aux yeux réjouis des compagnons, placés de guet sur le bateau.

Le panneau préparé pour y faire tomber le Cyclope rassemble plusieurs volets. Dans la grotte d'abord : le vin et l'ivresse du monstre, le nom *Outis* qui va escamoter la présence d'Ulysse et le rendre indiscernable, le sommeil de la brute, le pieu rougi au feu dont la pointe enflammée consume et détruit, au milieu de son front, l'œil unique du Cyclope, enfermé désormais dans la nuit de l'aveugle ; hors de la grotte ensuite : la fuite éperdue, au détour du sentier, jusque vers la grève ; l'embarquement, le départ du navire et l'ultime bravade d'Ulysse, redevenu lui-même et jetant à la face du monstre que défigure son œil crevé (IX, 504) les mots qui révèlent après coup la véritable identité de celui qui lui a ravi la lumière : « celui qui t'aveugla, c'est le pilleur de villes, le fils de Laerte, l'homme d'Ithaque, Ulysse ». Entre les deux épisodes, pour passer du dedans au dehors de la grotte sans être reconnu, la ruse qui dissimule Ulysse et ses compagnons sous le ventre des béliers, dans l'épais nuage laineux de leur toison. Privé de la vue, le monstre qui cherche à les empêcher de sortir aura beau palper l'échine de ses bêtes, il n'aura pas l'idée d'aller tâter dessous : « Il ne vit pas ce qui pendait au ventre, dans l'épaisse toison (IX, 442-443). » Ce qui pendait au ventre et ralentissait l'avance de son bélier favori « alourdi, pour reprendre les mots que prononce la bouche même d'Ulysse, de sa laine et de mes denses pensers ». Double poids donc, mais chez Ulysse, transformé en Personne, ce qui pèse le plus lourd n'est pas tant la carcasse d'*Outis* coulée dans la toison que ces pensers bien serrés, compacts, sans faille (IX, 444), qui font de lui le héros de la *métis*, le rusé, le fourbe, le menteur, capable toujours de se tirer d'affaire en combinant ses plans : non plus Personne, mais Ulysse en personne.

Dans le récit de ce drame, le gigantisme du monstre, l'horreur des festins cannibales, par l'excès même d'un sinistre que font encore ressortir le cadre pastoral et l'ambiance bucolique de l'épisode, ne vont pas sans un aspect comique dont Euripide se souviendra. Un thème prête tout particulièrement à rire, ou à sourire. Face à l'énorme brute, installée dans l'état sauvage où elle se complaît, Ulysse prisonnier, voué à la plus affreuse des morts, dispose – comme le poète de l'*Odyssée* – de procédures langagières dont il joue subtilement, pour provoquer par le seul maniement des mots le renversement complet d'une situation qui semblait désespérée. En énonçant, dans son discours, un vocable adapté aux circonstances et qui le définit lui-même en le cachant, Ulysse met la parole en prise directe avec le réel. Comme la divinité change l'aspect et le statut d'un être humain en versant sur lui brillance ou obscurité, de même, en s'affublant d'un nom d'emprunt, exactement choisi, Ulysse modifie son « apparaître » aussi efficacement qu'il l'avait fait à Troie en se meurtrissant tout le corps de coups défigurants. Entre le nom, la face (*prosopon*), l'aspect visible du corps, le renom – l'honneur (*timé*) qui vous est reconnu, la gloire (*kleos*) qui vous accompagne – les liens sont si étroits qu'on ne saurait agir sur l'un sans toucher et transformer l'ensemble. Mais regardons dans le détail comment s'opère cette évasion dans l'invisible, cet effacement de la présence d'Ulysse, au moment voulu, par l'effet d'une performance langagière.

À peine le Cyclope a-t-il vidé la première rasade de ce vin que lui offre le Grec qu'aussitôt son ton change. Ravi, émerveillé de ce divin nectar, produit d'une culture raffinée et dont il ignorait les douceurs – et les dangers –, n'ayant jamais goûté qu'à la piquette des raisins sauvages, la brute établit avec Ulysse l'ébauche d'un rapport humain : un semblant d'hospitalité. « Donne-moi encore, sois gentil, et puis dis-moi ton nom tout de suite, que je te fasse un cadeau qui te plaise. » Pour que s'institue ce commerce d'échanges gracieux qui, de deux étrangers inconnus l'un de l'autre, fait deux hôtes, unis d'amitié, associés désormais, comme peuvent l'être de proches parents, par un réseau de services et d'obligations réciproques, encore faut-il que chacun sache clairement qui est son partenaire, d'où il vient et comment il se nomme. Telle est l'exigence qu'avant le départ d'Ulysse de la Phéacie vers Ithaque, formule nettement Alcinoos : tout est prêt, le navire paré avec son équipage, les dons d'amitié rassemblés, ces cadeaux que réservent à l'hôte étranger ses nouveaux amis, quand la joie doit être commune à tous, unissant ceux qui invitent et celui qui est invité. C'est à ce moment qu'Alcinoos, non sans solennité, s'adresse à Ulysse : « Or donc, n'esquive pas dans un esprit de ruse ce que je vais te demander. Il vaut mieux que tu parles [1]. Dis le nom que chez toi te donnaient tes parents. Dis-moi quels sont ta terre, ta cité et ton peuple. » Ulysse aussitôt s'exécute : « Je dirai tout d'abord mon nom, que vous le sachiez tous et que, si je survis, si loin que je demeure, je sois toujours pour vous un hôte. C'est moi qui suis Ulysse, fils de Laerte, dont les ruses sont fameuses partout et dont la gloire touche au ciel » (IX, 16 *sq.*). Dans la grotte de Polyphème comme en terre phéacienne, s'il veut obtenir ce cadeau qui scelle l'accord d'hospitalité, Ulysse doit donc, sans ruse, dévoiler son identité. Écoutons-le : « Tu me demandes, Cyclope, mon nom connu (*onoma kluton*). Je vais te le dire et toi tu me donneras le présent dû à l'hôte. Personne (*Outis*), c'est mon nom. Personne, c'est

---

1. C'est qu'une première fois déjà Alcinoos avait insisté auprès d'Ulysse pour qu'il déclare son identité : « Mais à ton tour mon hôte, il ne faut rien cacher ; réponds-moi, rien ne vaut la franchise ; dis-moi quel est ton nom... Car jamais on ne vit qu'un homme fût sans nom (*pampan anônumos*), qu'on soit noble ou vilain (*kakos, esthlos*) chacun en reçoit un le jour de sa naissance ; aux enfants sitôt nés c'est le don des parents. Dis-nous quelle est ta terre, et ton peuple (*gaia, demos, polis*) (VIII, 548-555). Peine perdue : Ulysse se défile, préférant demeurer jusqu'au dernier moment « complètement sans nom », hors de l'usage humain, à la façon des bêtes, *outis*, en somme.

ainsi que m'appellent mon père, ma mère et tous mes compagnons » (IX, 364-367).

Ces deux déclarations d'identité se répondent, composant comme en des miroirs opposés un jeu déconcertant de reflets où se brouille la réalité d'Ulysse. À quel moment le héros révèle-t-il ce qu'il est réellement lui-même ? Quand sans déguiser ni ruser, comme on l'en prie, il dit son véritable nom, ceux de son père, de son pays ? Mais pour être complet, cet énoncé doit faire mention des « ruses » d'Ulysse, fameuses partout et qui font à ce point partie de sa notoriété, de sa gloire, de son identité qu'on peut se demander si Ulysse sans ruse, sans déguisement où se cacher, un Ulysse franc du collier est encore pleinement Ulysse. À l'inverse, quand Ulysse ment, comme il fait au Cyclope, se dissimulant sous le faux nom d'*Outis*, ne révèle-t-il pas par le jeu de mots dont en riant il se fait gloire : *outis-métis*, cet esprit de ruse qui le rend, aux yeux de tous, conforme à ce qu'au plus profond de lui-même est authentiquement Ulysse. Ce Personne serait, à l'en croire, son nom « connu ». Faux mais vrai. *Klutos* veut dire que l'appellent ainsi, soi-disant, tous les siens (*kikleskousin*), ce qui est une pure invention. Mais *klutos* évoque aussi le *kleos*, la réputation, la célébrité d'Ulysse, dans le présent des événements chantés par l'aède, et dans le futur, à jamais, à travers le récit des épreuves de celui qui incarne encore à nos yeux le héros glorieux de la ruse, de la *métis*. Si Ulysse est bien tel que le moque Athéna à leur première rencontre sur la terre d'Ithaque : « Quel fourbe, quel larron, quand ce serait un dieu, pourrait te surpasser en ruses de tout genre. Ô malin, ô subtil, ô jamais rassasié de ruses, ne vas-tu pas même dans ton pays abandonner cette passion pour le mensonge et les fourbes discours ? » (XIII, 291-295). Si tel est bien Ulysse, c'est quand il déguise, quand sur lui-même il ment qu'il dit sa propre vérité. De ces formules paradoxales où le vrai et le faux se rejoignent comme des rivières qui coulent l'une dans l'autre, les Grecs étaient assez friands pour leur donner parfois valeur de proverbes.

Ainsi du célèbre paradoxe du menteur : Épiménide dit que tous les Crétois sont menteurs. Or, Épiménide est crétois. Il ne dit donc pas la vérité quand il prétend que les Crétois mentent. Ainsi les Crétois sont véridiques, et Épiménide avec eux dit vrai, etc. Mais de ce genre de subtilité le Cyclope n'a cure. Pour la finesse de l'esprit, comme pour son sens de l'hospitalité, sa réplique montre qu'il a bien du chemin à faire : « Eh bien, répond-il à Ulysse, je mangerai Personne le dernier et les autres d'abord. Voilà le don que je te fais » (IX, 369-370). Le pauvre ne croit pas si bien dire. C'est personne, en effet, qu'il mangera en dernier, quand Ulysse sera déjà loin. Il aura beau, l'œil crevé, enfermé avec ses troupeaux dans son antre où se terrent les Grecs, hurler en appelant au secours les Cyclopes du coin. Réveillés en pleine nuit, ils arrivent près de la grotte et l'interrogent du dehors sur ce qui lui arrive : « Quel mal t'accable, Polyphème ? N'est-ce pas quelque mortel (*mê tis*) qui vole tes troupeaux ? N'est-ce pas quelqu'un (*mê tis*) qui te tue par ruse ou par force ? – Personne (*Outis*) me tue, répond Polyphème. – Si personne (*mê tis*) ne te fait violence et que tu es tout seul, observent alors les Cyclopes, que pouvons-nous y faire ? » Et ils s'en vont, laissant le Cyclope gémir sur place et Ulysse-Personne rire au fond de son cœur (IX, 405-409).

L'histoire n'est pas finie. Échappé de la grotte avec ses compagnons, sauvé du ventre de Polyphème, Ulysse ne résiste pas, du bateau qui déjà file à la rame vers la haute mer, à narguer le Cyclope qui, dans sa rage, à l'aveuglette, jette vers cette voix immatérielle d'énormes rochers. Et c'est dans une ultime raillerie qu'Ulysse révèle à sa victime sa véritable identité, afin que ne soit pas perdu, enfoui à jamais dans l'obscurité de l'oubli, le nom de l'inventeur de cette brillante ruse : « Cyclope, si jamais quelque homme mortel t'interroge sur l'affreuse privation de ton œil, dis-lui qui t'aveugla : c'est Ulysse, fils de Laerte, le Pilleur de Troie, l'homme d'Ithaque. »

Faut-il penser qu'au terme du récit Personne, *Outis*,

s'efface et que, comme se dissipe l'illusion du mensonge quand apparaît la vérité, ne reste plus en scène qu'Ulysse avec sa *métis* ? Sûrement pas. Dans l'obscure cervelle du Cyclope, au nom d'Ulysse, tout s'éclaire. On le lui avait bien dit. Il savait pour l'avoir entendu de la bouche du prophète des Cyclopes qu'un jour il serait aveuglé de la main d'Ulysse. S'il ne s'est pas méfié, ce n'est pas seulement qu'Ulysse lui a caché son nom ; c'est que le personnage qui prétendait s'appeler Personne était effectivement un pas-grand-chose : comme il le confiait à son très cher bélier, sans savoir qu'Ulysse demeurait invisible sous le ventre de l'animal ; toutes ses souffrances lui sont venues de cet *outidamos outis*, de ce rien du tout de Personne (IX, 460). Quand derrière le faux Personne surgit à ses oreilles la voix du véritable Ulysse, l'opinion du Cyclope ne change pas : « Le prophète m'avait bien prédit ce qui m'arriverait et que des mains d'Ulysse je serais aveuglé. Mais moi, je m'attendais à voir venir ici un homme grand et beau, revêtu d'une force superbe. Et c'est un petit bout d'homme, un rien du tout (*outidamos*), un faiblard qui vient me crever l'œil quand le vin m'a dompté » (IX, 510-516). Certes, étant donné la taille du monstre, toute créature humaine doit lui sembler un nain, mais Ulysse n'est pas le premier homme qu'il ait vu et ce mortel « grand et beau, revêtu d'une force superbe », devait être, il le savait, un humain (*phôs*), taillé par conséquent à la même mesure qu'Ulysse. Non, à la place de celui dont il attendait la venue et qui devait le vaincre, un homme beau, grand, fort, c'est-à-dire « semblable à un dieu », il a vu arriver quelqu'un qui à ses yeux, dans l'évidence de son apparaître, n'était véritablement personne.

Qui n'était personne et qui devra le redevenir, le demeurer, au fil des ans et jusque dans son retour chez lui, près des siens : pour payer le prix de cet œil qu'il a tué par les voies obscures de la ruse, Ulysse devra affronter la colère de Poséidon, père de Polyphème, dont le dieu exaucera la prière : « Empêche de rentrer chez lui cet Ulysse. Mais si son sort est de revoir (*ideein*) les siens, de revenir dans sa belle demeure et sur le sol de son pays, que ce soit après bien des maux, tous ses compagnons morts, sur un vaisseau étranger, pour trouver chez lui d'autres peines » (IX, 530-535).

Les errances indéfinies d'Ulysse partent de cet œil aveuglé. Comme l'indiquent Zeus, dès le début du poème, lors de l'Assemblée des dieux (I, 68-75), et Tirésias aux Enfers (XI, 100-103), comme le rappelle Athéna (XIII, 341-343) pour se justifier d'avoir abandonné son protégé sans lui prêter main-forte au milieu des périls jusqu'à ce qu'enfin il débarque en terre phéacienne, tout le mal vient du ressentiment du dieu marin : « Je n'ai pas voulu, déclare la déesse, combattre Poséidon, le frère de mon père ; il avait contre toi, qui aveuglas son fils, tant de rancune au cœur. » Ces errances conduiront les Grecs en fin de parcours à offenser directement l'œil par excellence, l'œil céleste, source de toute lumière, de toute vision : le Soleil, et à provoquer une malédiction, qu'après celle de Polyphème exaucée par Poséidon, Zeus lui-même prendra en charge [1].

Quittant l'île du Cyclope, le héros entre, pour y demeurer, épreuve après épreuve, dans un monde de nulle part, un espace de l'ailleurs. Le fils de Poséidon, Polyphème, a été, de la main d'Ulysse, retranché de la lumière ; Ulysse se voit, à son tour, retranché de l'univers des hommes, de ce monde civilisé des mangeurs de pain où chacun, avec sa figure, son nom, sa réputation, son statut social, existe sous l'œil d'autrui. Privé de ses compagnons, solitaire, inconnu, ignoré des siens, caché à tous les regards, déserté même de la présence de sa protectrice Athéna, sans plus de nom ni de gloire, Ulysse pendant dix ans porté disparu va se trouver comme englouti dans l'invisible, privé de son identité, anonyme et étranger jusque dans son retour.

---

1. Cf. C. Segal, 1992.

Du monde de Nulle Part à la bouche des ténèbres

Au moment où il aborde avec tous ses navires au pays des Cyclopes, Ulysse aurait dû deviner qu'il avait franchi une frontière et changé d'horizon. Désormais, il sera confronté à un « autre monde ». Extérieures aux routes maritimes, échappant aux règles et au *tempo* de la navigation, inconnues des pilotes et hors de leur atteinte, ces étendues d'errance, avec les êtres qu'on y rencontre, tous coupés du reste de l'univers et enfermés dans leurs espaces de solitude, ne représentent plus les périls du lointain : ils sont la figure de l'inaccessible. Pour un mortel, s'y trouver jeté et perdu, ce n'est pas tant s'exposer aux tempêtes, à la dérive des courants, à la furie des vagues, à des peuples hostiles et sauvages, qu'explorer, aux marges du monde, les extrêmes limites de notre condition d'être humain, de créature civilisée, vouée au trépas, vivant, voyant, visible à la clarté du jour. À chaque étape de son voyage, Ulysse est mis lui-même à l'épreuve dans son enracinement, dans sa fidélité à ses appartenances anciennes, son statut, son identité. L'ultime enjeu de cette relégation en des confins où s'ouvre, au pays des Cimmériens noyé d'une brume que jamais ne perce un rayon de soleil, la bouche des ténèbres, l'entrée des Enfers, c'est la façon dont ici-bas se divisent et se répartissent, suivant des pôles contrastés, les aspects du réel qui, hors de nous et en nous, forment comme les points de repère orientant le cours de notre existence terrestre : lumière et obscurité, jour et nuit, veille et sommeil, mémoire et oubli, apparaître et rester caché, se montrer et se dissimuler, être connu ou ignoré, glorieux ou méprisé, briller semblable à un dieu dans l'éclat de sa valeur, ou s'effacer semblable à rien dans l'obscurcissement de la honte.

Tout bascule, dans le voyage, quand la flotte double le cap Malée. Ulysse pense alors être au bout du parcours et pouvoir débarquer le jour même, sain et sauf, dans sa patrie.

Mais les vents de mort qui subitement se lèvent et vont souffler neuf jours durant le rejettent loin du Malée pour l'emporter dans un autre espace que celui où il naviguait jusque-là. « Le dixième jour, raconte Ulysse à Alcinoos et aux Phéaciens rassemblés pour l'entendre, nous débarquions au pays des mangeurs de fleurs, les Lotophages » (IX, 84). Comme l'écrit François Hartog, « le Malée est bien ce sas où tout se joue. Le cap Malée ou d'un espace l'autre : de celui des hommes mangeurs de pain à l'espace non humain des récits chez Alcinoos [1] ». Avant le Malée, il y a eu les Cicones de Thrace, le pillage d'Ismaros, la bataille en ligne devant les vaisseaux, la défaite des Grecs, les morts laissés sur le rivage, le réembarquement, la fuite des navires, et la tempête aussi : deuil, tristesse, angoisse – mais, infortune ou succès, tout se passe comme on peut s'y attendre dans les combats entre hommes et les vicissitudes de la mer. Chez les Lotophages, le jeu est différent. Ce n'est pas à la vie des étrangers qu'ils en veulent ; ils leur offrent au contraire, aussitôt rencontrés, le fruit doux comme le miel dont ils se nourrissent eux-mêmes. Premier écart qui aurait dû alerter Ulysse. Au lieu des mangeurs de pain, les mangeurs de fleurs. Sur leur route, maintenant, les Grecs ne rencontreront plus personne qui ne se démarque d'eux par un régime alimentaire hors des normes de l'humanité civilisée : ni les Cyclopes, pasteurs cannibales, ni les Lestrygons, pêcheurs anthropophages, ni Circé, ni Calypso, nourries de mets d'immortalité, « ne mangent le pain ni ne boivent le vin » à la manière des hommes.

Cet écart, l'épisode des Lotophages lui donne, d'emblée, toute sa signification. Envoyés en éclaireurs reconnaître quels étaient les « mangeurs de pain » habitant cette terre (IX, 89), les trois Grecs qui, chemin faisant, acceptent de partager avec les Lotophages leur pitance ordinaire de fleurs, cessent du coup d'être ce qu'ils étaient : pour eux,

---

1. F. Hartog, « Des lieux et des hommes », in Homère, *Odyssée*, trad. Philippe Jacottet, p. 420.

plus de famille, plus de patrie, plus de compagnons à qui rendre compte de la mission dont ils ont été chargés ; tout leur passé est aboli ; le désir même du retour, chez eux, s'est effacé, perdu au fin fond de l'oubli (*nostou lathetai, nostoio lathetai*, IX, 97 et 102 [1]). Ils n'aspirent plus à rien qu'à demeurer sur place, là où ils sont, pour toujours. Ulysse doit, de force, les embarquer sur les navires qui reprennent la mer.

Au-delà du Malée, donc, d'entrée de jeu, à l'orée du nouveau périple, l'oubli. Mais comme le regard, comme la vision, l'oubli implique réciprocité ; il fonctionne dans les deux sens. Oublier le retour, ne plus avoir en tête le souvenir des siens, de sa maison, de son pays, c'est du même coup sortir de la mémoire de ceux dont le souci a cessé de vous habiter. En effaçant les liens de remembrance qui vous rattachent au monde auquel vous appartenez, vous vous en trouvez vous-mêmes, par cette omission, retranchés. Dès lors, que vous soyez courageux ou lâche, prince ou vilain, vous voilà également engloutis dans les ténèbres où sombrent, ici-bas, la foule anonyme des « non mémorables », des « sans nom », *nônumoi* : faute d'avoir laissé de leur personne, de leurs exploits, de leur gloire une trace que les hommes puissent sans cesse se remémorer, avant même d'avoir quitté la lumière du soleil, ils ont disparu tout entiers et à jamais de l'horizon des vivants.

Si le pays des Lotophages est l'antichambre de l'oubli, la petite île qui, jouxtant la terre des Cyclopes, permet aux navigateurs d'y aborder est un lieu nocturne, échappant à l'œil des pilotes. Invisible, tapie dans la nuit, qui pourrait, sinon un dieu, vous y mener ? « Nous abordâmes là, quelque dieu devait nous conduire dans les ténèbres de la nuit, car on n'y voyait rien qui se montrât (*oude prouphainet' idesthai*, IX, 143) ; un épais brouillard entourait les

---

[1]. Avec, cette fois encore, le jeu sur *lotos* et *lathetai*, la fleur et l'oubli ; cf. M. Casevitz, 1989, p. 55, n. 5.

vaisseaux ; la lune au ciel n'apparaissait pas (*oude prophaine*, 145), elle était cachée par les nuages ; aussi personne à bord n'avait aperçu l'île de ses yeux (*esedraken ophthalmoisi*), et nous ne vîmes pas (*esidomen*) les grandes vagues qui roulaient sur la grève avant que nos bateaux n'y fussent échoués » (IX, 142-148). Un dieu pour guide, des vagues qui d'elles-mêmes vous dirigent, vous poussent, vous déposent sur le rivage, une terre enténébrée où l'on débarque sans l'avoir vue pour s'y endormir aussitôt – l'aventure chez les Cyclopes, qui va déclencher la vindicte dont Poséidon ne cessera plus de poursuivre Ulysse jusqu'au terme de ses errances, débute à la façon d'un conte de fées plutôt que d'un récit de voyage. L'arrivée sur l'île ne doit rien à cet art de la navigation où, en d'autres passages, Ulysse se comporte en expert et en maître, comme lorsqu'il tient la barre, sans la laisser à d'autres, neuf jours durant, de l'île d'Éole, jusqu'à ce qu'apparaisse (X, 28-30) la terre d'Ithaque, si proche qu'on voyait les feux et les hommes, ou quand, sans fermer l'œil, seul cette fois sur son esquif, il gouverne en homme de métier (V, 270), le regard fixé sur les étoiles pour garder le cap jusqu'à ce qu' « apparaissent », semblables à l'orbe d'un bouclier posé sur la mer, les monts de Phéacie revêtus de leurs sombres bois.

Au sommet de l'Olympe, tout en haut du ciel, les dieux résident, éternellement jeunes, dans la brillance d'une lumière inaltérable. Au fond de la terre, les dieux infernaux et la foule indistincte des morts peuplent une obscurité compacte où jamais ne filtre le moindre rai de soleil. Mais pour les êtres humains, ici-bas, la vie se scinde suivant des phases alternées, entre la clarté du jour et les ténèbres de la nuit. Et chacun de nous, comme en écho, porte en soi une part nocturne qui s'appelle sommeil, oubli, vieil âge, trépas, obscurité, aveuglement de l'esprit, laideur, indignité [1]. Pour retrouver sa patrie, son

---

1. Sur la progéniture de Nux, cf. Hésiode, *Théogonie*, 211-232 et C. Ramnoux, 1959.

épouse, sa famille, son sceptre royal, Ulysse doit traverser bien des épreuves, affronter bien des dangers. Mais le péril qui risque le plus directement de lui faire perdre son identité, c'est que les puissances d'obscurcissement qui résident en lui, ou qui le menacent du dehors – ce sont les mêmes –, ne parviennent à étendre leur zone d'ombre jusqu'à tout cacher de cette lumière qui le rend à la fois visible et voyant.

Quelques exemples qui se recoupent et se renforcent : après la tempête qui l'a rejeté du Malée à l'île des Lotophages, quand de nouveau, après avoir échappé au Cyclope, Ulysse, par la grâce d'Éole, touche au but et qu'il voit toute proche la terre de sa patrie, le sommeil – un doux sommeil (*glukus hupnos*, X, 31) – lui calfeutre les yeux, épuisés par la veille, les recouvrant de sa ténèbre.

Et tout est à refaire. Le voyant endormi, ses compagnons décident de délier le nœud de cette outre où Éole, pour complaire à Ulysse, avait enfermé tous les vents impétueux, laissant un doux zéphyr porter seul le navire au logis. Aussitôt libérées les bourrasques se déchaînent, ramenant l'escadre à son point de départ, chez Éole, dans cette « île flottante », ce « nulle part » qu'encercle de tous côtés une infranchissable muraille de bronze. Ulysse aura beau plaider sa cause devant le maître des vents, dans l'espoir qu'il lui accorde une seconde chance. L'esprit aveuglé, explique-t-il, mes compagnons m'ont perdu comme aussi, comme surtout un sommeil dont l'apparente douceur cachait une cruelle malfaisance (*hupnos scheltios*, X, 68-69). Ulysse a beau dire, c'est peine perdue. « Hors de l'île au plus vite, lui rétorque Éole, toi, rebut des vivants (*elenchiste zôontôn*, X, 72), les dieux sont contre toi. Décampe. » Quand Ulysse, la première fois, avait débarqué sur son île, Éole l'avait accueilli en ami et durant un mois traité avec honneur (cf. X, 38). Isolé avec les siens dans son île, coupé de tout et de tous, le maître des vents ne voulait pas rater l'occasion d'apprendre ce qui se fabriquait ailleurs chez les hommes ; souhaitant tout connaître en détail, il interrogeait ; Ulysse racontait. Mais cette fois son hôte n'est plus pour lui le témoin des hauts faits héroïques, le chantre de la prise de Troie et du retour des Grecs. Haï des dieux, englouti dans la nuit du sommeil au moment même où de ses yeux il voyait la côte d'Ithaque, Ulysse est devenu *elenchistos zôontôn*, la plus vile, la plus méprisable des créatures. Quand il réembarque l'âme navrée, congédié en dépit de ses larmes, c'est « personne » qui reprend la mer, sans que « n'apparaisse aucun guide » (X, 79) pour le conduire dans cet horizon inconnu.

La même défaillance frappe l'œil du maître, à un autre moment décisif, sur l'île du Trident, où paissent les vaches du Soleil. Mais cette fois le prix à payer est autrement plus lourd. Après avoir séjourné chez Circé une année pleine, l'équipage entier d'Ulysse périra, le navire foudroyé et, comme des corneilles, tous ses compagnons, le corps ballotté par les vagues, flotteront sans vie autour du bateau noir. Consulté à l'entrée des Enfers, Tirésias pourtant avait très clairement formulé sa mise en garde. La seule chance de parvenir au terme malgré la rancune de Poséidon, avait-il indiqué, c'est de respecter sur son île le troupeau d'Hélios, le Soleil, cet œil divin qui des hauteurs du ciel voit tout et dont la lumière fait apparaître toute chose en la rendant visible (XI, 109 *sq.*). « Si tu n'y touches pas et ne songes qu'au retour, affirme le devin, vous pourrez arriver, malgré tous vos maux, en Ithaque. Mais si vous y touchez, je puis te garantir la perte de ton navire et de tes gens. » Le dilemme est donc clair : ou bien porter la main pour les molester, les immoler, sur les vaches du troupeau sacré, propriété du dieu Soleil, ou s'en garder comme de la peste en pensant sans cesse au retour, en l'ayant toujours en mémoire, même si, tenaillés par la faim, à la vue des bêtes le désir de viande vous submerge.

Tout cet épisode des vaches du Soleil est placé sous le signe de quatre des puissances d'obscurité qu'à l'origine du monde Nuit enfanta, selon Hésiode, sans s'unir à personne, comme si elle les avait à elle seule taillées dans sa propre substance ténébreuse : Trépas et Sommeil, Oubli et Faim [1].

Commençons par la faim. Ulysse et son équipage viennent d'échapper à Charybde et Scylla. Non sans peine ni sans pertes. Les survivants sont rompus. Quand apparaît l'île du Soleil, Ulysse, conscient de ce qui les menace s'ils touchent aux bêtes du troupeau sacré, avertit ses hommes du danger ; il leur propose de brûler l'étape et de filer sans s'arrêter. Tout le monde à bord se récrie : l'indignation est unanime. Euryloque s'adresse à Ulysse ; par sa bouche, c'est en chacun le ventre qui prend la parole pour exiger ses droits. Le ventre, *gaster*, mieux vaudrait dire la panse, la tripe, ce *gaster* qu'Homère qualifie d'odieux, de malfaisant, de méprisable et d'où, selon lui « vient tout le mal ». Tu es bâti en fer, rétorque Euryloque à Ulysse, tous nous sommes vannés et affamés. L'heure est venue pour nous de manger. « Obéissons maintenant à la noire nuit et préparons notre souper » (XII, 291). Aussitôt dit, aussitôt fait ; on tire le navire ; on débarque les vivres, on prépare le souper ; pour « calmer la soif et l'appétit », pour reprendre des forces, on met les bouchées doubles. Auparavant pourtant Ulysse, contraint de céder, avait fait jurer à ses compagnons un grand serment : nul d'entre eux ne devait, s'il croisait le troupeau, tuer la moindre de ses bêtes, mais sagement manger les provisions, pain et vin, nourritures humaines, que Circé leur avait données en réserve.

Les voilà donc installés, pour faire étape, sur le rivage. Mais au cours de la nuit le Notos se lève ; soufflant en bourrasque, il les retient tout un mois sur l'île, hors d'état de reprendre la mer. Tant qu'il y a en suffisance du pain et du vin, les hommes, dans leur besoin vital de nourriture, ne touchent pas aux bêtes ; mais quand il ne resta plus rien des vivres du bateau, il fallut bien tenter sa chance en don-

---

1. Hésiode, *Théogonie*, 212, pour *Thanatos* et *Hypnos*, Mort et Sommeil ; 227 pour *Lethé* et *Limos*, Oubli et Faim, associés à *Algea dakruoenta*, Douleurs larmoyantes.

nant la chasse aux oiseaux ou se rabattre sur la pêche aux poissons. « La faim tordait les ventres, *eteire de gastera limos* » (XII, 332). Que faire ? Ulysse en dernier recours décide de faire appel aux dieux. Il quitte ses compagnons, gagne le milieu de l'île et adresse aux Olympiens sa prière. Les dieux, en retour, versent sur ses yeux le plus doux des sommeils.

Ulysse endormi, la faim a le champ libre. C'est encore à Euryloque de se faire son porte-parole. Oublieux du serment, ne gardant plus la souvenance de ce qu'exige le retour au pays, il exhorte ses camarades : que pourrait-il y avoir pour eux de pire que de connaître la plus affreuse des morts, périr de famine, avec, devant les yeux, de surcroît, les plus belles vaches qu'on puisse rêver ? L'affaire aussitôt est réglée ; tous, comme à la chasse, cernent le troupeau pour attraper les meilleures des vaches. Ils les égorgent, les écorchent, les débitent et les mettent à cuire. Quand Ulysse, réveillé, s'en revient vers les siens, le fumet des graisses et des viandes grillées, en chemin l'enveloppe et l'alerte. Il comprend ; éploré, il crie sa plainte vers les dieux immortels : « C'est pour mon malheur que vous m'avez couché dans ce sommeil cruel quand mes gens machinaient le crime en mon absence. » Mais les dieux n'ont cure de sa peine, ils sont trop occupés à prêter l'oreille aux menaces que profère Hélios furibond. « Si je n'obtiens pas la juste rançon de ce forfait contre mes bêtes, je plonge dans l'Hadès et je brille pour les morts (*nekuessi phaine*). » La lumière illuminant le domaine des ténèbres, la nuit envahissant le ciel et la terre, c'est le monde à l'envers que promet Hélios si un sombre trépas ne vient pas en châtiment recouvrir les coupables ; n'ont-ils pas eux-mêmes, dans une affreuse parodie de sacrifice, inversé toutes les règles du rite alimentaire, afin de satisfaire les ventres qu'ils sont devenus en se livrant tout entiers à la Faim, progéniture de Nuit comme Sommeil, Mort et Oubli ? Zeus sait ce qui lui reste à faire : « Soleil, répond-il, continue à briller (*phaeine*) pour les dieux et sur la terre au blé pour les mortels. Quant à ceux-là je vais faire voler en éclats leur navire rapide, de ma foudre aveuglante au milieu de la mer vineuse » (XII, 385-388). Six jours durant, se gorgeant de mangeaille en dépit des prodiges que les dieux leur manifestaient, les compagnons d'Ulysse passent leur temps à banqueter. Le septième, le vent tombe ; on reprend la mer. Dès qu'on est au large, Zeus suspend sur la coque une sombre nuée dont la mer s'enténèbre. Le Zéphyr se déchaîne, le mât tombe, fracassant le crâne du pilote ; Zeus tonne et foudroie le navire. De tous les banqueteurs précipités à la mer, les cadavres flottent ballottés par les vagues comme des corneilles. Ulysse est seul à s'en tirer ; les vents de mort l'emportent, cramponné à ce qui reste de l'esquif, le ramenant vers Charybde et Scylla sans plus personne à ses côtés. Tous ses compagnons sont morts. Jusqu'à ce qu'il aborde en Phéacie, dernière étape avant Ithaque, Ulysse est muré dans la solitude, coupé de tout contact avec autrui, de toute présence humaine : hors lien social, personne.

Lumière du souvenir, obscurité de l'oubli

Perdre son identité, n'être plus personne, cela veut dire, pour un Grec de l'époque archaïque, que se sont effacés les repères conférant à un individu dans sa singularité le statut d'être humain : son nom, sa terre, ses parents, sa lignée, son passé, sa gloire éventuelle. Quand ces marques s'estompent ou se brouillent, tout mortel, si grand soit-il, cesse d'être lui-même. Sans lieu fixe où s'enraciner dans la vie présente, sans tradition d'autrefois où se rattacher, il n'y a plus de place qui lui soit assignable dans le monde des « mangeurs de pain ». Sa figure, son nom, sa mémoire disparaissent engloutis dans la même Nuit où sombrent, aussitôt descendus dans l'Hadès, tous ceux qui ne laissent derrière eux nulle trace, nul souvenir de ce qu'ils furent vivants. Effacés, leurs fantômes se perdent dans la foule indistincte des morts sans visage, son nom, sans remembrance ; ils forment la masse de ceux qu'Hésiode, pour les opposer aux héros brillants, appelle *nonumnoi*, les « sans-nom ».

« On ne voit jamais, déclarait Alcinoos à Ulysse en le pressant de dire qui il est, qu'un homme soit sans nom ; qu'on soit noble ou vilain chacun en reçoit un au jour de sa naissance. » Être sans nom, pour une créature vivant à la lumière du soleil, c'est se trouver hors humanité, comme une bête. Telle est bien l'épreuve que la magicienne Circé réserve, sur son île d'Aiétés où ils viennent d'aborder, à ceux des compagnons d'Ulysse qui ont pu échapper au massacre des Lestrygons les harponnant sur leurs navires comme des thons pour s'en repaître. Parmi les survivants – l'équipage du vaisseau que l'astuce d'Ulysse avait su préserver –, la moitié forme une petite troupe qui se rend au manoir où réside la déesse dans l'espoir d'y trouver refuge avant de reprendre la mer. Circé les accueille avec une feinte douceur ; elle les introduit dans la salle, les fait asseoir, leur offre dans une coupe un breuvage de réconfort dans lequel elle a versé une drogue de son cru. L'effet magique qu'elle en attend est « de leur ôter tout souvenir de leur patrie ». Et pour que l'oubli du retour soit complet et définitif, d'un coup de sa baguette elle transforme ses visiteurs humains en un troupeau de porcs qu'elle boucle aussitôt dans ses tects pour les nourrir de la pâture ordinaire du cochon, cette bête que chacun d'eux est désormais devenu ; ils en ont toute l'apparence, le corps, la tête, la voix, le poil. Ils ont perdu le souvenir de leur patrie d'origine et le désir de la retrouver. Mais en eux, le *nous* (la capacité de penser) est demeuré intact, « tel qu'il était auparavant » (X, 240). Ils ne sont pas plus habités par l'esprit du cochon que ne le sont de celui d'un fauve sanguinaire les autres victimes de Circé qu'elle a naguère changées en lions et en loups des montagnes. La déesse, pour retenir en son île de solitude tous les voyageurs perdus en mer qui y accostent, les dépouille de leur identité d'hommes sans que, pour autant, au-dedans d'eux-mêmes ils deviennent de vraies bêtes sauvages. À peine Ulysse, s'étant rendu maître de Circé, grâce au contre-poison qu'Hermès lui a livré, a-t-il obtenu qu'elle rende leur forme première à ceux dont elle a fait des porcs, qu'aussitôt et du même mouvement ils redeviennent des hommes et retrouvent leurs esprits. Dès qu'ils voient Ulysse en face d'eux, ils le reconnaissent, vont vers lui, prennent sa main en sanglotant. La métamorphose en animal, si elle dépouille celui qui la subit de son identité humaine, ne va donc pas aussi loin cependant que la transformation d'un vivant en mort. Les fantômes des défunts perdent, avec la vie, toute capacité de connaître. Il n'y a plus en eux de *nous*, à une exception près : Tirésias qu'Ulysse devra justement rencontrer, aux confins du monde, au pays sans lumière des Cimmériens, pour que, remonté des Enfers, il l'éclaire de ses conseils et lui facilite le retour. Même mort, Tirésias a gardé toute sa tête ; ses *phrenes*, ses pensées, son *noos*, son esprit, sont demeurés intacts (X, 493-494). S'il a pu conserver dans les ténèbres de l'Hadès une pleine lucidité c'est qu'à l'inverse, au grand soleil de sa vie terrestre, le devin, aveugle à la lumière, avait une parfaite voyance de l'invisible. Vie et mort, l'ici-bas et l'au-delà ne s'opposaient pas pour lui comme deux domaines incompatibles, séparés par une frontière qu'on ne pouvait franchir qu'en cessant d'être soi pour se métamorphoser en fantôme obscur, en ombre inconsistante. À la façon d'un dieu comme Hermès, Tirésias pouvait en restant le même circuler entre la clarté du jour, chez les vivants, et l'obscurité de la nuit, chez les morts. Ayant payé de ses yeux son don de double vue, se tenant au point de passage du visible et de l'invisible, de la lumière et des ténèbres, il connaissait du même regard ce qui est présent aux yeux de tous sur cette terre, ce qui est dissimulé dans le passé, ce qui se prépare en secret pour l'avenir.

Enfermés dans le corps d'une bête, les compagnons d'Ulysse ensorcelés par Circé sont dans une situation d'entre-deux analogue. Ils ne sont plus des hommes sans être tout à fait des animaux. Ils ont cessé d'être eux-mêmes, dans l'oubli du retour ; ils ne sont pas cependant complètement autres puisqu'en eux le même *nous*, immuable, continue à veiller. Rejetés à la frontière de leur identité, à la limite de l'humain – comme Circé et son île le sont aux marges du monde –, ils trouvent dans cette expérience de l'extrême qui leur a été imposée, dans cet exil hors de leur condition normale d'existence, l'occasion d'une sorte de renouveau, une cure de jouvence, à la façon d'une initiation qui pour régénérer doit comporter le passage par un état momentané de mort fictive. Redevenus des hommes, rendus à eux-mêmes, ils sont en effet « plus jeunes qu'ils n'étaient auparavant, beaucoup plus beaux, et de meilleure apparence » (X, 395-396). Ainsi requinqués par une aventure qu'ils n'avaient ni recherchée ni méritée, ils ne manqueront pas, au moment voulu, de rappeler à Ulysse qu' « il est temps maintenant de se remettre en tête le souvenir de la patrie » (X, 467).

Quand ils l'oublieront de nouveau, en dévorant les vaches du troupeau sacré de Hélios, la punition ne se fera pas attendre ; elle sera sans appel. Cette fois il ne leur sera pas donné de garder dans un corps de bête ce même *nous* qui habitait leur forme humaine. Quand foudroyés par Zeus ils passent du premier au dernier la frontière des vivants, c'est pour disparaître tout entiers et à jamais dans l'invisible, sans sépulture, sans trace sur la terre des humains, leurs cadavres flottant sur la mer au milieu des débris du navire, semblables à des corneilles ballottées par les vagues.

L'épisode de Calypso fait couple avec celui de Circé. Ulysse les associe en préambule au récit qu'il va présenter devant les Phéaciens de tout ce qu'il a dû endurer dans les errances de son retour : « Au creux de ses cavernes, Calypso m'enfermait et brûlait, la toute divine, de m'avoir pour époux ; Circé m'avait aussi, la rusée, gardé dans sa demeure d'Aiaié ; elle voulait pareillement me garder en époux. Mais mon âme jamais ne se laissa persuader » (IX, 28-30). Deux femmes, deux déesses rêvant d'avoir pour toujours auprès d'elles Ulysse comme conjoint ; mais les deux aventures, parallèles, ne se répètent pas. Elles s'éclairent par leur contraste. Chacune trouve dans ce qui la distingue de l'autre et s'y oppose son nécessaire complément.

L'étape chez Circé, c'est Ulysse qui en raconte point par point le déroulement ; le séjour chez Calypso qui dure bien plus longtemps puisqu'il immobilise notre homme pendant sept ans, Ulysse ne le mentionne que de façon brève et allusive, sans entrer dans les détails. Nous les connaissons, non plus par le récit à la première personne du héros lui-même, mais sous la forme objective que l'auteur de l'*Odyssée* donne à son exposé des faits. Dans l'économie d'ensemble de l'œuvre, Calypso occupe une place centrale et le poème peut se lire, suivant un de ses axes majeurs, comme la narration du périple qui depuis Calypso ramène Ulysse à Pénélope en passant par Nausicaa. Dès l'ouverture du chant I, aussitôt après l'invocation à la Muse pour qu'elle conte les exploits de l'homme aux mille tours, les premiers vers fixent pour les auditeurs le thème que l'aède a choisi de développer : « Tous les autres, tous ceux du moins qui avaient échappé à la mort, se retrouvaient chez eux loin de la guerre et de la mer. Lui seul, privé du retour et de son épouse, une nymphe auguste le retenait captif au creux de ses cavernes, Calypso qui brûlait de l'avoir pour mari » (I, 11-15). C'est pour régler cette situation, pour y mettre fin (et pour que le poète ait matière à tisser son récit), que les dieux décident d'intervenir. Deux réunions les rassemblent sur l'Olympe, en l'absence de Poséidon parti banqueter chez les Éthiopiens. Athéna expose les faits. Soutenu par l'ensemble de ses pairs, Zeus tranche : il dépêche Hermès auprès de la nymphe pour lui signifier qu'en dépit de ses sentiments et de tout ce qu'elle peut souhaiter, elle doit sans plus tarder laisser Ulysse repartir vers Ithaque.

En comparaison, l'étape chez Circé fait figure d'événement mineur : un simple accident de parcours à côté d'autres de même type. Du reste il concerne moins Ulysse que ses marins, victimes des tours magiques que la nymphe croyait pouvoir utiliser contre le héros aussi bien que contre ses hommes. Elle ne voulait pas au départ faire d'Ulysse son compagnon de lit mais l'expédier, transformé en cochon, rejoindre ceux qu'elle avait déjà parqués dans sa porcherie. L'épisode vise à illustrer l'astuce et le sang-froid qui permettent à Ulysse de renverser une situation pour tout autre que lui désespérée, de rendre aux Grecs une identité humaine que seul il avait réussi à préserver et de s'assurer de la part de l'ex-ennemie une bienveillance qui ne se démentira plus à aucun moment. Quand, au terme de longs mois, le printemps revenu, Ulysse et ses compagnons pensent à reprendre la mer pour regagner Ithaque, Circé ne fait pas la moindre objection. Elle ne tente rien pour les retenir : « Fils de Laerte, dit-elle, industrieux Ulysse, vous ne resterez pas à contrecœur dans ma maison » (X, 488). Elle leur prodigue, sur le départ, les conseils et les provisions dont ils auront besoin. Elle suscite le vent qui doit les mener à l'étape suivante, sur les rives du fleuve Océan, dans le pays obscur des Cimmériens où s'ouvre la bouche des Enfers. Revenus des demeures d'Hadès, comme ressuscités de chez les morts, Ulysse et ses hommes, dans la courte escale qu'ils font de nouveau chez Circé, ne sont pas seulement réconfortés, choyés, nourris de viande et de pain, abreuvés de vin. La nymphe leur dit la route, leur signalant à l'avance, pour les mettre en garde, les dangers, les embûches, afin d'écarter d'eux, autant qu'il est possible jusqu'à leur arrivée en Ithaque, les souffrances.

En revanche, c'est Ulysse, Ulysse seul sans personne à ses côtés pour partager son destin, qui est mis en question dans son identité, dans son statut d'homme par le séjour chez Calypso. Loin d'engager avec lui, quand il échoue sur son île, une épreuve de force, la déesse l'a recueilli comme on sauve un naufragé perdu en mer, épuisé, au bout du rouleau, sans espoir. Qu'attend-elle de ce dernier survivant d'un équipage englouti ? Qu'attend-elle d'Ulysse ? Rien d'autre qu'un face à face amoureux incessant, une vie à deux qui se poursuivrait sans fin loin de tout et de tous, un couple que son intimité unirait dans l'exil d'une complète solitude, une forme d'*éros* étranger au monde des dieux comme à celui des hommes. Pour une déesse, faire sa vie avec un mortel, le rejoindre au lit chaque soir, c'est bien pire que déroger : c'est s'exclure du divin, franchir les frontières les mieux établies, cesser d'avoir la place qui lui revient dans l'univers, se trouver rejetée hors du monde. Hors du monde : Calypso l'était déjà en quelque façon avant même l'arrivée d'Ulysse. L'île où elle réside se situe « au bout du monde » (V, 55), séparée par l'immensité des eaux marines tant des établissement humains, des cités (V, 101) que du séjour des dieux (V, 80 et 100). Même une divinité véloce, rapide comme le vent ou la pensée, même Hermès le voyageur, le messager, rechigne à l'idée d'avoir, pour complaire à Zeus, à filer au diable Vauvert dans cette île de nulle part où se cache la déesse. Calypso : comme un emblème, son nom proclame ce qu'elle est, ce qu'elle fait. Elle est la « cachée » et tout autant « celle qui cache ». L'idylle qu'elle a nouée avec Ulysse ne peut se perpétuer que dans le secret, à l'abri de tous les regards, dissimulée dans l'invisible, enfouie dans un silence que ne saurait trahir aucune indiscrétion. Quand les dieux s'en avisent, c'est le scandale. Hermès débarque à l'improviste en ce fin fond du monde où il n'a jamais mis les pieds. La nymphe s'étonne : « Quelle raison t'amène, Hermès, ô cher, ô vénéré ! À l'ordinaire on ne te voit guère par ici. » Pressé de rentrer chez lui, Hermès va droit au but : « C'est Zeus qui m'a contraint de venir malgré moi [...]. Il prétend qu'un homme est chez toi, et le plus malheureux de tous ceux qui ont combattu sous la cité de Priam [...]. Zeus t'ordonne aujourd'hui de le renvoyer sans attendre car le sort ne veut pas qu'il périsse loin des siens ; son destin est de revenir en sa haute demeure et sur la terre de sa patrie » (V, 87-113). Si Calypso ne peut faire autrement qu'obéir, elle n'en profite pas moins pour dire aux dieux leurs quatre vérités. Aux justifications invoquées par Hermès, elle oppose la vraie raison qui motive, à son avis, la décision de Zeus : « Vous êtes lamentables, dieux plus jaloux encore que les humains.

Vous détestez de voir une déesse prendre en son lit, au grand jour, le mortel que son cœur a choisi comme compagnon de vie [...]. Aujourd'hui, c'est contre moi que va votre rage, pour la présence à mes côtés de cet homme mortel » (V, 118 *sq.*).

Mais pour le compagnon mortel, pour Ulysse, l'existence clandestine qu'il lui faut mener dans ce recoin perdu où nul humain n'aborde, revêt une signification bien différente. Aussi longtemps qu'il y demeure « caché », les liens sont interrompus avec tout ce qui manifestait au regard d'autrui comme à ses propres yeux les traits de son identité : natif d'Ithaque, fils de Laerte, époux de Pénélope, le pilleur de Troie, dont les ruses sont fameuses partout et dont la gloire monte jusqu'au ciel. Pour qu'il accepte de demeurer sans cesse *incognito* auprès d'elle, renonçant ainsi à son personnage de héros d'endurance prêt à affronter de nouveau mille morts pour revenir chez lui et se retrouver lui-même, Calypso lui offre de l'affranchir des limitations de la condition humaine : elle est prête à le rendre immortel et éternellement jeune. Plus de mort, plus de vieil âge, à condition qu'il oublie, qu'il n'ait plus en tête le retour, son pays, son épouse, ses proches, son passé glorieux et qu'ayant ainsi tout oublié il s'efface lui-même de la souvenance des siens, qu'il sorte de la mémoire des hommes présents et à venir. Ses épreuves, ses exploits, son renom – tout ce qui fait Ulysse –, il lui faut y renoncer ; ils resteront à jamais cachés avec lui, enfouis dans le silence sans qu'aucun écho n'en parvienne aux humains, sans que nul ne puisse les célébrer en ses chants.

Aux simples matelots Circé imposait l'oubli du retour en les excluant de la condition humaine par une métamorphose dirigée vers le bas ; elles les changeait en bêtes. Calypso n'impose rien à Ulysse.

Elle lui propose un marché. S'il le veut, elle le fera sortir de la condition humaine par le haut en le libérant des infirmités propres aux créatures mortelles : elle le changera en dieu. Le prix à payer, c'est que son nom et sa personne, au lieu d'être louangés et célébrés, resteront ignorés de tous. La non-mort qui lui est proposée sauvegarde sa vie et son jeune âge, mais elle le dépouille de son identité en même temps que de son humanité : une non-mort impersonnelle, « anonyme », comme est anonyme la cohorte obscure des défunts dont les vivants n'ont rien à dire, rien à se remémorer de ce qu'ils furent et ont accompli autrefois, à la lumière du soleil. « C'est une maxime chez les hommes, chante Pindare, que quand un exploit a été accompli il ne doit pas rester caché (*kalupsai*) dans le silence. Ce qu'il lui faut c'est la divine mélodie des vers louangeurs » (*Neméennes*, IX, 13-17). Si Ulysse, oublieux, oublié, retranché de l'existence humaine, restait « caché » chez Calypso dans une inaltérable jeunesse, il n'y aurait pas d'*Odyssée* pour évoquer sans cesse, de génération en génération, par le chant poétique, les mémorables aventures qui composent sa vie mortelle.

Le dilemme auquel Ulysse se trouve confronté est donc sans équivoque : ou il s'installe dans le quotidien d'un duo d'amour interminable, chaque jour faisant suite à un jour identique, sans qu'en s'écoulant le temps n'use ses forces ni sa vitalité, sans avoir jamais à descendre au séjour nocturne d'Hadès, mais sans non plus briller de l'éclat lumineux de la gloire ; ou, s'il s'en revient à la dure vie des hommes, avec ses épreuves, ses souffrances, le vieillissement inexorable, le trépas qu'on ne peut éviter, il s'assure par-delà la mort une gloire immortelle.

Aussi longtemps que le héros doit rester reclus, caché chez Calypso, il n'est dans la condition ni d'un vivant avec les vivants ni d'un mort parmi les morts : il est hors jeu. Bien que toujours en vie, il est déjà et par avance retranché de la mémoire humaine. À Athéna qui, sous l'apparence de Mentor, tente de persuader Télémaque que son père est toujours en vie et qu'il reprendra bientôt sa place en son palais, le jeune homme rétorque que les dieux en leur malignité ont fait d'Ulysse « le plus invisible des hommes » (*aiston*). S'il était mort, s'il avait péri à Troie ou au retour parmi ses compagnons, il aurait eu sa tombe érigée, et à son fils il aurait légué, avec son renom, une immense gloire (*mega kleos*). Mais il s'est évanoui, effacé, comme si les Harpies, l'emportant tout soudain, l'avaient soustrait aux regards, escamoté sans laisser de trace. Ulysse a disparu invisible et ignoré (*aistos, apustos*), hors de portée de ce que peuvent atteindre l'œil et l'oreille des hommes. Englouti dans l'obscurité et le silence, il s'est éclipsé (*akleiôs*) sans gloire. Pour un héros dont l'idéal est de laisser après soi un *kleos aphthiton*, une gloire impérissable, disparaître *akleiôs*, sans gloire, c'est tout bonnement n'être personne.

Et Ulysse que fait-il, comment se comporte-t-il dans cette île lointaine, ce lieu d'au-delà qui apparaît aux yeux émerveillés (V, 73-75) d'Hermès, quand il y débarque, comme un jardin d'Éden, un paradis en miniature ? Le dieu messager entre dans la grotte ; Calypso n'a pas besoin de l'avoir déjà vu pour l'identifier aussitôt ; si éloignés qu'ils soient aux extrémités du monde, les dieux toujours se reconnaissent. Mais pas d'Ulysse : « Ulysse n'était pas dans la grotte ; il pleurait sur le promontoire où il passait ses jours, le cœur brisé de larmes, de soupirs, de tristesse » (V, 81-83). Calypso a beau lui jouer le grand numéro de la séduction : lui tenant sans cesse des litanies de douceurs amoureuses, comme l'explique Athéna à l'assemblée des dieux (I, 56-57), elle cherche à l'enchanter, à l'ensorceler « afin qu'il oublie Ithaque » ; mais Ulysse « ne rêve que de voir ne fût-ce qu'une fumée montant du sol natal ». L'homme aux mille tours, le maître d'endurance, se révèle, dans cette dernière et décisive épreuve qui lui est imposée, comme le héros de la mémoire, de la fidélité aux siens, à son passé, à lui-même. Il reste imperturbable, enraciné dans sa propre vie mortelle, son destin singulier de créature éphémère, avec ses douleurs et ses joies, ses séparations et ses espoirs de retrouvailles.

Sur la rive de cette île où il n'aurait qu'un mot à dire pour devenir immortel, assis sur un rocher, face à la mer,

Ulysse se lamente et sanglote. Il se liquéfie en larmes. Son suc vital, son *aiôn* s'écoule sans cesse dans le regret de son épouse, comme à l'autre bout du monde, à l'autre pôle du couple, en miroir, Pénélope consume son *aiôn* en pleurant, par regret d'Ulysse disparu. Tout à la nostalgie qu'il éprouve à l'égard d'un passé dont le souvenir le hante, il ne goûte plus les charmes de la nymphe (V, 153). S'il s'en vient le soir dormir avec elle, c'est parce qu'il le faut bien. Il la rejoint au lit, lui qui ne la veut pas, elle qui le veut (V, 154-155). Plus d'*éros*, plus de *himéros*, plus d'amour ni de désir pour la nymphe divine. De se savoir bouclé à jamais dans cet isoloir d'immortalité, Ulysse ne désire plus que de mourir, *thanein himeiretai* (I, 59).

Par décision divine la situation enfin se débloque. Sur l'esquif qu'il a lui-même construit, Ulysse va reprendre la mer. Il n'est pas au bout de ses peines, mais quand il met le pied en terre phéacienne, chez ces « passeurs » situés entre deux mondes, il entame un cheminement qui, le ramenant au pays des hommes, jusque dans son palais d'Ithaque, le fait par étapes redevenir lui-même. Redevenir lui-même à travers le regard de ceux qui, tour à tour, seront conduits à reconnaître dans l'affreux mendiant en haillons Ulysse en personne. Mais c'est au miroir des yeux de Pénélope, quand ils lui renvoient, intacte, sa propre image qu'Ulysse reconquiert pleinement son identité héroïque et se retrouve à la place qui lui convient, comme époux, père et roi.

L'œil et le miroir

« ... Un des hérésiarques d'Uqbar avait déclaré que les miroirs et la copulation étaient abominables, parce qu'ils multipliaient le nombre des hommes. »

J.-L. BORGES, *Fictions*.

I

MIROIR, PETIT MIROIR...

« Laïs, dont le temps a flétri l'éclatante beauté, ne tolère aucune preuve de son âge ni de ses rides ; elle a pris en haine son miroir, témoin cruel de son éclat passé, et l'a consacré à sa souveraine : reçois de moi, Cythérée, ce disque qui fut le compagnon de ma jeunesse, puisque ta beauté n'a rien à craindre du temps [1]. »

Le nom de Laïs revient à maintes reprises dans les poèmes de l'*Anthologie palatine* [2]. Des épigrammes funéraires évoquent son tombeau, lui construisent des épitaphes et pleurent la mort de cette courtisane dont la figure et la carrière ont vite acquis des dimensions légendaires. L'histoire connaît deux grandes hétaïres de ce nom, souvent confondues, l'une qui fut la maîtresse d'Alcibiade, l'autre qui servit de modèle au peintre Apelle et compta au nombre de ses amants l'orateur Démosthène, le philosophe Aristippe, qui se ruinait pour elle deux mois par ans, et Diogène le Cynique qui consommait gratis.

Le court poème que l'on vient de lire fait partie d'un groupe d'épigrammes votives, censées accompagner la

---

1. *Anthologie palatine*, VI, 18.
2. Recueil de courts poèmes d'époques diverses (du VIIe siècle av. J.-C. au Xe ap. J.-C.) qui a reçu le nom du manuscrit qui en conserve les quinze premiers livres.

dédicace d'un miroir à Aphrodite, et chantant la retraite de la célèbre courtisane, « dont la beauté sut soumettre la Grèce que les armes des Mèdes n'avaient pu vaincre [1] ». Malgré sa date tardive – l'auteur, un nommé Julien, était préfet d'Égypte sous Justinien, au VIe siècle de notre ère –, cette pièce est en tout point conforme à la tradition. D'autres poètes avaient traité le thème avant lui :

« Moi dont le rire hautain narguait la Grèce entière, moi qui avais dans mon antichambre un essaim de jeunes gens, je consacre mon miroir à la déesse de Paphos, car me voir telle que je suis je ne veux, et telle que j'étais jadis, je ne puis », peut-on lire, toujours dans l'*Anthologie*, sous la signature, contestée par les philologues mais bien suggestive, de Platon [2].

D'un poème à l'autre, les ingrédients qui entrent dans la fabrication de ces morceaux de virtuosité précieuse se retrouvent à l'identique : la femme désirée et courtisée de tous, le temps qui passe, la beauté ravagée, l'abandon du miroir que l'on offre à Aphrodite, patronne des professionnelles de la beauté et de l'amour. D'autres épigrammes du même type semblent moins conventionnelles, sinon totalement authentiques. Elles mettent en cause des courtisanes plus obscures : Nicias, frappée par la limite d'âge, qui se retire, « ayant passé la cinquantaine » ; Callicleia, qui renonce au métier car elle a réussi à se marier. Dans leur cas, le miroir prend place parmi d'autres babioles fonctionnelles et symboliques de la profession – fines sandales, boucles postiches, ceinture dorée, rubans précieux, soutien-gorge transparent, peigne de buis et... *olisboi*, dont elles font offrande à la déesse. Toutefois le miroir jouit d'un statut bien différent des autres objets : il est un compagnon (*hétairos*), un ami (*philos*). À lui seul, il suffit à représenter la femme dans sa relation à la beauté et à l'amour.

---

1. *Anthologie palatine*, VI, 20.
2. *Ibid.*, 1.

Le monde des femmes

Car le miroir grec est chose féminine. C'est là un point sur lequel toutes les catégories de témoignages s'accordent, à commencer par les objets eux-mêmes : les miroirs antiques qui nous sont parvenus ont souvent un manche ou un support en forme de femme, nue ou vêtue, tenant parfois une colombe ou escortée de jeunes Amours, ce qui désigne sans ambage Aphrodite [1][ill. 1]. La sirène, femme-oiseau, séductrice des plus dangereuses, est fréquente aussi. Dans cette position, les figures masculines sont plus rares. Quand elles sont ailées on y voit des représentations d'Éros.

Les images confirment cette relation exclusive. Sur les peintures qui décorent les vases, le miroir n'apparaît qu'entre les mains des femmes, ou pour définir un lieu comme un espace féminin. Lorsque, par exception, un homme porte un miroir, il s'agit d'un présent destiné à une femme, dans un contexte de cour amoureuse [2]. Si c'est d'un jeune homme qu'il espère les faveurs, il vient offrir un lièvre, un coq... ou un gigot.

Les textes rendent explicites les multiples rapports de la femme et du miroir. Relation utilitaire, quasi physique, tout d'abord. Entre le miroir et sa propriétaire, le face à face est permanent : « Ah, si je pouvais être un miroir, pour que tu me regardes sans cesse », soupire l'auteur d'un joli poème anacréontique [3]. Les vers suivants confirment que le destinataire de ce vœu amoureux est bien féminin : « Puissé-je me faire tunique, pour que tu me portes toujours. Je veux devenir de l'eau pour laver ta peau. Puissé-je

---

1. Miroir à support, Louvre, Br 1689.
2. Par exemple, sur deux *épinetron*, couvre-cuisse utilisé pour filer (cf. M.-Ch. Villanueva-Puig, 1992, p. 106-107) ; Palerme, 1910 (ABV 480/8) ; Leyde, I, 1955/1.2.
3. *Anacreontea* 22 (West). Pour la datation de ces œuvres (fin de la période hellénistique), West, 1990.

me faire onguent parfumé, femme, afin d'enduire ton corps. » L'apostrophe « femme » (*guné*) est sans équivoque. Mais dès les premiers mots, le lecteur ou l'auditeur antique du poème savait. Qui dit miroir dit femme. L'instrument qui capte irrésistiblement le regard de la belle occupe la première place dans la série des métamorphoses auxquelles aspire cet amant avide de contact avec sa bien-aimée : miroir, tunique, eau et parfum, le monde féminin se définit par la toilette et la parure [1]. Le soupirant épris n'hésite pas à devenir objet, au moins verbalement, pour pénétrer dans cet univers. La soumission « courtoise » qu'affecte ce poète n'est pas fréquente dans la littérature grecque et n'est attestée que tardivement. Ce type de comportement encourt en effet une réprobation sévère à l'époque classique, qui voit dans la proximité excessive avec les femmes et dans la fusion avec l'aimée un indice de féminisation. Ce poème, dont la thématique peut nous sembler conventionnelle, n'est donc pas représentatif de l'érotique grecque dominante. Il place la femme dans une position exceptionnelle de sujet du regard, et l'homme, amant-miroir, volontairement instrumentalisé, en situation d'objet (mais qui, en tant que sujet de l'énonciation, conserve la maîtrise du discours).

Au tout début de notre ère, Ovide essaie de débarrasser ses contemporains de semblables scrupules, que les Romains partageaient avec les Grecs : « [devant une femme aimée] n'aies pas honte – même si c'est honteux cela doit te plaire – de lui tenir le miroir » ; et il invoque l'exemple d'Hercule soumis à Omphale [2]. Une fable du poète latin Phèdre donne aussi la mesure de cet interdit : on y voit une petite fille laide, jalouse d'un frère plus joli qu'elle, « rap-

---

1. Les Latins définissent le *mundus muliebris* par un rapprochement entre *mundus*, « le monde » et *munditia*, « la toilette » (Tite-Live, XXXIV,7), en un jeu parallèle à celui que font les Grecs entre les divers sens du mot *cosmos*, « ordre », « monde » et « parure ». Voir *infra* et R. Cappelli, 1987.
2. Ovide, *Art d'aimer*, II, 215.

porter » à leur père que le garçon en jouant « a touché à une chose de femmes[1] ».

Aussi, le miroir devient-il, sur un plan symbolique, un signifiant du féminin. Lorsque, au IIe siècle de notre ère, Artémidore établit, dans *La Clé des songes*, un répertoire des rêves dont il décrypte la signification, il énumère les signes qui indiquent une femme : « Un homme épris verra non point celle qu'il aime, mais un cheval, un miroir, un navire, la mer, une bête sauvage femelle ou encore un vêtement féminin[2]. » Rien d'incongru, pour les Grecs, dans cette énumération. L'avant-dernier terme de la liste n'étonne guère, car la femme est une créature sauvage, aussi redoutable qu'un fauve. Si la fille à marier est une oursonne, qu'il importe, sinon de domestiquer, comme le cheval, au moins d'apprivoiser[3], la courtisane reste une panthère, qui pratique avec une féroce efficacité la chasse à l'homme. C'est ce que l'on attend d'elle, Socrate lui-même en témoigne, si l'on en croit Xénophon, qui le montre donnant des conseils de séduction à une courtisane trop ingénue[4]. Notre dame au miroir, la belle Laïs, dont le tombeau à Corinthe était surmonté d'une lionne couchée agrippant un faon, était réputée pour sa sauvagerie (*agriotès*), terme qui dans son cas dénotait, plutôt qu'un caractère farouche, la violence, la cruauté et la rapacité. Peut-être était-ce là ce qui l'unissait à Diogène le Chien. L'intérêt de ce passage de *La Clé des songes* réside dans l'opposition entre deux catégories de signifiants aptes à représenter la femme. D'un côté, des éléments naturels, incontrôlables, telle la mer (et

---

1. Phèdre, III, 8.
2. Artémidore, *La Clé des songes*, IV, 1.
3. Pour les Athéniennes, cela se passait au sanctuaire d'Artémis de Brauron, en Attique, où une délégation de petites filles représentant leur classe d'âge allaient « faire l'ourse », au cours d'une période de réclusion rituelle dont les détails restent obscurs. Voir C. Sourvinou-Inwood, 1988.
4. Xénophon, *Mémorables*, III, I, 1, 5. Il s'agit de Théodoté, fille apparemment simple et facile, à qui Socrate conseille d'user d'artifices dans la chasse aux amants (en III, XI, 5 *sq.*).

non la terre [1]), qui borde, sépare ou unit les cités et les contrées humaines ; tels aussi des animaux, plus ou moins éloignés des hommes ; de l'autre, des objets fabriqués, produits de la technique et du travail des artisans : le navire, terme féminin en grec. Sa capacité à évoquer la femme tient-elle (outre sa relation à la mer) à ce que les « nefs creuses » sont, elles aussi, vouées à contenir et à porter ? La représentation relèverait alors de la métaphore. Pour le vêtement féminin, en contact étroit avec le corps qu'il pare et dissimule, il s'agit davantage de métonymie. Quant au miroir, sa valeur emblématique ressortit aux deux types de tropes : à la synecdoque, car cet accessoire, que l'on verra sur les images, comme soudé à la main des femmes, semble un prolongement de leur corps. Mais à la métaphore également, puisque la race des femmes descend, selon Hésiode, de Pandora, merveilleuse poupée, modelée, enjolivée et parée par les artisans divins, Héphaïstos et Athéna, qui ont, pour le malheur des hommes, ouvré ce bijou pernicieux [2], infiniment plus dangereux que le miroir, objet précieux lui aussi, disque ciselé dans l'airain, que les mâles, nous le verrons, s'interdisent de regarder.

La liste d'Artémidore nous livre une des clés de l'imaginaire grec, imaginaire masculin où la femme, loin d'être pensée, dans sa différence, en symétrie par rapport à l'homme, est définie comme radicalement autre, d'une altérité qui oscille entre deux pôles, celui de la sauvagerie et celui de l'artificiel. Et dans ce second domaine, le miroir occupe une position extrême : objet de luxe, ce précieux

---

1. La terre labourable représente, chez tous les auteurs anciens, l'épouse dans sa fonction reproductrice. Ce passage-ci d'Artémidore concerne la femme en général. La terre constitue, parmi les modèles grecs bons à penser la femme, celui qui a eu le plus grand succès auprès des historiens des religions. On relira les analyses de Nicole Loraux rassemblées dans *Né de la terre*, 1996.
2. Pandora est un *daidalon*, un objet précieux artistement fabriqué, comme le sont les bijoux et les miroirs. Sur cette notion, F. Frontisi-Ducroux, 1974.

artefact est lui-même producteur de faux-semblants, de doubles vains, illusoires et trompeurs.

La femme est intimement liée à son miroir : cette relation se lit également à travers un passage d'Aristote, qui fait apparaître de façon surprenante le rapport du miroir et de la féminité, dans ses aspects les plus mystérieux. Il fait allusion au nuage sanglant qui se forme à la surface des miroirs lorsque les femmes s'y contemplent au moment de leurs règles [1]. Aristote mentionne ce phénomène – qu'il considère comme établi – pour illustrer l'extrême sensibilité de la vue et des miroirs, surtout lorsqu'ils sont neufs et parfaitement lisses, car en ce cas, la tache ne peut s'effacer. Nous reviendrons sur la façon dont le philosophe s'efforce d'en expliquer le processus. L'essentiel est, pour l'instant, de marquer l'étroite intimité, dans les représentations grecques, de la femme et du miroir. Ce que le métal poli fait ici apparaître, ce n'est pas tant la beauté – chapitre sur lequel, aux yeux des mâles, elle est vivement concurrencée par le jeune garçon – que le signe de sa différence essentielle, la marque d'une altérité irréductible, qui s'y imprime... définitivement lorsque son fidèle compagnon est tout neuf et encore pur.

Des hommes au miroir

Dans les comédies d'Aristophane, les femmes, quoique incarnées par des hommes, n'ont guère besoin de miroir pour se faire reconnaître. Au contraire, lorsqu'elles se rendent à l'Assemblée pour tenter de prendre le pouvoir en jouant les citoyens, elles empruntent le manteau et la canne de leurs époux. Le miroir, en revanche, féminise l'homme. Dans une autre pièce, les *Thesmophories*, Aristophane met en scène le poète Agathon, qu'il définit comme un « homme-femme ». Le miroir, comme il se doit, figure

---

1. Aristote, *Des rêves*, 459-460 ; cf. aussi Pline, *Histoire naturelle*, VII, 13 et XXVIII, 23. Voir *infra*.

parmi les objets – robe éclatante, flacon, résille, soutien-gorge – qui révèlent la composante féminine de ce personnage ambivalent. Son miroir reflète un visage beau, blanc et méticuleusement rasé. C'est que le miroir entretient une relation constante et ambivalente avec le système pileux. Voué à réfléchir la chevelure lumineuse des femmes, il s'avère incompatible avec le poil masculin. Aussi Agathon s'épile-t-il soigneusement. Il assume parfaitement, dirions-nous, son homosexualité. Au contraire, dans la même pièce, un autre protagoniste, le « parent d'Euripide », qui à contrecœur se déguise en femme, déclare qu'il « ne se voit pas lui-même », lorsqu'il regarde dans le miroir qui lui est tendu. Ce qu'il aperçoit, c'est un autre, « c'est Clisthène », dit-il, en évoquant le nom d'un inverti notoire. Peut-on mieux dire l'aliénation, voire la dépersonnalisation, qu'entraîne pour un homme le fait de se regarder dans un miroir ? Auparavant, le même personnage, pour évoquer le caractère bisexué d'Agathon, s'était écrié : « Qu'est-ce donc que cette alliance du miroir et de l'épée ? » Il s'agit d'une citation d'Eschyle, qui nous révèle que, dans un contexte tragique, le glaive prend la place de la canne pour dénoter le masculin, face au miroir des femmes [1].

On retrouve cette opposition du miroir et de l'épée, dans une épigramme galante d'époque byzantine : un amant tire son glaive, pour marquer la soumission d'Arès à Aphrodite, et aussi pour se mirer en ce fidèle compagnon, sec et effilé, comme lui-même, dévoré par l'amour, et qui lui suffit amplement comme miroir... jusqu'au moment où il le délivrera de ses souffrances [2].

Chez cet amant transi, l'épée qui tient lieu de miroir dénote l'homme. Inversement, des hommes qui n'ont pour armes que des miroirs perdent tout statut masculin. Tels, dans l'*Oreste* d'Euripide, les gardes du corps d'Hélène, une

---

1. Aristophane, *Thesmophories*, 136-140 (fr. des *Edoniens* d'Eschyle). Sur la « féminité » de Clisthène, cf. Aristophane, *Nuées*, 355.
2. *Anthologie palatine*, V, 238.

escorte de serviteurs asiatiques, séquelle du luxe troyen. Ces esclaves, « préposés aux miroirs et aux parfums », sont vraisemblablement des eunuques, et l'un d'eux donne, avec tant de conviction, la mesure de son tempérament de pleutre qu'Oreste renonce à mettre à mort un être « qui n'est pas né femme et qui ne fait pas non plus partie des hommes [1] ».

Ces créatures indécises qui protègent si mal leur reine sont des barbares, des captifs ramenés de l'étranger avec leurs mœurs efféminées. Mais la barbarie peut surgir au cœur d'une cité grecque. Elle a nom tyrannie, et ses effets pervers aboutissent, entre autres conséquences, à placer le miroir entre des mains masculines. La chose se passe à Cumes sous le règne d'un tyran qui, après avoir éliminé les hommes adultes, prépare l'avenir et met en œuvre un programme éducatif qui inverse totalement les règles de la pédagogie civique. Les petits garçons sont élevés comme des filles : vêtus de longues robes brodées, cheveux bouclés couronnés de fleurs, ils passent leur enfance dans l'ombre, instruits par des institutrices, baignés par des nourrices, environnés de vases à parfums. Et le miroir clôture la liste des instruments de leur asservissement [2].

Mais pour l'homme libre, pour le citoyen grec, l'usage du miroir est rare et comme honteux. Rêver d'un miroir, quand on est homme, signifie ou annonce, selon *La Clé des songes* d'Artémidore [3], une « femme publique ». Même réprobation chez les Romains : si la nature, dira Sénèque, nous a donné la possibilité de nous voir nous-mêmes, dans une source transparente ou sur une pierre polie, « ce n'est certainement pas pour que nous épilions notre barbe devant un miroir, ni pour que nous, les hommes, puissions polir notre visage [4] ». De fait les quelques exceptions à cet

---

1. Euripide, *Oreste*, 1112 ; 1528.
2. Denys d'Halicarnasse, VII, 9.
3. *La Clé des songes*, V, 67.
4. Sénèque, *Questions naturelles*, I, XII, 2-5.

interdit ne remportent pas une adhésion totale. Le miroir que Démosthène se fait fabriquer sur mesure, pour s'y voir en entier, est exceptionnel, par ses dimensions et par sa finalité : il est destiné à refléter, plutôt que son physique, l'éloquence de l'orateur, qui tente ainsi d'améliorer ses performances [1]. « Il répétait toujours ses plaidoyers devant son miroir comme devant un maître », raconte Plutarque. Un usage professionnel, en somme. Il n'empêche qu'un autre orateur, Eschine, son adversaire habituel, n'hésite pas à accuser Démosthène d'homosexualité passive [2].

Autre infraction à l'interdit masculin du miroir, le motif du miroir du philosophe traverse l'Antiquité. Socrate, dit-on, en recommandait l'usage à ses disciples, aux jeunes gens en particulier, « afin que, s'ils étaient beaux, ils se rendent moralement dignes de leur beauté ; et que s'ils étaient laids, ils cachent ce défaut par l'éducation ». L'anecdote peut être bien antérieure à Socrate, puisqu'on l'attribue à Bias, l'un des « Sept Sages », censés avoir vécu aux VIIe et VIe siècles avant notre ère [3]. Mais l'alibi de la connaissance de soi et de la toilette morale ne semble pas avoir suffi à faire tomber les préjugés contre l'usage masculin du miroir. Car, au IIe siècle de notre ère, le romancier latin Apulée reprend ce motif en alléguant l'exemple de Socrate, afin de se disculper d'une accusation infâme : « lui, un philosophe, il a un miroir » (« *habet speculum philosophus* [4] »). Et il se livre à une argumentation embarrassée, voire spécieuse, insistant sur la nécessité de connaître sa semblance, et prônant la supériorité du miroir sur les images produites par les arts plastiques : le miroir rend le mouvement, les

---

1. Plutarque, *Démosthène*, 11, 850e. De la même façon, Caligula s'exerçait devant son miroir à prendre les expressions les plus épouvantables (Suétone, *Caligula*, 50, 1).
2. Voir K.J. Dover, 1982, p. 97-98.
3. Diogène Laerce, *Vie des philosophes*, II, 33 ; Bias, in Diels-Kranz, *Die Fragmente der Vorsokratiker*, 10, 3 (I, 65, 2) ; cf. aussi Sénèque, *Questions naturelles*, I, XVII, 4.
4. Apulée, *Apologie*, XIII, 5 *sq*. L'attaque s'inscrit dans le cadre d'une accusation de sorcellerie, où le miroir peut jouer un rôle.

émotions et le changement ; le reflet évolue avec l'individu. Apulée justifie ainsi l'usage masculin, voire philosophique du miroir, par les raisons mêmes qui font que les femmes abandonnent l'instrument avec l'âge. Le philosophe, lui, doit se voir vieillir. Le satiriste Lucien tire un parti comique du thème en mettant en scène un philosophe cynique, que l'on surprend avec, dans son sac, du parfum, un rasoir, un miroir et des dés à jouer, bric à brac qui trahit des préoccupations pour le moins déplacées de la part d'un philosophe et plus encore d'un cynique [1].

En vérité, un homme n'a le droit de voir son visage dans un miroir que chez le barbier et en public. Là, il peut sans vergogne donner libre cours à sa coquetterie. Plutarque décrit les mimiques du personnage : « Quand on se lève pour quitter la boutique du coiffeur, on se place devant le miroir et on se tâte, on examine la façon dont les cheveux ont été coupés, et la différence que produit la coupe... » (42b). Mais ce miroir, le mâle soucieux de son apparence se garde bien d'y toucher, pas plus qu'il ne tient le rasoir : c'est l'homme de l'art qui manie ces deux instruments et lui présente le miroir [2], qui fait partie des outils de la profession. Le miroir figure dans un poème de l'*Anthologie palatine* à côté d'autres instruments de travail : rasoirs, feutres, ciseaux, racloir, lime à ongles, serviette et fauteuil, qu'un brave coiffeur thessalien rejette pour aller, plein d'ardeur, suivre l'enseignement des disciples d'Épicure. Cette épigramme, qui se prétend votive, est une parodie des dédicaces de femmes qui, en cessant d'exercer, consacrent leur miroir, ou qui inversement abandonnent fuseau, navette et un labeur honnête pour se faire courtisanes. Elle repose surtout sur un « jeu de mots intraduisible » entre le nom du barbier (*koureus*) et celui d'*Epikouros*. Mais même épicurienne, la philosophie ne nourrit pas

---
1. Lucien, *Le Pêcheur ou les Ressuscités*, 1, 45, 6.
2. Lucien, *Contre un bibliomane ignorant*, 29.

son homme et le barbier affamé doit revenir à son métier et reprendre rasoir et miroir [1].

Autre intervention parodique : le miroir, si l'homme est convié à s'y mirer, ne reflètera que laideur, rides et calvitie. C'est ce que suggère un poème hellénistique, qui met en scène le poète archaïque Anacréon, en proie à quelques railleries féminines : « Anacréon, tu es vieux, disent les femmes. Prends un miroir et regarde : tu n'as plus de cheveux et ton front est tout ridé. » Rien ne dit d'ailleurs que le poète cède ici à l'invite. Il est probable que, tout comme son émule Palladas, qui reprend le même thème en prétendant subir lui aussi les moqueries des femmes, le sage vieillard, plutôt que de contempler son visage, préfère noyer sa mélancolie dans le vin : « Moi qui suis vieux, les femmes me raillent et me disent de regarder au miroir ce qui reste de ma jeunesse. Mais que mes cheveux soient blancs ou bruns je n'en ai cure, dès lors que j'avance vers le terme de ma vie. Parfumé d'huiles, couronné de larges feuilles, je noie dans le suc de Bromios mes amers pensers [2]. » Cette pièce entre dans la catégorie des épigrammes bachiques. C'est de fait dans le vin, au banquet et en virile compagnie, et sur le décor peint des coupes, que l'homme grec trouve le plus souvent ses miroirs.

Car il l'interdit formellement à celui qui, dans l'érotique antique, joue, face à l'adulte, un rôle parallèle à celui de la femme : le jeune garçon. Dans le dialogue des *Amours*, rattaché aux œuvres de Lucien, les miroirs (*esoptra*) font partie de l'arsenal féminin, qui comporte toutes sortes de flacons, aiguières, coffrets, boîtes à bijoux, à fards et à maléfices. En revanche, il est banni des attributs qui définissent le garçon, le *pais*, objet de l'homosexualité virile. Le tendre jouvenceau doit se lever à l'aurore, se laver dans l'eau pure, sortir de chez son père les yeux baissés et par-

---

1. *Anthologie palatine*, VI, 307
2. *Anacréontea*, 7. Il s'agit bien entendu d'un pseudo-Anacréon hellénistique ; *Anthologie palatine*, XI, 54.

tager son temps entre les exercices physiques et l'étude. Ses premiers miroirs seront ses tablettes et les livres qui exaltent les vertus et les hauts faits d'antan. Un peu plus tard, il lèvera les yeux vers ceux d'un amant, où il trouvera, comme dans un miroir, l'image de leur amour mutuel. L'auteur de ce dialogue tardif est en accord total avec Platon, qui sur ce point ne fait d'ailleurs que reproduire l'opinion de ses contemporains : le miroir masculin c'est l'œil d'un autre homme, celui du semblable et de l'égal, en qui chacun cherche et rencontre son image, tel Socrate se mirant en Alcibiade, et Alcibiade en Socrate : « Tu as remarqué que le visage de celui qui regarde l'œil de quelqu'un apparaît comme dans un miroir (*hosper en katoptroi*) dans l'œil qui se trouve en face. » Et le miroir parfait, c'est l'œil de l'amant, dit encore Socrate à un autre de ses disciples, le beau Phèdre : « Il ne se rend pas compte que dans son amant, ainsi qu'en un miroir, c'est lui-même qu'il voit [1]. » Platon affirme ainsi la valeur pédagogique et formatrice de la relation homo-érotique. Pour l'aimé (*éromène*), l'éraste doit jouer le rôle d'un maître, ce que précisément Démosthène, homme fait, obtient de son miroir professionnel.

De l'identité et des sexes

Dans les représentations majoritaires, le miroir grec n'est donc pas directement associé à la connaissance de soi, comme nous sommes habitués à le penser. Au-delà de quelques exceptions, d'ordre philosophique et intellectuel, qui demeurent marginales et vont à contre-courant des opinions communes, la conscience de soi ne passe pas, pour les anciens Grecs, par le miroir. Bien au contraire, elle semble l'exclure, dans la mesure où la question de l'identité et du sujet ne concerne que l'individu mâle, à qui précisé-

---

1. Platon, *Alcibiade*, 133a ; *Phèdre*, 255d.

ment le miroir est interdit. Mais cet interdit est à coup sûr signifiant, comme est significatif le fait complémentaire que le miroir soit strictement réservé à la femme. Cette délimitation devrait servir de révélateur pour nous permettre d'entrevoir quelque chose à propos d'une éventuelle « identité féminine ». Une telle expression se réfère à des réalités et à des notions insaisissables, si l'on entend par là la façon dont les femmes grecques pouvaient se percevoir elles-mêmes. Mais nous pouvons tenter d'aller au-delà du discours officiel, exclusivement masculin, en décelant les contradictions qui le traversent, en examinant les termes par lesquels les Grecs ont explicitement résolu la question (féminine), ou, plus souvent, ont refusé de se la poser [1].

Et avant tout, l'œil masculin, le seul miroir acceptable pour l'homme, est-il totalement mâle ? Rien n'est moins sûr. Car l'image qui se dessine au fond de l'œil, l'*eidolon*, double minuscule de qui s'y regarde, est assimilé à une silhouette féminine. La plus belle partie de l'œil, celle qui constitue le siège de la vision, la « pupille », cette fluette poupée, disent les Latins, se nomme en grec *coré*, terme qui désigne aussi la jeune fille. C'est bel et bien une jouvencelle que les Grecs ont ainsi logée au cœur de l'œil, ce miroir des mâles. Étrangement l'homme grec qui réserve à la femme la réflexivité du miroir et se refuse au face à face avec lui-même – redoublement de la clôture des gynécées –, le viril citoyen qui préfère se contempler en son *alter ego*, en vient à s'apercevoir sous la forme fragile de la plus inquiétante des figures du féminin, la jeune fille.

C'est l'une des multiples ambiguïtés constitutives du miroir : chose féminine, instrument réservé aux femmes,

---

[1]. Dans le champ, désormais très exploré de l'histoire des femmes et de l'anthropologie de l'Antiquité abordée du point de vue des représentations des genres et des sexes, je ne prétends apporter qu'un éclairage très limité, « par le petit bout de la lorgnette », soit sous l'angle du miroir. Il est impossible de donner une bibliographie complète sur ce vaste sujet. On se réferera à Pauline Schmitt Pantel *et alii*, 1990 ; ainsi qu'à Froma Zeitlin, 1996 et Ellen Reeder, 1996.

signe discriminant du genre et du sexe, il sert souvent à dénoncer l'esclave barbare, à afficher ouvertement la féminisation outrancière des « invertis », ou à révéler, comme à son insu, la part féminine secrètement cachée en chaque homme.

Beauté divine

La liaison nécessaire du miroir et de la beauté n'est pas moins ambiguë. D'abord parce que la beauté est toujours ambivalente. Depuis Hélène et la guerre de Troie, la séduction qu'exerce la beauté est pour tous, hommes et femmes, source de malheurs infinis. Dans une pièce d'Euripide, les Troyennes captives évoquent amèrement « la fille de Zeus, tenant en main des miroirs d'or, ces instruments du charme des vierges ». Or, c'est le terme *coré* qui désigne ici cette Hélène au miroir, jeune fille divine, responsable de tous les maux [1]. Presque aussi divine, la beauté de la courtisane n'est guère moins dangereuse. Laïs, « dont les amants furent bien plus nombreux que les prétendants de la fille de Tyndare », mais pour qui point n'était besoin de se battre [2], était pour ses contemporains un *téras*, un monstre – de rapacité, entre autres défauts – et sa protectrice était Aphrodite, une Aphrodite portant l'épithète inquiétante de « Sombre », sinon « Noire », la *Mélainis* de Corinthe, qui lui apparaissait en songe pour lui annoncer la venue d'amants fortunés.

Cette beauté dont Cypris fait don aux femmes, la déesse est seule à la posséder vraiment. Celle qu'elle accorde aux mortelles n'en est que l'image fugitive. À peine le miroir l'a-t-il captée qu'elle est déjà évanouie. Car les miroirs des épigrammes, s'ils sont, de près ou de loin, associés à la blancheur des chairs, à l'éclat des joues, aux che-

---

1. Euripide, *Troyennes*, 107-109.
2. *Anthologie palatine*, VII, 218.

velures brillantes, aux flèches des regards, ne réfléchissent, de fait, plus rien. Cela tient certes à la loi du genre, la dédicace d'un objet dont on se sépare. Mais ils ne pourraient refléter que rides, cheveux blancs et visages fanés. Et cela même lorsque, exceptionnellement, ils sont tendus à un homme. Ils ne sont convoqués que pour dire la fin des amours. Pour les poètes le miroir, semble-t-il, renvoie toujours au passé. Ce miroir d'antan, fidèle compagnon devenu délateur, et désormais objet de haine, Laïs en fait l'offrande à sa souveraine, en « témoignage du don », dit-elle dans une autre épigramme, utilisant pour dire sa reconnaissance, le mot « témoin » (*marturié*), celui-là même qui sert pour dire le « cruel témoignage » que porte désormais contre elle le miroir. Contre-don du don d'autrefois, de cette fugace beauté qu'il reflétait, le miroir, consacré à la déesse, témoigne désormais d'une beauté qui ne craint pas les injures du temps.

À ces épigrammes votives qui dédient un miroir à Cypris, répondent les dédicaces gravées sur les miroirs que l'archéologie a mis au jour. Aphrodite y est présente, bien entendu, mais moins qu'on aurait pu le penser. Est-ce le hasard des fouilles ? Elle n'est en tout cas pas la seule à recevoir ce type d'offrande. Artémis la devance même au palmarès. Plusieurs objets, de provenances diverses, portent une dédicace à l'Artémis des Marais, la *Limnatis*, qui règne à la lisière des villes. Et tous les miroirs – certains en miniature – qui ont été trouvés à Brauron, dédicacés ou non, ont été consacrés à l'Artémis *Brauronia* par de jeunes Athéniennes lors de leur préparation au mariage. Athéna aussi reçoit des miroirs. L'un d'eux provient de Sparte, et les inventaires du Parthénon en mentionnent plusieurs. D'autres sont dédiés à Eileithyia, l'Accoucheuse, à Héra, qui préside au mariage, et même à Perséphone, la maîtresse des Enfers. Autant dire que chaque déesse est susceptible de recevoir l'offrande d'un miroir. Toutes, quelle que soit leur spécialisation fonctionnelle et la période de la vie féminine qu'elles régissent plus particulièrement, toutes, même celles qui refusent l'amour ou ne l'acceptent que dans le cadre d'une conjugalité pointilleuse, possèdent à jamais la beauté et la grâce, dont les femmes humaines, et jusqu'à Laïs elle-même, cette « Cythérée mortelle », ne reçoivent au mieux qu'un reflet éphémère.

Le jugement de Pâris

Et lorsque trois d'entre elles entrent en rivalité sur ce chapitre, prenant pour arbitre de leur beauté le berger Pâris, Aphrodite, cela va de soi, sort victorieuse du concours. Or, sur les représentations figurées de cette scène, le miroir n'est pas nécessairement son attribut distinctif. C'est plus souvent à la présence d'Éros que l'on reconnaît la déesse de l'amour [1]. Elle peut aussi tenir la pomme qu'elle vient de recevoir, ou encore une colombe. En ce cas la déesse au miroir ne peut être qu'Héra. L'identification ne laisse aucun doute sur un cratère lucanien de la Bibliothèque nationale : c'est Héra qui, des trois déesses, tient le miroir où son visage se reflète. Aphrodite est en compagnie d'Éros. D'un côté l'amour et la beauté, de l'autre le miroir [2] [ill. 2].

Il est vrai qu'à ce tribunal, ce n'est pas un disque métallique qui est chargé de rendre la sentence. Ce qui contemple, qui juge, et qui décide de la beauté féminine et divine, c'est le regard du prince berger Pâris, c'est un œil masculin. Le rôle qu'il assume en cette circonstance, décisive à tant d'égards, lui vaudra l'amour de la plus belle des mortelles. Mais dès l'épopée, le beau Pâris, connaisseur en beauté féminine et séducteur d'Hélène, est qualifié d'efféminé. Alors ? Ce critique averti, ce spectateur attentif de la beauté des femmes serait-il déjà un amant-miroir ?

---

1. Cf. par exemple, cratère apulien, Oxford, 1944.15 ; A. D. Trendall-A. Cambitoglou, 1978, p. 260, 14.
2. Cratère lucanien, Paris, BN 422 ; A.D. Trendall, LCS 102 (532). Sur ce vase, cf. *infra*.

Certains auteurs cependant associent explicitement le miroir à Aphrodite. Le poète tragique Sophocle d'abord, dans son *Jugement*, une pièce perdue, avait montré une Aphrodite qualifiée d'*Hédonè*, c'est-à-dire déesse « du plaisir », se parfumant et se contemplant dans son miroir, tandis qu'Athéna – baptisée Sagesse, Raison et Vertu – s'enduisait d'huile et échauffait ses muscles[1]. Même contraste chez le poète hellénistique Callimaque qui décrit les préparatifs du concours : « Cypris, plusieurs fois, tenant le bronze luisant, refit les boucles de ses cheveux. » Et le poète oppose la coquette déesse à ses deux concurrentes qui dédaignent l'instrument. « Ni Héra, ni Athéna surtout ne regarda ses traits sur le disque de bronze, ni dans les flots diaphanes du Simoïs. » Pour Athéna, point de parfum, « point de miroir non plus ; son œil est assez beau toujours[2] ». Miroir et chevelure pour Aphrodite, l'un reflétant l'autre, la relation est canonique. Ce sont avant tout les cheveux, leur souplesse et leur brillant qui définissent la beauté ; ce sont eux qui font l'objet de la toilette. En revanche l'œil suffit à qualifier Athéna. Elle est celle « aux yeux pers », « aux regards de Gorgone », la *Glaukopis*, la *Gorgopis*, épithètes qu'elle doit à l'éclat intolérable de ses regards. Comme celui des hommes, l'œil de la vierge guerrière refuse les miroirs. Et comme les hommes, ceux qu'il lui arrive d'utiliser ne sont pas des miroirs de femmes. L'aventure de Persée en témoigne, le miroir d'Athéna est une arme : son bouclier dont le bronze reflète, non point la beauté d'un visage divin, mais les traits monstrueux, insoutenables à la vision directe, de la Gorgone mortifère. Un peu plus tard, relate le mythe, Athéna inventa la flûte, pour refléter dans ses sonorités étranges l'horreur de la mort de Méduse. Mais tandis qu'elle jouait de cet instrument, elle aperçut, à la surface d'un fleuve, ou dans un miroir tendu par un satyre prévenant, ses traits bouffis, horriblement

---

1. Selon Athénée, *Banquet des sophistes*, XV, 687c.
2. Callimaque, *Bain de Pallas*, 21-22 et 16-17.

déformés par le souffle, une face gorgonéenne en somme. Les miroirs d'Athéna ne voient rien de l'indéniable beauté de son visage divin. Les reflets qui s'y dessinent, si éphémères et si accidentels soient-ils, révèlent un autre aspect de sa nature de vierge terrible, au corps enveloppé de métal, de guerrière à la sexualité impensable, impossible à envisager [1]. Le dédain du miroir par Athéna peut se comprendre à la fois comme un refus de la féminité et comme un indice de sa virilité [2].

Le bouclier, qui a la préférence de la déesse, s'oppose, dans les représentations mentales des Grecs, au miroir des femmes. De bronze comme lui, et souvent tout aussi circulaire, il fournit à l'homme l'un de ses miroirs, celui du guerrier. En temps de paix, au banquet, c'est dans la coupe à boire que se mire le citoyen, cherchant son reflet dans le vin et sur les images peintes qui décorent les vases [3]. Sur chacun de ces ustensiles masculins, équivalents du miroir des femmes, la figure de la Gorgone, effroyable femelle barbue, a sa place, gravée ou peinte, étalée en blason sur l'airain du bouclier, tapie au fond des coupes où sa grimace guette le buveur. Coupe et bouclier, ces deux termes précisément serviront de référence à Pline pour faire comprendre à ses lecteurs érudits, masculins sans aucun doute, comment fonctionnent, à côté du miroir plan, les deux autres catégories : le miroir concave et le miroir convexe [4].

---

1. Voir les analyses de N. Loraux, 1990.
2. Gloria Ferrari, dans une étude à paraître, interprète l'épithète *glaukopis*, en établissant un rapport avec les yeux ronds de la chouette, comme un signe de la non-soumission d'Athéna à l'*aidos* (des yeux qui ne clignent pas sont *anaides*) ; la déesse regarde bien en face, comme le font les individus mâles.
3. Voir F. Lissarrague, 1987.
4. Pline, *Histoire naturelle*, XXIII. Pour Sénèque, la coupe est, avec l'airain, l'un des prototypes du miroir (*Questions naturelles*, I, XVII, 6).

II

DES MOTS, DES CHOSES ET DES IMAGES

Les mots d'une langue sont souvent aussi révélateurs que les écrits les plus savants. Ceux que les Grecs emploient pour dire le miroir sont multiples, sans compter les métaphores et les périphrases auxquelles recourent les poètes, tel le « bronze luisant » ou le « disque d'airain ».

Façons de dire

On peut retenir trois termes principaux, les mots *esoptron*, *enoptron* et *katoptron*. Ce dernier, le plus connu, n'est pas le plus anciennement attesté. En fait, le nom du miroir qui apparaît en premier dans un texte grec n'est aucun de ceux-là. Il s'agit du mot *dioptron*, employé dans un fragment d'Alcée, poète lyrique des débuts du VIe siècle avant notre ère : « Le vin est pour les hommes un miroir [1]. » Mais c'est la seule occurrence de ce mot ; il se peut donc qu'il s'agisse d'une création poétique. Ce terme, propre ou figuré, n'est cependant pas sans intérêt, car bien plus tard la langue grecque connaîtra un doublet féminin, *dioptra*, qui possède deux significations techniques : il désigne d'une part un instrument d'optique servant à mesurer les dis-

---

1. Alcée, fr. 53.

tances, les angles et l'altitude, d'où provient notre « dioptre » ainsi que l'unité de mesure optique qu'est la « dioptrie » ; et d'autre part le vocabulaire de la chirurgie nomme *dioptra* la sonde du chirurgien.

Forgé ou non par Alcée, le mot *dioptron* pouvait être mis en relation avec des termes en usage chez Homère, le verbe *diopteuo*, « épier », et le nom *diopter* qui signifie « espion, éclaireur » dans l'*Iliade*, mais qui désignera lui aussi, tardivement, la sonde de chirurgien [1]. Le verbe parallèle, *diorao*, formé des mêmes éléments – préverbe *dia* et radical du verbe « voir » – n'est pas attesté très tôt. Chez Xénophon, il signifie « distinguer », chez Platon, « voir clairement ». Le préfixe *dia* peut indiquer soit la séparation et la discrimination, soit la pénétration : « à travers ». Le *dioptron* du poète Alcée, ce miroir qu'est le vin, peut tirer son efficacité de ces deux valeurs. Il est vraisemblable cependant que la seconde domine : le vin que l'on absorbe agit de l'intérieur, en transportant au grand jour les pensées ; il permet de voir « à travers » l'individu qu'il pénètre et transperce. Ce premier miroir, tout métaphorique et nullement réservé aux femmes puisqu'il concerne les *anthropoi*, c'est-à-dire l'espèce humaine en son entier, suggère un instrument d'exploration interne.

Le terme *esoptron* se rencontre, au Ve siècle, chez le poète Pindare avec une valeur métaphorique : le chant glorieux de la poésie est un miroir des belles actions [2]. Il possède sa valeur concrète dans les poèmes anacréontiques. Bien plus tard, en particulier chez Plutarque, il servira de base à une série de dérivés renvoyant au phénomène de la réflexion, *esoptrismos* [3]. Et un poème de l'*Anthologie palatine* atteste le doublet féminin, *esoptris* [4].

Le verbe parallèle *eisorao*, construit à partir du verbe

---

1. Homère, *Iliade*, 10, 451 ; 10, 562.
2. Pindare, *Néméennes*, 7, 14.
3. Plutarque, M. 936f. Cf. M. 890b ; M. 921a ; M. 696a ; M. 143c.
4. *Anthologie palatine*, 6, 307

voir et du préverbe *eis* qui marque la direction, « vers », et le contact en surface, « sur », verbe très courant, est bien attesté dans les poèmes homériques avec le sens de « regarder, considérer, contempler » ; les contextes suggèrent un regard empreint de respect ou d'admiration, ou encore un regard pénétrant, tel celui d'Hélios, Soleil, dont la lumière perçante s'en vient observer les humains et les choses terrestres qu'elle éclaire et fait voir [1]. Car la vue est lumière et la réciprocité du voir et de l'être vu est une donnée fondamentale de la conception grecque de la vision.

Le mot *katoptron* figure d'abord chez Eschyle avec un sens métaphorique, pour évoquer le « miroir de l'amitié », et à nouveau le « miroir du vin [2] ». Il est ensuite très fréquent au sens propre. Les inscriptions attestent la forme *katopton*, et Callimaque utilise le féminin *katoptris* pour désigner le miroir que dédaigne Athéna. Ce mot produit une série de dérivés qui composent le vocabulaire de la « catoptrique », science de la réflexion dans les miroirs [3]. Le verbe symétrique *kathorao*, attesté chez Homère, ne dénote pas non plus une vision neutre. Comme l'indique le préverbe *kata*, il s'agit d'un regard de haut en bas. La vision d'en haut est souvent un privilège des dieux qui, des sommets de l'Olympe ou du mont Ida, contemplent les hommes et leurs batailles, tout comme fait le Soleil. Mais il désigne également un regard qui s'efforce de pénétrer de l'extérieur vers l'intérieur, d'aboutir à une vision distincte, par examen.

Le dernier terme, *enoptron*, après avoir désigné concrètement l'accessoire féminin, dans les tragédies d'Euripide par exemple, donne lieu lui aussi à des dérivations techniques, termes évoquant la réflexion dans le miroir. Le verbe parallèle *enorao*, « voir dans, remarquer », connaît

---

1. Homère, *Iliade*, XIV, 345 ; 23, 495.
2. Eschyle, *Agamemnon*, 839 : (*homilias katoptron*) ; fr. 288.
3. Plutarque, M. 894d ; 890f ; 891 ; 892f ; Athénée, *Banquet des sophistes*, 15, 687c.

des usages particuliers, indiquant, par exemple, le fait d'observer l'ennemi, et se spécialise en optique pour désigner la perception d'images sur les surfaces polies ou dans un liquide. Mais il peut aussi, dans un contexte érotique, signifier « fixer des yeux [1] »

En récapitulant, nous constatons que les noms grecs du miroir reposent sur la notion de voir. Ce qui, soit dit en passant, est le cas dans la plupart des langues antiques et modernes. La racine *op*, du mot grec *opsis* qui désigne la vue et la vision, est à la base de notre « optique ». Les préfixes qui entrent dans la composition des divers noms du miroir confèrent diverses modalités à la notion de regard (ce qui n'est pas le cas en latin, où le mot *speculum* dérive sans préfixe du verbe *specio*). Leur valeur est d'abord spatiale : regard porté « vers », posé « sur », pénétrant, voire traversant – variations qui suggèrent que le reflet n'est pas appréhendé uniquement à la surface du miroir –, et surtout descendant de haut en bas. La fréquence de cette orientation peut être due au rôle joué par la réflexion sur les surfaces liquides, qui explique aussi la dimension de profondeur, sinon de plongée... et le fait que le mythe de Narcisse constitue l'aboutissement et la clôture de la problématique antique de la réflexion. Mais, à côté de ces significations spatiales, les contextes révèlent des valeurs supplémentaires, déjà présentes dans les verbes de vision composés de façon similaire. Ces connotations ne sont pas sans rapport avec les valeurs que nous découvrirons en interrogeant les miroirs grecs.

Formes et fonctions

Après les mots, les objets ont, eux aussi, des choses à nous apprendre. Les miroirs grecs sont bien connus [2].

---

1. Aristote, *Problèmes*, 865b 11 ; Plutarque, M. 921e ; Aristophane, *Acharniens*, 1129 ; Xénophon, *Cyropédie*, 1, 4, 27.
2. Parmi les études consacrées aux diverses variétés de miroirs anti-

L'archéologie, qui en a exhumé un grand nombre, rend possible le contact avec les *realia*, confirmant les témoignages des savants anciens. Encore faut-il songer que le contexte de son emploi n'est pas livré avec l'objet mis au jour par les fouilles, et qu'il demande à être reconstruit. Les miroirs seuls, par exemple, même si leur décor est majoritairement féminin, ne laissent pas soupçonner l'importance de l'interdit qui, du côté des hommes, pèse sur eux.

Le matériau de base est le bronze, fait d'alliages différents selon les époques. Les miroirs d'argent et d'or – tels ceux d'Hélène – devaient être peu fréquents, et ceux de verre, signalés par Pline, n'apparaissent qu'au début de l'Empire romain. La prépondérance du bronze se manifeste dans les appellations métaphoriques : le *chalkos*, l'airain, qui pour un homme peut dénoter une armure, dans un contexte féminin se réfère inévitablement au miroir.

La partie réfléchissante du miroir – le « disque d'airain » – est toujours circulaire, mais la Grèce a connu trois types de miroirs : les miroirs à main, les miroirs à support et les miroirs à boîtier.

Le premier type est muni d'un manche, de métal, d'ivoire ou de bois. Lorsque son manche est métallique, le miroir peut être d'une seule pièce, comme le sont les miroirs étrusques, mieux connus en raison de leur nombre. Mais souvent le manche, travaillé en forme de corps humain, fréquemment féminin, est rattaché au disque par une partie très ouvragée, décorée de motifs végétaux et floraux ou d'animaux plus ou moins fabuleux, lions, sphinx, gorgones, sirènes. Le haut du disque est parfois muni d'un anneau de suspension.

La seconde catégorie, celle du miroir à support, fait pour être utilisé posé, est fréquente aux VIe et Ve siècles, en particulier dans la production péloponnésienne [ill. 1]. La partie qui supporte le disque et son socle sont décorés de motifs

---

ques : L. O. Keene Congdon, 1981 ; P. Oberlaender, 1967 ; W. Züchner, 1942. Notre enquête centrée sur le miroir grec ne peut éviter de recourir aux textes latins, en particulier ceux de Pline et Sénèque.

semblables à ceux des miroirs à main : caryatides au corps de jeunes filles, parfois nues, ou d'Éros, sirènes, fleurs de lotus...

Vers la fin du Ve siècle apparaît une autre variété, qui va connaître une grande fortune dans le monde antique, le miroir à boîtier [ill. 3 et 4 [1]] L'objet consiste en une boîte ronde, analogue à un poudrier, composée d'un fond et d'un couvercle, emboîtables ou articulés par une charnière, qui peut contenir un disque plat réfléchissant, mais dont généralement le fond fait miroir, plutôt concave, ainsi que parfois l'intérieur du couvercle, ce qui fournit alors deux miroirs, l'un convexe, l'autre concave.

L'usage d'un boîtier peut être considéré comme fonctionnel, destiné à éviter ou à ralentir le ternissement du disque métallique. Mais ses valeurs symboliques sont aussi intéressantes que ses avantages pratiques. Le miroir à boîtier appartient à la catégorie grecque des *pyxides*, boîtes, coffrets ou coffres, qui constituent l'essentiel du mobilier féminin et occupent une place importante dans les représentations de gynécée. Figure exemplaire de l'enfermement, la boîte est régulièrement associée à la femme, dont la vocation, en Grèce ancienne, est de vivre à l'intérieur et de devenir elle-même contenant, corps reproducteur [2]. Le miroir enclos dans son boîtier peut être mis en relation avec le terme *enoptron*, qui suggère une image logée, sinon enfermée dans le miroir. Un passage d'Aristophane semble confirmer l'existence de ces associations symboliques. Dans les *Nuées*, le héros de la pièce, Strepsiade, pour éviter de payer ses dettes à la fin du mois (lunaire), songe à faire appel à une magicienne thessalienne qui ferait descendre la lune pour « l'enfermer dans un étui rond, comme un miroir », supprimant ainsi le terme [3]. Le but de l'opération est bien l'enfermement, dans son boîtier, de la lune, disque féminin par excellence et miroir du rayonnement solaire. Le terme employé ici est *katoptron*. Il

---

1. Louvre, Br 1713 et 1714 (fabrication corinthienne, fin IVe siècle).
2. Voir F. Lissarrague, 1995.
3. Aristophane, *Nuées*, 749.

s'agit en l'occurrence d'effectuer une *catabase*, une descente, de la lune. Mais c'est aussi, peut-être, que le miroir placé sur le fond horizontal de son boîtier appelle, sur le plan des représentations mentales comme sur celui des attitudes réelles, l'idée d'un regard orienté de haut en bas.

Le boîtier qui contient le miroir, destiné à enfermer des images, est lui-même décoré : l'extérieur du couvercle, en particulier, est gravé de motifs très variés et parfois d'un profil féminin.

La décoration est une constante des miroirs grecs, quel que soit leur type. Ce sont – du moins ceux qui ont survécu dans les tombes – des objets de luxe et de prix. Mais l'abondance du décor figuratif souligne fortement le rapport consubstantiel du miroir et de l'image. Car le nom grec de l'image, *eikon*, désigne aussi bien le reflet que toute forme de représentation figurée. Le miroir des femmes, l'accessoire indispensable à la parure et à la beauté, dont la finalité est érotique, est un appareil à images. Et de fait, nous le constaterons dans les textes, l'assimilation, sinon la confusion, est fréquente entre l'instrument et les images qu'il produit, entre le miroir et le reflet.

Comment se regardait-on dans ces miroirs ? Comment s'y voyait-on ? L'image reflétée ne possédait pas la précision de celle que nous fournissent les glaces à tain. Les miroirs anciens des musées, ternis et abîmés, auraient besoin d'une sérieuse remise à neuf pour produire un reflet équivalent à celui que renvoie un cuivre bien astiqué. En outre, leur surface, concave ou convexe, produit des déformations qui, selon les cas, amenuisent l'image en élargissant son champ ou, au contraire, grossissent les détails en restreignant la vision. Dans l'ensemble, les dimensions exiguës du disque limitent la vue au seul visage, sinon à une portion. Le miroir de Démosthène, miroir masculin et professionnel, est exceptionnel aussi par sa taille. Le tête-à-tête avec un miroir grec se réduit ainsi à un strict vis-à-vis, voire à un échange d'œil à œil, entre le regard qui voit et le disque métallique qui le regarde se voir.

Quant à la direction du regard, elle n'est impérativement horizontale que dans le cas du miroir à pied. Les autres types de miroirs permettent d'envisager un regard porté vers le bas, oblique, sinon vertical comme l'exigent les surfaces liquides. Ces positions ont des implications importantes sur les façons de penser l'image du miroir.

Les miroirs à socle et les miroirs à boîtier ont survécu en grand nombre. En revanche, ils n'apparaissent pratiquement pas sur les documents que nous allons interroger maintenant, les peintures de vases attiques, qui ne mettent en scène que le miroir à main. Cette divergence, qui peut s'expliquer par des raisons de production et de chronologie, mais qui correspond surtout à des choix iconographiques, a des conséquences sur le plan des valeurs symboliques [1].

En images

Les témoignages que nous avons convoqués dans les pages précédentes, pour une première approche, appartiennent à des genres variés – lexicaux, textuels, archéologiques – et leur datation s'échelonne entre le VIIe siècle avant notre ère et le Ve après, voire davantage. Même si nous avons mis l'accent sur les constantes, leur voix n'est pas unanime, et les écarts peuvent correspondre à des conceptions différentes et à des changements de mentalité au cours des siècles. Au contraire, le dossier iconographique de la peinture céramique attique est bien limité dans le temps et beaucoup plus homogène. Il couvre, en ce qui concerne le miroir, à peine plus d'un siècle, et les images qui le composent véhiculent des

---

1. Le miroir à boîtier n'apparaît qu'à la fin du Ve siècle, au moment où la peinture attique s'essouffle. Peut-être est-ce aussi que l'objet serait mal discernable en image. Les principaux centres de fabrication des miroirs sont situés dans les îles et dans le Péloponnèse, en particulier à Corinthe.

représentations qui appartiennent à l'Athènes classique, celle du ve siècle avant notre ère [1].

Les peintures sur lesquelles intervient le miroir mettent en scène des femmes et quelques-unes de leurs activités. Le cadre, presque toujours un intérieur, est suggéré par un nombre restreint de signes. Le mobilier se limite aux sièges, tabouret, fauteuil ou lit, à des coffres à linge et à quelques objets. Le miroir y voisine avec des flacons, ou *lécythes*, qui évoquent eux aussi les soins de la toilette, la beauté des corps et des visages, l'éclat des chevelures odorantes. On y voit des coffrets à fards ou à bijoux, ainsi que les instruments du filage et du tissage – navette, quenouille, fuseau et corbeille à laine, petit métier à tisser.

Bien qu'il soit muni d'un manche, le miroir n'est pas toujours tenu en main. Il peut se présenter dans le champ de l'image, comme accroché au mur. Il est alors vu de face, pendu tantôt par le haut, tantôt à l'envers, par l'extrémité du manche. Représentation réaliste ? Peut-être. C'est aussi que, de profil, il serait peu identifiable. Mais, outre sa valeur symbolique habituelle, qui est de dénoter, en même temps que l'espace féminin, la beauté, y compris celle du décor des vases, la présence du miroir peut aussi être interprétée comme un signe de la réflexivité, voulue sinon réelle, de ce type de décor. Car l'intérieur féminin qu'il représente est censé reproduire le cadre dans lequel est utilisé le vase peint. L'allusion est soulignée lorsque le miroir est juxtaposé à un flacon dont la forme imite celle du vase support. C'est le cas, par exemple, sur deux lécythes, qui montrent, l'un une scène de rangement ou d'habillement, l'autre une servante tendant un petit enfant à sa mère [ill. 5 et 6 [2].] Aucun des personnages ne manipule ni ne regarde le miroir, suspendu à côté d'un

---

1. La période de l'apogée de la démocratie athénienne est aussi celle où s'affirme le plus fortement les valeurs viriles, voire « machistes » et explicitement misogynes. La tonalité change sensiblement à partir de la guerre du Péloponnèse.
2. Lécythes à fond blanc, Bruxelles, A1019 (ARV^2 652/3) ; Berlin, F 2443 (ARV^2 995/118) ; le bébé est toujours un garçon.

lécythe. Le disque est là, semble-t-il, pour ouvrir l'espace iconique vers le spectateur, soulignant le jeu d'image en abîme qui s'amorce entre les femmes peintes et les utilisatrices du lécythe, destinataires de ces peintures.

Quand il figure dans le décor d'un vase à boire, destiné aux hommes, le miroir – *enoptron* ou *eisoptron* – vaut-il comme l'indice de cet « aperçu » sur le monde des femmes, que proposent les peintres aux regards masculins, de ce coup d'œil offert sur les secrets du gynécée ? Le décor d'un cratère pourrait confirmer cette hypothèse [ill. 7 [1]]. Il s'agit d'une scène mythologique, celle de la pluie d'or fécondant Danaé, dans la chambre souterraine où son père l'a cloîtrée. La jeune fille, figure exemplaire du renfermement (elle sera ensuite mise à la mer dans un coffre, avec son bébé) et de la précaution inutile, repose sur un lit dont la courbure concave semble un équivalent iconique du terme *kolpos*, qui désigne un repli, un golfe, mais surtout le giron, cette matrice vers laquelle descend en pluie le sperme de Zeus. Le miroir qui surplombe le lit résume à lui seul les valeurs symboliques de cette scène : féminité, beauté, érotisme et fécondité, tout en soulignant l'efficacité de l'image qui, en opérant une ouverture sur ce lieu strictement clos, donne à entrevoir la mystérieuse conception de Persée.

Lorsque le miroir est tenu en main, son rôle est loin d'être exclusivement fonctionnel. On rencontre plusieurs cas de figure. La femme qui le tient peut être assise ou debout, s'y regarder ou s'en détourner, ou encore le tendre à une autre [ill. 8 [2]]. Le miroir peut être vu de face, de profil ou de trois-quart, tantôt vertical, tantôt incliné obliquement. Il est souvent plus bas que le visage. Lorsqu'il est représenté de profil, ce qui n'est pas fréquent, le parallélisme entre le miroir et le profil de la femme qui dirige ses regards vers lui, suggère la relation de réflexivité. C'est le cas sur un lécythe : le profil du miroir est si mince qu'on

---

1. Saint-Pétersbourg, Ermitage, B 1602 (ARV² 360/1).
2. Hydrie, Paris, Petit-Palais, 318 (ARV² 1068/20).

pourrait le prendre pour une dague, mais le geste de la femme arrangeant sa frange dissipe toute équivoque [ill. 9 [1]]. Quand l'ellipse du miroir devient franchement ovale, on peut supposer qu'il est de trois-quarts : sur le pourtour d'une coupe une femme arrange le nœud du ruban qui enserre sa chevelure et en vérifie la disposition dans le miroir, tout proche de son visage [2]. Il s'agit d'une compagne d'Hélène. Celle-ci, assise sur un fauteuil, se détourne, rêveuse, un coffret sur les genoux et un Éros à ses pieds. La scène représenterait la première entrevue de Pâris et d'Hélène qui, éblouie et effrayée, ne peut soutenir ni l'apparition du jeune homme, ni la vue de sa propre beauté... à moins qu'elle n'ait déjà le pressentiment de tout ce qui va s'ensuivre. L'autre côté de la coupe montre le Jugement : Héra y tient un lion, Athéna son casque, et Aphrodite est escortée d'Éros, dont la toute-puissance est mise en scène sur la face opposée.

Mais la position la plus courante présente la femme de profil tenant un miroir vu de face. Lorsqu'elle est debout, elle s'en détourne souvent, qu'elle le transporte, ou le brandisse simplement comme emblème de sa féminité [ill. 10 [3]]. La signification est identique lorsque le visage est tourné vers l'instrument : le miroir est là pour dénoter la beauté, et souvent, dans l'autre main, un attribut équivalent lui fait écho, flacon à parfum ou foulard brodé [ill. 11 [4]]. Ces objets-signes sont montrés comme des prolongements du corps féminin, au même titre que la chevelure ou les boucles d'oreilles, qui sont comme incluses dans la chair.

L'intérieur d'une coupe propose une autre solution : une femme entièrement de face est offerte aux regards du buveur, entre une vasque et un siège qui porte une corbeille à laine. D'une main, elle tient un flacon à parfum, de l'autre,

---

1. Lécythe, Boston 00 340 (ARV² 309/10).
2. Coupe, Berlin, 2536 ; ARV² 1287/1.
3. Coupe, Utrecht, 376.
4. Lécythe, Laon, 37.954 (ARV² 641/88).

elle élève à hauteur de visage un miroir circulaire. La double frontalité du visage et du miroir produit un équivalent graphique de leur parallélisme lorsque l'un reflète l'autre, tout en renvoyant sur le spectateur le face-à-face qu'implique la réflexivité [ill. 12 [1]].

Tantôt la relation visuelle ne joue qu'entre le spectateur de l'image et la circularité du miroir, puisque la femme ne s'y regarde pas. Tantôt elle est indiquée sur les deux plans, interne et externe à l'image, lorsque la femme se mire, le plus souvent en position assise, posture féminine canonique. C'est ainsi qu'est montrée Aphrodite sur la panse d'un vase à eau – une *hydrie* [2] : la déesse occupe le centre de l'image, entre Hermès et un beau jeune homme. De chaque côté, rejetées sur les marges, Héra et Athéna. Il s'agit encore du jugement de Pâris, et la beauté triomphante de la déesse est soulignée à la fois par un petit Éros qui voltige au-dessus de sa chevelure et par le miroir où elle se contemple, mais dont l'orbe fait face au spectateur. Le peintre indique ainsi la nécessaire relation visuelle entre la femme et son miroir, mais le parallélisme est rompu, et le spectateur s'insère lui-même dans le vis-à-vis et partage le spectacle, voire les fonctions de voyeur et de juge, qui dans l'image sont assumées par Pâris.

Parfois le miroir est tendu à l'utilisatrice par une servante ou une compagne : là, assise sur un fauteuil, environnée de luxueux coffrets, une dame met la dernière main à une parure raffinée [ill. 13 [3]] ; ailleurs, il s'agit de la toilette intégrale d'une jeune femme nue, qui plonge ses mains dans une vasque, motif qui se retrouve sur le décor d'un couvercle de miroir [ill. 4 [4]]. En ce cas, généralement, le

---

1. Coupe de Douris, Louvre, S 1350 (ARV^2 432/60). Sur les valeurs de la frontalité du visage, exceptionnelle, voir F. Frontisi-Ducroux, 1995.
2. Berlin, 3768.
3. Hydrie, Louvre, CA 161(ARV^2 1335/30).
4. Stamnos, Suisse, ex-coll. Bolla (ARV^2 1657/19bis) ; cf. C. Isler-Kerenyi, 1976, 70. Cf. ill. 4, décor du couvercle de miroir, Louvre, Br 1713.

miroir, dont le disque est de face, orienté vers l'extérieur, fait l'objet d'une focalisation de tous les regards, tous les profils étant tournés vers lui, celui de la suivante qui tend l'instrument, celui de celle qui s'y mire, et celui d'une autre compagne, debout derrière elle [1].

Le rapport de la beauté à la chevelure est souvent souligné dans ces face-à-face : sur un *amphoriskos* d'Oxford, une dame assise, tête inclinée vers son miroir – regard descendant vers son *katoptron* – porte la main à ses boucles tombantes, dont elle semble vouloir accentuer le friselis en le crépant du bout des doigts [ill. 14 [2]].

Au miroir, emblème de la femme, s'opposent quelques signes qui dénotent le masculin. C'est généralement la canne, accessoire quasi inséparable du corps masculin. Mais, on l'a vu, chez Aristophane, le bâton est avant tout le signe du citoyen ; le miroir, lui, ne marque que la féminité sans préciser le statut de sa détentrice. Sur les scènes qui se déroulent autour de la vasque, le miroir qui préside à la toilette des femmes fait écho au paquetage de l'athlète, pour les soins corporels masculins. Un gobelet à vin (*skyphos*) oppose de la sorte, d'une face à l'autre, deux styles de toilette, à finalité identique : la beauté des visages et des corps [ill. 15 et 16 [3]]. Autre jeu de symétrie entre deux vases cette fois : deux lécythes jumeaux montrent, l'un une femme tenant ostensiblement un miroir, l'autre un personnage barbu, portant la même coiffe féminine, et le même long manteau sur une robe à plis. Ce dernier est un homme, déguisé à des fins rituelles, et la barbe, appendice pileux, répond au miroir pour spécifier le sexe de chacune des deux figures [ill. 17 et 18 [4]].

Sur toutes les peintures que nous venons d'évoquer, jamais aucun reflet n'est indiqué. Dans toute la production attique, un seul vase, une hydrie de la fin du Ve siècle,

---

1. Cf. hydrie, Bruxelles, A 3098 (ARV² 493,2).
2. Amphoriskos, Oxford 539 (ARV² 1248/10). Même geste que sur le lécythe de Boston, ill. 9 (cf. *supra*, note 1, p. 82).
3. Skyphos, Bruxelles, A 11 (ARV² 266/86).
4. Lécythes, Petit-Palais, 335 et 336 (ARV² 305/1 et 2).

montre une femme dont le visage semble se refléter dans un miroir : il s'agit d'une servante debout qui apporte le miroir à sa maîtresse assise, penchée sur un coffret [1]. L'image, devenue canonique, de la femme se regardant dans son miroir n'est vraiment attestée que dans la peinture italiote, produite en Italie du Sud, dans un contexte culturel grec, au IVe siècle.

Sur le cratère conservé au Cabinet des Médailles qui figure les préparatifs du jugement de Pâris, Héra, assise, est représentée le visage de profil, conformément à la norme iconographique [ill. 2]. Du bout des doigts, elle relève un pan du voile transparent qui orne sa chevelure, retenu par une couronne. Dans sa main gauche, appuyée sur son genou, elle tient un miroir vers lequel elle se penche. Sur l'instrument, en vue oblique, un reflet dessine nettement le profil de la déesse, symétrique et inversé comme il se doit, lui rendant son regard. Tout dans cette posture – la main levée vers la tête pour les ultimes vérifications –, tout dans la parure d'Héra – vêtement brodé et plissé, collier, boucles d'oreilles – dit le luxe et la beauté que le miroir a pour fonction de capter et de réfléchir, et qu'il reflète effectivement sur cette peinture. Mais ce vase, qui provient de Grande Grèce, est un produit du IVe siècle [2].

Cette image et la précision dans le dessin du reflet d'Héra rendent plus frappant encore le vide des miroirs sur les peintures attiques du Ve siècle. À lire ces images à la lettre, comme l'on fait des textes, force est de reconnaître que la femme y est moins montrée contemplant son visage que regardant son miroir, et ce dans le meilleur des cas, puisque souvent elle ne fait que le tenir. La vision de soi-même par réflexivité, qui, au dire des auteurs grecs, est

---

1. Athènes, coll. Kanellopoulos, ARV² 1658 ; K2 selon le catalogue de L. Balensiefen, 1990.
2. L'autre côté du cratère (BN 422) montre Ulysse évoquant à l'entrée des Enfers l'ombre du devin aveugle Tirésias. Le motif du reflet au miroir est fréquent dans la peinture italiote (cf. L. Balensiefen, *op. cit.*, K6, K8, etc.).

réservée à la femme, dans le but futile de se parer, n'est donc pas explicitement mise en scène par les peintres d'Athènes, qui font pourtant du miroir un accessoire et un emblème féminin essentiel.

Ils utilisent d'autres procédures : sur un lécythe à figures rouges, une femme debout tient, levé à hauteur de poitrine, un miroir muni d'un manche ouvragé. Le disque, pourvu en son sommet d'un anneau circulaire, porte en son centre une tête féminine dont le profil répète en miniature celui de sa propriétaire. Même menton arrondi sur le cou dégagé, même coiffure en chignon. On doit interpréter la petite silhouette du disque comme une figure gravée sur le revers, semblable aux profils incisés ou façonnés en relief, qui décorent le dos de certains miroirs, en particulier les couvercles de boîtiers [ill. 3]. Le peintre n'a pas voulu représenter un reflet. Les deux profils, semblablement orientés vers la gauche, sont parallèles et non symétriques. Et la femme, qui serre son miroir contre son sein, ne le regarde même pas. Sur cette image le dédoublement entre le modèle et son reflet n'est pas traité de façon « réaliste » ou « illusionniste », comme il le sera dans la peinture italiote. Le peintre attique montre autre chose : un équivalent ou une métaphore. En plaçant sur le miroir une représentation figurée, une *eikon*, il évoque le reflet que la langue grecque, on l'a dit, désigne par le même terme. Le traitement pictural souligne le statut particulier de cette image dans l'image. Car la figurine est rendue en silhouette noire sur le fond rouge du disque, alors que le visage de la femme est, selon la règle, en figure rouge [ill. 19 [1]].

Ce type de représentation n'est pas unique. Sur un autre lécythe, la femme, une fileuse à son ouvrage, est assise. Devant elle, plus haut que sa tête, un miroir est accroché au mur. Il porte, lui aussi, une image gravée, un profil féminin qui occupe tout l'espace du disque, à peine plus petit que la tête de la fileuse. Ici encore, la similitude

---

1. Lécythe, Bruxelles, Bibliothèque royale, 10 (ARV^2 556/110).

est grande entre les deux têtes, leur chevelure est retenue par le même bandeau. Mais pas de différence graphique dans le traitement des deux visages. Le décor gravé est reproduit au trait, en figure rouge. Et cette fois, le profil du miroir fait face à celui de la femme. Cette symétrie inversée semble désigner le miroir comme le récepteur de l'image du visage féminin, et la gravure qui le décore comme l'équivalent d'un reflet dont il est l'expression virtuelle [ill. 20 [1]].

Ces peintres, en représentant de la sorte la figure gravée au dos des miroirs, font incontestablement preuve de minutie et de goût pour le détail. Dans la mesure où ils suggèrent indirectement la finalité « iconopoïétique » du miroir, alors même qu'il n'est pas en fonction, on peut aussi les créditer d'une tendance à la réflexion sur leur pratique picturale et sur le statut des images. Doit-on leur attribuer une intention supplémentaire ? L'auteur du premier lécythe, conventionnellement nommé « peintre de Pan », est un artiste bien ingénieux [2]. En évoquant le reflet – jamais représenté à son époque – par la figure gravée au dos du miroir, entend-il signaler le caractère matériel des images produites par le « disque d'airain », et la « chosification » qu'implique le fait de chercher à connaître son visage sur un instrument de métal, plutôt que, à la façon de l'homme, dans la prunelle vivante de son semblable ? Ces belles dames que dupliquent, non point un reflet fugace et impalpable, mais des images durables, ciselées à demeure, servent-elles à montrer la femme comme un bel objet, semblable à son ancêtre mythique, Pandora, ce superbe artefact sorti des mains divines [3] ?

---

1. Lécythe, Boston, 13.189 (ARV² 384/214). Sur une *oenochoé* de la fin du vᵉ siècle, une *eikon* ambiguë évoque un reflet et/ou le dos décoré du miroir ; coll. privée (ARV² 1202/26bis) ; n° S61 dans le catalogue de Adrienne Lezzi-Hafter, 1976, qui a bien voulu me préciser qu'il s'agissait d'un repeint, ce dont je la remercie.
2. Voir F. Frontisi-Ducroux, *op. cit.*, p. 70-71.
3. De la part d'artisans, une telle conception doit être moins dévalorisante que chez Hésiode.

L'épouse et les autres

Les images que nous venons de passer en revue sont souvent répertoriées sous le nom de « scènes de la vie féminine ». Et l'on s'accorde à les classer en plusieurs catégories. Celles qui montrent des femmes entre elles, dans un intérieur parfois signalé par une porte, font l'objet d'une lecture immédiate. On y reconnaît une maîtresse de maison harmonieusement partagée entre les soins aux enfants, la direction des servantes, le rangement, le travail de la laine et l'entretien d'une beauté réservée à l'époux. Programme qui ne pouvait que plaire aux Athéniens, et qui satisfait également depuis plus d'un siècle bon nombre d'hellénistes. On doit à la vérité de dire que cette vision sereine de l'univers domestique est en conformité avec ce que recommandent certains écrits, de l'*Économique* de Xénophon [1] aux *Préceptes conjugaux* de Plutarque.

Sur certains vases figurent des scènes de mariage. Un coffret montre la préparation du lit nuptial [ill. 21] : un miroir est pendu au mur, juste au-dessus, comme sur le cratère figurant Danaé inondée par la pluie d'or [2]. Mais le plus souvent ce sont des hydries, destinées au transport de l'eau, et utilisées au cours du rituel matrimonial. Le miroir intervient dans ce contexte comme instrument de la parure nuptiale et en tant qu'indice de la beauté qui avec l'amour doit présider à l'hyménée : la beauté suscite le désir, sans quoi le mariage risque de n'être pas fécond. C'est ce que signifie l'intervention d'Éros sur ces scènes. Mais la présence du dieu indique aussi que l'image se situe sur un plan plus symbolique que réaliste. Parallèlement, les noms

---

1. Encore que cet auteur, partisan plutôt isolé d'une beauté féminine « naturelle » et saine, déconseille à la femme mariée la parure et le maquillage.
2. Pyxis, AFN Varsovie, Inv 142319. Pour Danaé, cf. *supra*, p. 81 et ill. 7.

Aphrodite à la colombe, entre deux amours, miroir à support.
Paris, Musée du Louvre (Br 1689).

1

Héra se préparant à comparaître devant Pâris, cratère lucanien.
Paris, Bibliothèque nationale (BN 422).

2

3

Visage féminin, miroir à boîtier. Paris, Musée du Louvre (Br 1714).

Scène de toilette, miroir à boîtier. Paris, Musée du Louvre (Br 1713).

4

5

Au mur du gynécée, le miroir, lécythes à fond blanc.
Bruxelles, Musées royaux d'Art et d'Histoire (A 1019).
Berlin, Staatliche Museen zu Berlin (F 2443).

6

7

Danaé fécondée par la pluie d'or de Zeus, cratère.
Saint-Pétersbourg, Musée de l'Ermitage (B 1602)
(d'après A. B. Cook, Zeus III, p. 457, fig. 293).

8

Servantes et maîtresses, hydrie. Paris, Musée du Petit-Palais (318).

Vis-à-vis de profil, lécythe.
Boston, Museum of Fine Arts (00.340)
(dessin F. L.).

10
Miroir à bout de bras, coupe.
Utrecht, Université (376).

11
En regardant le miroir, lécythe.
Laon, Musée archéologique municipal (37.954).

12

La femme parfaite, coupe.
Paris, Musée du Louvre (S 1350).

13

La toilette de la mariée, hydrie.
Paris, Musée du Louvre (CA 161).

Miroir et chevelure, amphoriskos. Oxford, Ashmolean Museum (539).

15

16

Toilette au féminin, toilette au masculin, skyphos.
Bruxelles, Musées royaux d'Art et d'Histoire (A 11).

17   18

Le miroir ou la barbe, lécythes. Paris, Musée du Petit-Palais (335, 336).

Miroir gravé porté, lécythe.
Bruxelles, Bibliothèque royale (10).

Miroir gravé suspendu, lécythe.
Boston, Museum of Fine Arts (13.189)
(dessin F. L.).

Le lit nuptial et le miroir,
pyxis.
Varsovie, Musée national
(Inv. 142319).

22 *Le visiteur*, alabastre. Paris, Bibliothèque nationale (312).

23 *Miroir ou quenouille ?*, lécythe. Stuttgart, Württembergisches Landesmuseum (KAS 126).

24

25

Quenouille vide/Quenouille pleine, pyxis.
Athènes, Musée national (inv. 1584).

Entre miroir et quenouille, lécythe.
Karlsruhe, Badisches Landesmuseum (inv. 56/81)
(dessin F. L.).

L'arrivée chez Hélène, siphon. Athènes, Musée du Céramique (dessin F. L.).

28

Le lit, la quenouille et le métier à tisser, pyxis.
Paris, Musée du Louvre (CA 587).

29

Conversation amoureuse avec fileuse, coupe.
Berlin, Staatliche Museen zu Berlin (31.426).

Oreste poursuivi par les Érinyes : l'ombre de Clytemnestre surgit sur le miroir, nestoris lucanien. Naples, Musée national archéologique (inv. 8212) (d'après Inghirami).

d'héroïnes épiques et de figures divines, que des inscriptions peintes attribuent à ces dames, et la similitude entre scènes anonymes et scènes mythologiques devraient nous mettre en garde contre la tentation de voir en ces images de purs reflets de la vie quotidienne.

La série des vases qui exhibent des femmes nues à leur toilette est déjà plus problématique. On a du mal à situer le lieu de ces scènes, apparemment en extérieur – la cour d'une maison ? un gymnase féminin ? – et plus encore à identifier ces figures – de jeunes sportives [1] ? Mais celles-ci ne sont pas attestées à Athènes. Alors, des hétaïres, peut-être ? Sur ce point, on pourrait toutefois attribuer notre embarras à une lacune dans notre connaissance du référent historique et culturel. Bien des pratiques nous sont inconnues, surtout quand il s'agit du monde des femmes.

La situation se complique davantage pour les images, fort nombreuses, qui représentent des dames en leur intérieur, analogues à celles qui restent entre elles, vaquant aux mêmes occupations, munies du miroir ou d'une quenouille, mais en compagnie d'individus mâles [ill. 22 [2]]. Dès lors que ces messieurs sont au pluriel, plus question de gynécée. D'ailleurs, leur tenue « de sortie [3] » – manteau et canne –, leur posture et leur gestualité, identiques à celles qu'ils adoptent devant les éphèbes, traditionnellement interprétées comme « conversation érotique », et parfois l'offre d'une fleur, d'un cadeau ou d'une bourse, tout laisse à penser qu'il ne s'agit plus là d'honorables mères de famille, mais de courtisanes. L'homologie entre toutes ces femmes, semblablement partagées entre parure et travaux domestiques, ne cesse de troubler les bons esprits. Les explications n'ont pas manqué. On a trouvé des parallèles contemporains. On a convoqué la prostituée qui tricote en attendant le client dans les vitrines d'Amster-

---

1. Voir C. Bérard, 1986.
2. Alabastre, FN, Paris, BN 312 (ABL 263/4).
3. En vérité, le manteau et la canne sont les indices du statut de l'homme libre et citoyen, dont l'activité se déroule, conventionnellement, hors de chez lui.

dam. On s'est attendri sur le mari rapportant au logis l'argent du ménage pour le remettre à sa femme. Toutes ces interprétations, et la perplexité même suscitée par ces peintures qui déconcertent certains de nos contemporains, reposent sur une conception erronée de l'image. Parce que cette iconographie nous parle fortement, parce que nous en identifions spontanément les composantes, que nous reconnaissons sans peine une femme, un homme, un chien ou un oiseau, et que son graphisme dans sa simplicité classique – puisque c'est de là que le classicisme se définit – nous est familier et nous séduit, nous en concluons que nous avons affaire à une peinture « réaliste », qui reflète, « comme un miroir », la « réalité de la vie quotidienne ».

Images-miroirs : cette analogie, à laquelle les Grecs eux-mêmes nous invitent, n'est acceptable qu'à condition de songer que les miroirs antiques ne brillent pas par l'exactitude et la fidélité. Les peintures de vases ne sont pas des reproductions de la vie de tous les jours. En tant que documents, elle nous renseignent sur l'imaginaire des Athéniens, sur quelques-unes des façons dont ils ont voulu se voir, mais fort peu, sans doute, sur leur existence quotidienne. Autre question : cette iconographie intimiste, qui orne principalement des récipients à l'usage des femmes, lécythes et alabastres – flacons à huile et à parfums –, hydries, vases nuptiaux, et surtout coffrets cylindriques, est-elle pour autant spécifiquement féminine ? Ces représentations, si elles ne reflètent guère la vie réelle des Athéniennes, sont-elles au moins exécutées à leur intention, à titre de modèle ou de divertissement ? En fait, on retrouve les mêmes scènes, moins nombreuses certes, sur des vases à vin, réservés avant tout à l'usage des hommes. Nous en avons mentionné plusieurs, sur des coupes et des cratères. Ces images, destinées à des regards virils, ne diffèrent en rien de celles qui ornent les récipients féminins. Tous ces objets sortent des mêmes ateliers, sont fabriqués par les mêmes mains, et que ces mains soient masculines ou féminines, la conception de ces œuvres est régie par les mêmes représentations, celles d'une société de mâles, où la femme occupe la position que lui assigne l'homme. Les écrits antiques, répétons-le, nous transmettent sur la femme grecque des points de vue exclusivement masculins. La vision que nous livrent les images d'Athènes est également le produit du seul regard des hommes. Celles que nous envisageons ici nous transmettent une image de l'univers féminin, destinée au plaisir de leurs yeux, et de ceux de leurs épouses, maîtresses ou compagnes, sans qu'ils aient ressenti la nécessité d'y marquer une différence.

Un dernier point mérite d'être précisé. Les scènes de parure nuptiale sont explicitement érotiques : la présence fréquente d'Éros ne laisse aucun doute. Et l'union sexuelle constitue l'aboutissement du mariage. Lorsque, d'autre part, le fond d'une coupe offre aux yeux du buveur le spectacle d'une femme nue à sa toilette, la teneur de l'image est sans équivoque. Même chose pour les scènes montrant des messieurs en visite chez des dames : « conversation » ou « négociation », le contexte est celui de virtuelles relations amoureuses, même si les attitudes sont généralement plus discrètes que lorsque les adultes courtisent des adolescents. On peut sans scrupule étendre cette tonalité érotique aux scènes de la première catégorie. Sur les scènes de gynécée les plus sages, une porte s'ouvre parfois sur la chambre à coucher, et le lit entr'aperçu indique la proximité d'Éros. Le miroir est inséparable de la femme ; et la femme au miroir ne se conçoit pas en dehors du désir amoureux [1].

---

1. Dans les représentations grecques, surtout à partir de la fin du Ve siècle, le désir n'est nullement incompatible avec le mariage (même après la nuit de noces), si l'on en croit, entre autres, la *Lysistrata* d'Aristophane, ou encore la fin du *Banquet* de Xénophon, qui montre des maris, érotisés par une danse mimant l'amour conjugal de Dionysos et d'Ariane, enfourcher leur cheval en toute hâte pour aller rejoindre leurs femmes, tandis que les célibataires décident de se marier. Parallèlement, si l'on en croit (outre l'exemple de Périclès et d'Aspasie) les plaidoyers du IVe siècle – qui ressortissent moins à la fiction –, les Athéniens avaient bien du mal à respecter la frontière entre épouse et hétaïre. Cf. *infra*.

III

ENTRE MIROIR ET QUENOUILLE

Vu de face, de trois-quarts ou de profil, tenu en main, présenté, regardé, ou simplement pendu au mur des gynécées, le miroir dénote la beauté des mortelles, des héroïnes et des déesses, et évoque une existence protégée, de loisir, d'élégance et de luxe, volontiers orientée vers l'amour. Belles images qui se préoccupent peu de préciser le contexte, conjugal ou professionnel, des relations amoureuses qu'annoncent la toilette et la parure, ni le statut de ces diverses femmes au figuré.

Équivoques

Le tableau est cependant moins simple qu'il ne paraît de prime abord. L'instrument que tiennent en main, sur leurs belles images, les dames d'Athènes s'avère un objet équivoque. Dans bien des cas, il est malaisément discernable, sur le plan graphique, de la quenouille [ill. 23 [1]]. Quenouille gonflée de laine, lorsque l'objet est bien circulaire ; quenouille à demi dégarnie, ou presque vide lorsqu'il est ovoïde ou quasi linéaire. Le doute n'est pas permis lorsque des brins de laine dépassent ostensiblement du pré-

---

1. Lécythe, Stuttgart, KAS 116 (ARV² 721/2).

sumé miroir, lorsqu'un fil bien visible en descend, passant entre les doigts de la fileuse, lorsqu'un fuseau prolonge ce fil, ou lorsque que la dame se tient dans la posture grecque du filage, assise, jambe tendue en avant pour rouler sur son genou un cordon invisible : le disque que tient au-dessus d'elle sa compagne, même s'il a la forme d'un miroir, ne peut être alors que la quenouille pleine, d'où provient le matériau à façonner [ill. 24-25 [1]]. Une analyse rigoureuse des images aboutit ainsi à diminuer sensiblement le nombre des miroirs au bénéfice des quenouilles, sur les peintures de vases.

Presque toujours, une corbeille (le *kalathos*) est posée à terre, comme pour recevoir le fil. La présence de la corbeille, cependant, ne suffit pas à généraliser la quenouille aux dépens du miroir. Ce panier à laine figure sur bien des scènes que nous avons passées en revue. Et sur certaines, l'objet qui côtoie ce panier est indubitablement un miroir : tels les deux lécythes montrant un revers de miroir décoré d'une tête féminine. Sur l'un, la femme debout tient d'une main son miroir, de l'autre sa corbeille. Sur l'autre elle est assise, roulant entre ses doigts un écheveau dont l'extrémité disparaît dans le panier [ill. 19 et 20].

En bien des cas, cependant, l'ambiguïté demeure et aucun des critères qui ont été proposés pour différencier à coup sûr ces deux objets n'est totalement convaincant [2]. Quenouille et miroir reçoivent un traitement graphique qui les rapproche et les confond [3]. De plus, la posture de la

---

1. Pyxis, Athènes, inv. n° 1584.
2. Par exemple A. Wasowicz, 1989. L'analyse formelle est exemplaire et la démonstration très subtile. Mais l'auteur fait également appel à des critères réalistes extérieurs aux images (miroirs antiques dont le manche est percé d'un trou de suspension) pour déclarer quenouille un objet pendu par le haut et miroir celui qui est accroché tête en bas. Le lécythe de Boston [ill. 20] montre le contraire.
3. Sur le lécythe de Bruxelles (ill. 19, cf. *supra*), le peintre de Pan semble avoir souligné l'ambivalence de l'objet que tient la femme : porteur d'une gravure qui le désigne comme miroir, il est muni d'un manche en forme, sinon de quenouille, à coup sûr de flèche : mais « flèche » et

dame au miroir est si souvent celle de la fileuse, qu'on ne sait si elle se mire dans sa quenouille ou file avec un miroir. On peut se demander si cette aporie tient à notre seule incompétence et si les Athéniens, eux, s'y retrouvaient au premier coup d'œil. Ou si la distinction leur était indifférente. L'essentiel étant que la femme soit représentée avec l'un de ses attributs, peu importe que la chose soit miroir ou quenouille. Et le doute subsiste encore lorsqu'elle en porte deux en même temps : ainsi de cette figure qui tient un objet à chaque main ; celui de droite, linéaire, étant donné la longueur de la partie qui surmonte le manche, est vraisemblablement, plutôt qu'un disque de profil, la hampe d'une quenouille vide ; mais qu'en est-il du disque circulaire vers lequel elle tourne son visage ? Cette femme est-elle représentée balançant entre miroir et quenouille, ou regardant la quenouillée bien pleine qu'elle doit encore travailler [ill. 26 [1]] ?

Cette confusion, qu'elle soit délibérée, semi-consciente, ou intentionnelle de la part des peintres, est à coup sûr signifiante pour nous. La quenouille-miroir nous prouve, d'une part, que l'imagerie attique se soucie peu de reproduire avec exactitude le monde réel, où pourtant elle puise ses modèles. Elle est élaboration, et procède par association d'éléments formels porteurs de valeurs symboliques. Cet objet équivoque rend, d'autre part, caduque toute tentative de démarcation entre deux types d'activités féminines et entre deux modèles contrastés. Rien ne permet de déceler une opposition entre une dame au miroir, qui incarnerait l'oisiveté luxueuse d'une existence consacrée à la beauté et à l'amour, et une femme à la quenouille qui symboliserait les vertus domestiques et la soumission conjugale tant prisée par les Athéniens. Rien ne permet non plus de différen-

---

« quenouille » se disent *elakaté* (cf. l'épithète ambiguë d'Artémis *Chrusélakaté*, « à la flèche/quenouille d'or »).

1. Lécythe, Karlsruhe, inv. 56/81. La tige, au-dessus du manche, est plus longue que sur le lécythe de Boston (miroir de profil. Cf. *supra*, « Des mots, des choses et des images », ill. 9).

cier l'hétaïre libre de la femme mariée, dont les statuts sociaux étaient pourtant bien séparés, si l'on en croit la déclaration d'un orateur du IVe siècle : « Les courtisanes nous les avons pour le plaisir, les concubines pour le service quotidien, les épouses pour avoir une descendance légitime et une gardienne fidèle du foyer [1]. » Cette affirmation péremptoire demande cependant à être replacée dans son contexte : l'orateur s'escrime à convaincre les juges et l'auditoire que la norme athénienne veut cette stricte tripartition. Les efforts qu'il déploie dans son argumentation et les exemples qu'il dénonce pourraient suggérer, au contraire, que la réalité n'était qu'un affreux micmac et que les Athéniens transgressaient allègrement, sinon impunément, ces belles catégories, en confondant de façon scandaleuse épouses légitimes et compagnes séduisantes, intrigantes étrangères et Athéniennes de bon aloi.

Quelle qu'ait été la réalité, les peintures de vases ne laissent guère entrevoir de distinction entre mariage et relations extra-conjugales, respectivement définis par la reproduction et le plaisir [2]. Miroir et quenouille se confondent, en image, parce que, ensemble ou séparés, ils cohabitent avec les mêmes séries d'objets. Le miroir peut voisiner avec les instruments du travail de la laine, la quenouille avec les bijoux et les flacons à parfum. Il n'est pas nécessaire d'invoquer, pour justifier ces associations, un usage technique de l'huile, afin d'humecter le fil et les doigts de l'artisane. Il nous faut admettre que des instruments qui relèvent pour nous de deux secteurs différents, parure et travail, sont étroitement imbriqués sur ces scènes d'intérieur féminin. Les peintres athéniens et leur public semblent avoir joué sur l'analogie des deux formes picturales, parce qu'ils

---

1. Pseudo-Démosthène, *Contre Néera*, 122.
2. Les scènes de banquet sont sans doute moins équivoques : les participantes ne sont certainement pas des épouses de citoyens ; mais ces images-là ne précisent pas non plus leur statut : esclaves ou salariées ? prostituées ou courtisanes illustres ? Encore une fois, l'image n'est pas un reportage sociologique.

attachaient aux deux objets représentés des valeurs semblables. Ils évoquent l'un et l'autre la femme sous un aspect attrayant pour des yeux masculins.

Cette homologie, sur le plan figuratif, du miroir et de la quenouille, demande à être approfondie, d'autant qu'on ne peut la généraliser et que certaines représentations grecques correspondent, au contraire, à nos propres conceptions.

Oppositions

Si nous revenons à notre point de départ, aux poèmes de l'*Anthologie* qui nous ont permis d'ébaucher les contours du miroir, nous y rencontrons bien quelques quenouilles. Cet instrument est, lui aussi, l'objet de dédicaces, dans certaines épigrammes votives. Or, ce ne sont pas les poèmes où figure le miroir. Si les miroirs sont offerts par Laïs et autres hétaïres, la dédicace de la quenouille est le fait d'artisanes, telles ces trois sœurs de Samos, qui remettent à Athéna leurs instruments, « gagne-pain d'une vie laborieuse » : fuseau tournoyant et longue quenouille, navette sonore et, bien sûr, corbeille à laine. D'un côté, donc, le disque d'airain, les flacons à parfum, les rubans et autre babioles ; de l'autre, les outils du travail de la laine : les deux séries ne se recoupent pas. Les fidèles d'Athéna ne sont pas les servantes de Cypris.

Mieux encore, la dédicace d'un instrument de labeur peut marquer le passage d'un style de vie à un autre, et le choix d'une nouvelle patronne : « La navette, amie des chansons, instrument d'un métier famélique, Bittô en fait l'offrande à Athéna, et lui dit : " Adieu, déesse, reçois encore ce présent ; veuve de près de quarante ans, je renonce à tes faveurs et vais m'adonner aux œuvres de Cypris : la bonne volonté y vaut plus que l'éclat de la jeunesse. " » Et pour traiter le même thème, un autre poète n'hésite pas à se référer, ironiquement, au jugement de Pâris : « Sa navette laborieuse, instrument d'un métier famélique, Bittô en a fait l'offrande à Athéna, en femme dégoûtée de tous les travaux des fileuses et de la pénible tâche des tisserandes ; et elle a dit à la déesse : " Je vais me livrer aux œuvres de Cypris ; c'est le suffrage de Pâris qu'à mon tour je porte contre toi [1]. " »

À en croire ces poèmes, produits de l'Antiquité tardive, le miroir n'appartient pas au même monde que la navette, la quenouille et la corbeille à laine. Il est vrai que ces instruments sont envisagés sous l'angle du rendement, ce qui est rarement le cas dans les témoignages littéraires et figuratifs. Le ton de ces épigrammes, indifférent à tout jugement moral, se veut d'un réalisme humoristique. On rencontre cependant une opposition du même ordre, mais avec des préoccupations franchement moralisantes, au IVe siècle, chez Xénophon qui s'intéresse fort aux questions économiques, comme l'indique le titre de l'un de ses ouvrages. Dans un passage de son *Économique*, un mari avisé, soucieux de voir l'ordre régner en sa maison, réussit à détourner du maquillage et du miroir sa toute jeune et très malléable épouse, au bénéfice des travaux domestiques, dont elle doit au moins assurer la direction [2].

Le miroir féminin peut donc avoir mauvaise presse en tant qu'indice manifeste d'une coquetterie superflue, sinon pernicieuse. C'est ainsi que le considèrent souvent les Tragiques. L'Électre d'Euripide se souvient avec âpreté du comportement de sa mère, digne sœur d'Hélène : « Ton mari venait à peine de quitter le palais que déjà tu attifais devant un miroir les boucles blondes de ta chevelure [3]. » Cette Clytemnestre au miroir, paradigme, pour sa fille, de l'épouse traîtresse et de la mauvaise mère, préfigure bien des marâtres de nos contes, telle la perfide reine au miroir

---

1. *Anthologie palatine*, VI, 39 ; 47 ; VI, 48.
2. Mais, on l'a déjà, indiqué, la position de Xénophon, amateur exceptionnel d'anti-Pandoras, est utopique et originale, sinon marginale.
3. Euripide, *Électre*, 1069-70.

magique qui succède à la première épouse, sage brodeuse assise à sa fenêtre pour attendre la naissance de la petite Blanche Neige.

Alternatives

Quant à Hélène, elle est par excellence la femme au miroir. C'est ainsi que les Troyennes, on l'a vu, se la rappellent, « avec ses miroirs d'or ». Mais dans une autre de ses pièces, Euripide lui met en main une quenouille. Lorsqu'Oreste et Pylade, venus pour l'assassiner, parviennent auprès d'Hélène, ils la trouvent filant, sous l'éventail de ses serviteurs phrygiens : « Le lin autour de sa quenouille se déroulait sous ses doigts et le fil tombait sur le sol. » Cette posture et cette occupation sont totalement conformes à la tradition homérique. C'est ainsi qu'apparaît à Télémaque l'épouse reconquise de Ménélas. La reine fait dans la grand-salle une entrée spectaculaire, « telle Artémis à la quenouille d'or », escortée de ses chambrières qui portent chaise ouvragée, coussin moelleux, ainsi qu'« une quenouille d'or et, montée sur roulettes, la corbeille d'argent qu'emplissait le fil dévidé du fuseau ; dessus était couchée la quenouille, chargée de laine purpurine ». Cette Hélène filant en son palais d'Argos ou de Sparte voudrait-elle par un étalage vertueux indiquer son repentir et faire oublier ses fautes ? Non, ce serait un contre-sens que d'y voir un comportement d'ostentation pénitente. Hélène ne se prive d'ailleurs pas de rappeler le passé et sa responsabilité. La quenouille d'or est, avec la corbeille d'argent, le signe de sa dignité retrouvée, emblème de sa royauté autant que de sa féminité. Chez les Phéaciens aussi la reine file : Ulysse qui vient, sur les conseils de Nausicaa, lui demander protection, la trouve, « assise au foyer, tournant sa quenouille teinte en pourpre de mer ». L'épouse du roi Alcinoos s'acquitte de sa tâche avec plus de simplicité qu'Hélène. Il est vrai que son nom – *Arété*, « Vertu » – réunit toutes les qualités domestiques, conjugales, maternelles et royales [1].

Cependant, même en exil, Hélène n'avait pas renoncé, avec l'honorabilité, aux travaux féminins : l'*Iliade* la montre à Troie, dans la demeure de Pâris, passant son temps à tisser au métier, travaillant à des ouvrages éclatants, « y traçant les épreuves des Troyens dompteurs de cavales et des Achéens à cotte de bronze, les multiples souffrances qu'ils ont pour elle endurées sous les coups d'Arès ». Le comportement de l'épouse infidèle ne différait guère de celui d'Andromaque, modèle de l'amour conjugal, qui se trouve « à son métier, au fond de sa demeure, tissant un manteau double de pourpre, parsemé de dessins variés », lorsque l'horrible rumeur lui parvient de la mort d'Hector, tombé sous les coups d'Achille, dans la plaine de Troie [2].

Pas de relation exclusive donc, dans l'épopée, entre la vertu de l'épouse et le travail de la laine. Filage et tissage conviennent à toutes. À Pénélope, vissée à son métier, tissant interminablement le suaire du vieux Laerte, pour différer le moment de choisir parmi les Prétendants un successeur à Ulysse... et que son fils, Télémaque, renvoie brusquement « à ses appartements, à sa toile et à sa quenouille, à la direction des servantes, car, dit-il, c'est aux hommes qu'appartiennent le discours et l'initiative ». Mais ces activités appartiennent aussi à ses rivales lointaines, à celles dont les charmes se déploient hors mariage et œuvrent à l'encontre du bonheur conjugal. Calypso, la nymphe aux belles boucles, et la magicienne Circé, qui font obstacle aux retrouvailles d'Ulysse et de Pénélope, sont montrées tissant au métier avec leur navette d'or, et confectionnant en chantant de beaux ouvrages, fins, gracieux et brillants [3].

---

1. Euripide, *Troyennes*, 107-109 ; *Oreste*, 1431-3 ; Homère, *Odyssée*, IV, 120 *sq.* ; VI, 306.
2. Homère, *Iliade*, II, 125-128 ; XXI, 440.
3. Homère, *Odyssée*, I, 356 ; V, 60 ; X, 254.

La quenouille est donc, dans les poèmes homériques, l'emblème de la femme. Serait-ce parce que les héroïnes épiques sont dépourvues de miroir ? Ni les déesses ni les mortelles ne connaissent ce précieux accessoire. Héra, lorsqu'elle se prépare à séduire Zeus pour détourner son attention des batailles humaines, utilise huiles et parfums, peigne et tresse ses cheveux luisants, revêt robe, ceinture, voile fin et sandales, se pare de boucles d'oreilles et de bijoux, mais n'est nullement montrée apprêtant sa beauté devant un miroir, comme elle le fait sur les représentations du jugement de Pâris. Pas davantage Hélène, dans le luxe qui pourtant l'entoure à Troie, puis à Lacédémone dans le palais fastueux de son époux : elle ne semble pas posséder l'instrument dont la tradition voudra si souvent la doter. On peut s'étonner de cette absence dans les poèmes épiques. Car le miroir est attesté en terrain grec dès l'époque mycénienne et l'on pourrait s'attendre à le voir surgir dans les énumérations d'objets précieux, métaux ciselés, pièces d'orfèvrerie scintillantes, souvent sorties des mains d'Héphaïstos, dont les guerriers achéens et troyens font parade, qu'ils ramènent en butin, qu'ils enferment dans leurs trésors et dont ils se font mutuellement présent. De fait, les archéologues constatent que le miroir ne réapparaît en Grèce qu'à partir du VIIe siècle. Est-ce pour cela que le poète aveugle ignore les miroirs ?

Les tissus du désir

La quenouille qui sied à toutes, déesses et mortelles, si elle peut dans leur main remplacer le miroir, ne remplit apparemment pas les mêmes fonctions. Elle n'est toutefois pas étrangère à quelques-unes des valeurs que le miroir assumera. Certaines déesses, il est vrai, Artémis « à la quenouille d'or [1] », Athéna qui enseigne aux femmes les travaux

---

1. Homère, *Iliade*, XX, 70. Cette quenouille pourrait être une flèche, le terme *elakaté* étant ambigu (cf. *supra*, note 3, p. 93). Cependant chez

de la laine, sont irréductiblement vouées à la virginité. Leur activité textile est-elle pour autant séparée de toute finalité érotique ? C'est sûrement le cas du *péplos* qu'Athéna a tissé pour elle-même. Mais la déesse a également confectionné la somptueuse robe qu'Héra revêt pour inciter son époux à l'amour. Et les ouvrages qui sortent des mains d'Hélène sont faits pour inspirer le désir amoureux. Elle offre à Télémaque la plus belle de ses étoffes afin que sa jeune épouse la porte au jour des noces. Quenouille et navette, qui fabriquent le voile de la mariée, sont productrices de charme et de séduction.

Les valeurs érotiques du filage se laissent entrevoir aussi dans le curieux déguisement que prend Aphrodite pour contraindre Hélène à rejoindre Pâris dans leur chambre : « Elle secoue un coin de son voile parfumé et prend les traits d'une vieille, d'une fileuse, qui autrefois à Lacédémone exécutait pour elle de beaux ouvrages en laine et qu'elle aimait chèrement. » Le subterfuge n'empêche nullement Hélène de reconnaître « la gorge merveilleuse d'Aphrodite, sa poitrine désirable et ses yeux de lumière [1] ». Étrange cette oscillation, ou plutôt cette surimpression des chairs irrésistibles de la déesse et de cette figure de vieille femme, chère à Hélène pour son adresse à filer et à créer des parures ; parures analogues sans doute au « voile parfumé » qui, lorsqu'on le soulève, est une invite à l'amour.

Les tissus et leur fabrication relèvent du domaine des femmes, et le définissent. Plus tard, à Athènes, on suspendra à la porte un flocon de laine pour annoncer au voisinage la naissance d'une fille, tandis que le rejeton mâle sera signalé par une couronne d'olivier. Les beaux manteaux que confectionnent les femmes plaisent, sans aucun doute, aux héros épiques, mais c'est le bronze qui définit l'homme et son statut guerrier ; son vrai vêtement c'est la cuirasse,

---

Aristophane, *Assemblée des femmes*, 90, Artémis est invoquée alors qu'il est question du travail de la laine.
1. Homère, *Iliade*, III, 386.

le casque, le bouclier et les jambières. Sous le cuir et l'airain, il semble nu, comme il est nu quand l'ennemi le dépouille de ses armes, comme seront nus aussi, sur les peintures de vases, le combattant citoyen mi-hoplite mi-épique, et l'athlète qui s'exerce au gymnase.

Au contraire, le corps des femmes ne se montre, sauf exception, que doublé de son enveloppe tissée. Une seconde peau qui se caractérise par son éclat. Car les tissus chatoyants font partie de ces objets qui, par leur blancheur ou leurs bigarrures, captent la lumière et la renvoient. Sans étinceler d'une lueur aussi forte que les armes du guerrier – l'éclat de celles d'Achille montent jusqu'aux astres –, les étoffes luisent et miroitent. Même le linge sale qu'emporte Nausicaa à la rivière est brillant ! La vocation du vêtement à se faire miroir sera explicitée, bien des siècles après Homère, par le romancier Achille Tatius, en un passage qui décrit un enlèvement d'Europe (en peinture) : il insiste sur la finesse de l'étoffe plaquée contre le corps de la jeune fille, dont on devine le ventre, les hanches et les seins. « Sa tunique, dit-il, était le miroir de son corps [1]. » La relation symbolique du vêtement au corps féminin, comme celle de l'huile au corps nu des hommes, passe par la beauté, qui inspire le désir. De désir et beauté, compagnons d'Éros, le mariage grec ne saurait se passer, car ils sont indispensables à la procréation de beaux enfants légitimes ; philosophes et médecins y insisteront. Aussi sont-ils l'une des finalités du travail féminin de la laine. Filage et tissage sont invariablement évoqués, dans les poèmes homériques, comme des occupations nobles, dignes des déesses et des héroïnes qui leur ressemblent. Ces activités parachèvent la beauté des femmes, en mettant en évidence leurs qualités d'adresse et leur habileté manuelle vouée tout entière à cette beauté. Les tissus qui sortent des mains des artisanes royales et divines, étoffes fines comme la peau féminine,

---

1. Homère, *Odyssée*, VI, 75 ; Achille Tatius, *Le Roman de Leucippé et Clitophon*, I, 1.

chatoyantes comme leur chevelure, ne sont jamais envisagées sous l'angle utilitaire : elles servent seulement de parures. Il en va de même pour la lessive : le songe qui de bon matin arrache Nausicaa à sa couche établit un rapport explicite entre le lavage du linge et les noces de la jeune fille. S'il lui faut nettoyer, détacher, purifier, selon des recettes analogues à celle de la toilette des corps, les vêtements souillés qui s'entassent, c'est pour redonner aux étoffes, dans les belles eaux du fleuve et sous le clair soleil, l'éclat moiré, la luminosité et les reflets de la beauté sans quoi il n'est pas de mariée, pas de fête, pas de cortège nuptial.

Cette connotation de luxe et d'apparat, attachée au travail textile, est tout aussi marquée chez Hésiode, dont la vision de la femme et de la vie en sa compagnie est pourtant fort éloignée de celle de l'épopée. La *Théogonie* et les *Travaux* content comment les dieux ont créé Pandora, « piège profond et sans issue » que Zeus destinait aux humains. La première femme est semblable à une chaste vierge, mais Hermès a logé en elle mensonges, mots trompeurs et cœur artificieux. Si, en lui ajustant sa parure, « Athéna lui enseigne aussi ses travaux et le métier qui tisse mille couleurs », ce n'est pas pour que l'homme tire profit de cette activité laborieuse. Car la race des femmes, issue de cette ancêtre première, est oisive, gourmande et paresseuse. Les talents d'Athéna visent à permettre aux mortelles de créer elles-mêmes leurs vêtures étincelantes, ces voiles aux mille broderies, « merveilles à voir », dont la déesse a paré « ce beau mal » (*kakon kalon*), tandis qu'Aphrodite « répandait sur son front la grâce, le douloureux désir et le tourment qui brise les membres ». Pour le malheur des hommes, Pandora reçoit deux catégories de dons symétriques et complémentaires, la séduction qui lui vient d'Aphrodite, l'habileté technique que lui transmet Athéna. Dans la perspective misogyne d'Hésiode, la quenouille est tout entière du côté de la parure et de la beauté pernicieuse des femelles, valeurs qu'incarne par ailleurs le miroir.

Ainsi, quel que soit le point de vue adopté sur la gent féminine, les témoignages, favorables ou hostiles, s'accordent pour faire de l'habileté à fabriquer des étoffes une composante essentielle de l'attrait que les femmes exercent sur les hommes et des désirs qu'elles savent leur inspirer. Au IVe siècle, Aristote lui-même ne dira pas autre chose : « Pour le sexe féminin, les qualités corporelles sont la beauté et la taille, les qualités morales sont la sagesse et le goût du travail sans rien qui soit indigne d'une personne bien née [1]. » L'activité « libérale », dont parle ici le philosophe, ce sont les travaux auxquels s'adonnent les héroïnes d'Homère et les belles dames peintes sur les vases d'Athènes [2].

« Dévidant et filant... »

Ce tour d'horizon parmi les représentations archaïques nous a conduits, par allées et venues de la quenouille au métier, à embrasser le champ entier des travaux textiles, en mettant l'accent sur le produit de cette activité, les étoffes, et sur leur relation symbolique au désir amoureux. Il convient cependant, pour revenir à nos images et à l'ambiguïté formelle de l'attribut féminin, de recentrer notre enquête sur la seule quenouille, qui d'ailleurs est largement majoritaire parmi les outils du travail textile représentés sur les peintures de vases.

Ainsi Hélène, qui tisse dans l'*Iliade* et file dans l'*Odyssée*, se limite-t-elle, dans l'iconographie céramique, à cette seconde activité. L'une de ses plus anciennes représentations est à cet égard éloquente : l'héroïne, assise devant un

---

1. Aristote, *Rhétorique*, I (5), 1361a. Sur un lécythe du Cabinet des Médailles (ARV² 624, 81), au-dessus d'une femme portant quenouille, on lit l'inscription « *philergos* ».
2. Il semble que, dès le Ve siècle, l'essentiel de la production textile provenait d'ateliers professionnels et du travail servile ; cf. Xénophon, *Mémorables*, II, 7, 6.

homme qui s'avance (Pâris ?), semble tenir un miroir. Et un autre objet tout aussi circulaire est suspendu juste au-dessus d'une corbeille à laine. On peut, sans trop s'avancer, baptiser quenouille l'un des deux instruments, peu importe lequel. Hélène serait ainsi dotée par le peintre, non point de deux miroirs, mais de chacun de ses attributs traditionnels, celui qu'elle arbore majestueusement dans l'épopée, et celui qui la désigne couramment dans les documents textuels et figuratifs. Ces deux emblèmes, graphiquement indiscernables l'un de l'autre, ici juxtaposés, renvoient à des qualités indissociables pour dessiner l'une des images grecques de la femme : beauté, habileté, autorité, prestige, et pouvoir de séduction érotique [ill. 27 [1]].

Mêmes associations sur une boîte à bijoux décorée d'une scène de gynécée, où des inscriptions donnent à chaque figure un nom mythique. Danaé porte un coffret d'où elle tire une couronne, Iphigénie noue un long ruban dans ses cheveux, Cassandre ajuste son voile, Clytemnestre et Hélène se font face, séparées par un miroir pendu au mur : la première tient un flacon à parfum, et la seconde, assise, file la laine [2].

Ce que file cette Hélène, ce que filent comme elle les dames anonymes qui composent ces élégantes scènes d'intérieur, n'est pas destiné à assurer le renouvellement du linge de maison ni la fabrication des vêtements qui voilent leurs corps. Le grand métier à tisser qui permettrait ce type de production, celui de Pénélope, de Circé et de l'Hélène épique, n'est jamais présent sur les images où figure le miroir. Le tissage n'y est représenté que par le petit métier à main, sur lequel il n'est possible de fabriquer que d'étroites pièces d'étoffes, rubans, écharpes, bandelettes et bandeaux, ceintures et résilles à mailles [ill. 28 [3]]. Ces

---

1. Siphon, Athènes, Céramique : L. Kahil, 1955, cat. n° 22.
2. Pyxis, Londres, E 773 ; ARV² 805/89.
3. C'est un point qu'a bien noté Aleksandra Wasowicz, 1989. Petit métier à tisser sur la pyxis du Louvre CA 587 (ARV²1094, 10), à côté

accessoires sont précisément ceux que montrent les peintures de vases. Tenus en main ou suspendus, à côté de la quenouille et de la corbeille, du miroir, des flacons et des coffrets, ils font partie de la panoplie des femmes. Grâce à ces colifichets, équivalents textiles des bijoux ciselés et des pierres scintillantes, les femmes rehaussent l'éclat de leur carnation et les boucles soyeuses de leur chevelure. Ils encadrent et mettent en valeur la tête et le visage, dont l'image leur est renvoyée par le miroir de bronze, quand elles y vérifient leur toilette pour y assurer leur beauté. Ils sont à leur parure ce qu'est pour Héra le ruban que la déesse, parachevant ses préparatifs amoureux, emprunte à Aphrodite, « le ruban moiré, aux dessins variés, où résident tous les charmes » : des pièges où vient se prendre le désir des hommes.

Le petit métier à tisser qui permet de réaliser ces menus ouvrages n'est pas bien fréquent ; mais, même rare, sa présence sur les scènes d'intérieur suffit à prouver qu'il peut sans difficulté être figuré. La prépondérance de la quenouille ne doit pas s'expliquer par sa seule simplicité graphique, qui lui permet d'évoquer économiquement, et par métonymie, l'ensemble du travail de la laine et des compétences qui concourent à faire le prix d'une femme [1]. Aussi doit-on se demander si le choix iconographique n'est pas dicté par des valeurs propres à la quenouille et à l'opération du filage.

---

d'une fileuse assise devant la porte de la chambre, entrouverte sur le lit. Pour le grand métier à tisser, voir M.-C. Villanueva-Puig, 1992, p. 104-106.

1. Cette valeur emblématique de la quenouille sous-tend l'idylle XXVIII, de Théocrite, « La Quenouille », poème censé accompagner, sur un ton de galanterie respectueuse, l'offrande d'une quenouille à la femme d'un ami.

Opérations symboliques

Parmi les diverses phases du travail de la laine, c'est le tissage qui a davantage retenu l'attention des chercheurs, et ses significations symboliques ont été bien mises en lumière. John Scheid et Jesper Svenbro ont ainsi montré, d'une part, les valeurs sexuelles et conjugales de l'entrecroisement de la chaîne (le *stemon*, masculin) et de la trame (la *kroké*, féminine), et d'autre part, l'utilisation métaphorique qu'en font Aristophane et Platon, en l'appliquant au domaine politique [1].

L'argumentation qu'Aristophane met dans la bouche de son héroïne Lysistrata, qui cherche à convaincre les femmes d'Athènes de prendre le pouvoir afin de rétablir la paix, concerne l'ensemble du travail de la laine [2]. Leur expérience en matière textile, assure-t-elle, qualifierait les femmes pour la vie politique. Mais le récit n'évoque que deux étapes. D'abord la préparation : la laine brute, tout juste lavée, est triée, cardée et peignée, et les touffes sont rassemblées pour constituer la quenouillée. Puis vient le démêlage des écheveaux, qu'il faut débrouiller avec les fuseaux. La description a donc sauté l'étape du filage, et s'arrête avant le tissage.

Dans le *Politique*, Platon est bien plus précis : il repère dans le travail de la laine deux types d'opérations : assemblage et séparation (*sugkritiké* et *diakritiké*), que l'on retrouve aux différentes étapes. Le filage y est défini comme une opération de torsion (*ergasia streptikos*), qui relève de l'assemblage et qui produit deux types de fil, l'un plus solide et plus dur, le fil de chaîne, le *stèmon* masculin, l'autre plus

---

[1]. J. Scheid et J. Svenbro, 1994. Voir aussi J. Papadopoulou-Belmehdi, 1992, dont le parti pris (le tissage représente l'état virginal) est peu convaincant.

[2]. Aristophane, *Lysistrata*, 565-570.

moelleux et plus souple, le fil de trame, la *krokè* [1]. C'est leur assemblage, par entrelacement, qui produit le tissu. Le filage est donc la fabrication de deux unités destinées à s'entrelacer, l'une masculine, l'autre féminine, et ce à partir du flocon de laine purifié, le *katagma*, débarrassé par le cardage de ses scories animales et végétales, prêt à entrer dans le monde des humains civilisés, c'est-à-dire vêtus [2].

Le flocon de laine qui, accroché à la porte d'une maison athénienne, annonce la naissance d'une fille, est le produit de base des travaux qu'Athéna enseigne aux femmes. Le rameau d'olivier qui indique la venue au monde d'un futur citoyen provient lui aussi de la déesse. En offrant l'olivier aux Athéniens, Athéna a obtenu le patronage de la cité, au détriment de Poséidon, qui avait fait jaillir pour eux une source... d'eau salée. Cependant, le flocon de laine lui sert de façon bien particulière dans des circonstances où sa féminité manifeste toute son ambiguïté. Elle en utilise un pour s'essuyer la jambe, après avoir échappé à l'étreinte amoureuse d'Héphaïstos. De ce viol manqué, et de la terre sur laquelle Athéna a jeté le flocon souillé de sperme, naîtra Erichthonios, qui deviendra roi d'Athènes. Le flocon de laine, en contact avec la cuisse divine, fournit un substitut au réceptacle naturel mais impénétrable d'Athéna, et sert de relais pour la semence d'Héphaïstos, jusqu'à la matrice accueillante et généreuse de Terre, *Gé* ou *Gaia*.

Comment s'étonner alors que Platon nomme *genesis* le mouvement de torsion du flocon de laine, qui donne naissance au *stemon* et à la *kroké*, destinés à s'entrelacer dans un *sumplegma*, terme qui désigne aussi l'union sexuelle ?

C'est dans un tel contexte symbolique qu'il faut replacer les représentations qui juxtaposent filage et mariage :

---

[1]. Platon, *Politique*, 279a et *sq*. Selon Hippocrate, *Des maladies des femmes*, VIII, 1, 1, p. 13, la chair féminine plus lâche est comparée à la laine, la chair masculine à un tissu plus serré.
[2]. Platon, *Politique*, 272a. L'humanité ne connaît pas le vêtement avant la reproduction sexuée.

fileuse au travail coiffée de la couronne et du voile nuptial [1], ou fiancée en train de filer pendant les préparatifs de la noce, ainsi que celles qui font intervenir une jeune fileuse sur les scènes d'enlèvement de mortelle par un dieu ; le viol qui s'ensuit a pour but le plaisir du ravisseur et, pour résultat assuré, la procréation d'un héros.

Le filage peut ainsi servir à définir symboliquement le rôle social de la femme à travers sa fonction de productrice des deux unités fondamentales que sont le masculin et le féminin [2]. Mais sur le plan mythique et religieux, à travers la figure des trois Parques, ou Moires, le filage sert à définir toute l'existence humaine. Ici encore, Platon est un témoin précieux, lorsqu'il décrit le sort des âmes vouées à la résurrection [3]. La première des Moires, Lachesis, est celle qui accorde sa part à chaque âme et lui donne son *daimon* (préfiguration de l'ange gardien) qui la conduira vers Klothô, la fileuse, la plaçant sous sa main et sous le tournoiement de son fuseau. En dernier lieu, le *daimon* conduit l'âme auprès d'Atropos, dont le filage rend irréversible le destin. Selon d'autres traditions, Atropos est celle qui coupe le fil, et le rôle du second filage évoqué par Platon n'apparaît pas clairement. L'important est l'affirmation de l'irréversibilité absolue du résultat de cette dernière torsion : ce qui est filé ne peut être défait, contrairement au produit du tissage. Pénélope le sait bien, elle qui chaque nuit détisse l'ouvrage dont l'achèvement doit marquer pour elle le jour du choix entre les Prétendants qui l'assiègent.

Ailleurs, Platon fait de la rotation de la quenouille le

---

1. Skyphos, Palerme, Mormino, inv. 788. Voir J.H. Oakley, 1995.
2. Plutôt que de les interpréter, comme le fait Eva Keuls, 1985, comme une volonté de marquer « jusqu'à la dernière minute » l'asservissement de la femme. Ce contexte donne aussi la mesure de l'inversion constituée par Héraclès filant aux pieds d'Omphale, représentation surtout romaine. À Rome, les femme mariées portent dans le cortège nuptial une quenouille garnie et un fuseau : Pline, *Histoire naturelle*, VII, 74, 194-195 ; cf. Plutarque, *Vie de Romulus*, I5, 5-6.
3. Platon, *République*, X, 620e.

geste primordial de l'univers [1] : Moira, la filandière cosmique, donne le coup d'envoi à la rotation universelle, et le fuseau de Destinée (*Anangké*) est à l'origine des mouvements célestes, de même que ceux des Moires créent le destin de chaque être humain [2].

L'association entre filage et destin n'est pas une invention de Platon. On en trouve des traces chez Homère. Zeus pèse le sort des héros comme une femme pèse la laine [3] ; or c'est du poids de laine que dépend la longueur du fil. Si les Moires sont évoquées dans l'*Odyssée*, le plus souvent le sort des humains dépend du filage « des divinités », dont le nom n'est pas précisé. L'action de l'*Odyssée* s'engage ainsi : « Lorsque vint le jour du retour que les dieux avaient filé pour Ulysse [4]. » Et l'on a pu s'interroger sur le sens d'une expression un peu semblable : « Cela se trouve sur les genoux des dieux », employée par Homère pour dire que, si les hommes font de leur mieux, le résultat de leurs actions est en définitive du ressort des dieux. Richard Onians propose, de façon judicieuse, que l'image mentale qui accompagne cette phrase soit celle du filage, exécuté sur les genoux, où le fil est roulé, comme on le voit sur quelques images du Ve siècle [5].

Tous ces témoignages révèlent un fond de croyances, de valeurs symboliques, d'associations mythiques et religieuses, selon lesquelles la technique du filage, activité spécifiquement féminine, est pensée comme la fabrication indéfectible, à partir d'une masse informe, d'une unité

---

1. *Ibid.*, 616-620, 273e.
2. Platon, *Politique*, 269b. Le mouvement circulaire du créateur est une *genesis*.
3. Homère, *Iliade*, XII, 433. En Thessalie, sur le mont *Elakataion*, se trouve un temple de Zeus *Elakateus*, c'est-à-dire « Filandier ».
4. Homère, *Odyssée*, XX, 74 ; I, 16.
5. Homère, *Iliade*, XVII, 514 ; XX, 435 ; *Odyssée*, I, 267. Voir, R. B. Onians, 1954, p. 409-410 et 403 (cf. aussi p. 335, 403-404) et 1924. Cf. aussi le papyrus de Derveni, ZPE 1967, 21-32, sur le filage du destin par la Moire. Sur les Parques filant le destin d'Achille, Pindare, *Pythiques*, III, 90 ; Catulle, 64, 311-314 et 320-322.

linéaire de deux genres, masculin ou féminin. Cette activité met en contact physique le matériau laineux et le corps de la femme, ses doigts qui effectuent la rotation, mais aussi ses lèvres et sa salive qui humecte le fil, ses dents qui le coupent, sa cuisse et son genou sur quoi elle roule l'écheveau. Au total, c'est une pratique bien plus charnelle que celle du tissage, qui est beaucoup plus instrumentale. On comprend que la quenouille soit figurée comme un prolongement du corps féminin, analogue à son appendice visuel, son troisième œil, le miroir. On comprend aussi que la posture du filage soit érotisée, lorsque la robe relevée dénude genou et cuisse [1], et qu'une fileuse puisse être montrée s'appliquant à sa tâche au milieu de couples en conversation amoureuse [ill. 29 [2]]. Si l'image de la femme à la quenouille peut stimuler le désir des mâles autant que celle de la femme au miroir, c'est que le filage évoque quelque chose d'aussi intime que la toilette, une pratique associée dans les représentations collectives à la beauté, à la sexualité, et à la fécondité que favorisent Éros et Aphrodite [3].

---

1. Mais pas dans le sens que lui donne Eva Keuls, 1985, détectant le regard salace de l'usager masculin du vase décoré d'une scène de filage. Pour la posture de la fileuse, voir M.-Ch. Villanueva-Puig, 1992, p. 106.
2. Coupe, Berlin, 31 426 ; ARV² 795/100
3. Les connotations sexuelles du filage sont attestées, dans toute l'Europe médiévale, par des contes et des chansons.

IV

FIGURES

La concurrence que se livrent en image le miroir et la quenouille indique suffisamment que les valeurs dont les Grecs ont paré le miroir débordent amplement ses aspects utilitaires et strictement fonctionnels. L'objet même, le disque luisant qui renvoie aux femmes l'image de leur beauté, est bien moins fréquent dans les écrits que sur les peintures de vases. Lorsque les mots qui le désignent, *katoptron*, *esoptron*, *enoptron* ou *dioptron*, interviennent dans les textes, c'est le plus souvent pour évoquer des miroirs immatériels, auxquels les hommes, philosophes, historiens et poètes, n'hésitent pas à recourir. Ces miroirs des écrivains, miroirs de métaphores et de comparaisons, développent, en s'appliquant à des domaines variés, le motif fondamental du « faire voir », qui s'en trouve enrichi et considérablement explicité à nos yeux.

Le temps révélateur

Les notions qui appellent le miroir ne sont pas indifférentes. Soit, par exemple, le temps : l'association semble aller de soi, puisque le miroir est souvent convoqué pour refléter les ravages des ans, pour dénoncer les rides, l'usure des visages et le vieillissement. En retour, le temps est pensé comme un miroir : « Les méchants, ce qui peut un jour les dévoiler, en présentant son miroir, comme à une jeune fille, c'est le temps », fait dire Euripide à Phèdre [1], qui vient d'exposer au chœur sa passion, sa lutte et sa peur du déshonneur : « Je hais les femmes vertueuses en paroles et qui se portent en secret à des audaces coupables. » Même si le travail révélateur du temps concerne, par généralisation, tous les humains, le problème de Phèdre est spécifiquement féminin, l'obligation de fidélité et la contrainte du regard d'autrui étant infiniment plus impérieuses pour les femmes. L'image du temps-miroir, ou du temps tenant en main un miroir comme le fait une jeune fille, intervient donc dans une situation féminine et explicitement érotique, racontée par une femme à des femmes. Mais, s'agissant d'une tragédie, ces personnages féminins sont, rappelons-le, créés, mis en scène et interprétés par des hommes, pour un public peut-être exclusivement masculin, puisqu'on ne sait toujours pas si les femmes avaient le droit d'assister au théâtre. Une histoire de femme, donc, vue par et pour le regard des mâles.

La révélation opérée par le temps est exprimée par le verbe *ekphaino*, qui est un composé du verbe « briller » (*phaino*). Le temps révèle la perversité en la mettant en pleine lumière. Le miroir du temps agit donc comme un projecteur qui va chercher les individus pervers dans l'obscurité où ils se cachent. Et le récepteur de cette révélation n'est pas, comme dans le cas du tête-à-tête que suggère la comparaison de la jeune fille avec son miroir, le méchant lui-même, mais un spectateur collectif : l'opinion publique, devant qui cet individu est exhibé. La conception du miroir qui se dessine à travers cette comparaison va bien au-delà de la simple réflexivité. Sur les images aussi, on l'a vu, la femme tend bien plus souvent son miroir à une autre qu'elle ne s'y contemple. Le miroir révèle ce qui, sans lui,

---

[1]. Euripide, *Hippolyte*, 429-430 (*katoptron*).

échapperait aux regards. Il est l'outil qui rend visible, quel que soit son objet [1].

Les pouvoirs du vin

Toujours sur le plan moral, un autre miroir est fourni par le vin. « Le miroir de la beauté c'est le bronze, le vin est celui de l'âme », dit Eschyle [2] ; et Alcée : « Le vin est aux humains un miroir [3]. » Ces images assimilent les deux éléments avec plus de densité que ne le ferait une comparaison. Bien que le vers d'Alcée concerne ici l'humanité entière, le vin est essentiellement un miroir masculin. Sans être interdit aux femmes [4], le vin est surtout consommé au banquet, entre citoyens, et c'est de cette pratique sociale que parlent les textes. Le pouvoir révélateur du vin [5] suscite d'autres rapprochements : « C'est au feu que les connaisseurs éprouvent l'or et l'argent, dit Théognis, c'est le vin qui montre ce qu'est l'esprit d'un homme, même d'un homme très sensé, lorsqu'il s'est plu à boire sans mesure, à boire à un point où même l'homme sage peut se couvrir de honte [6]. »

Et l'on sait comment Platon conseille d'utiliser la vertu du vin pour éprouver sans risque le caractère d'autrui : pour savoir si l'on a affaire à un homme violent, injuste ou brutal, ou à un individu esclave de ses sens, mieux vaut le pratiquer au *symposion*, plutôt que d'exposer inconsidéré-

---

1. La perplexité de Louis Méridier, dans son édition d'Euripide (Belles Lettres), devant cette « comparaison inattendue et assez bizarre : le miroir montre la jeune fille à elle-même, le temps révèle les méchants aux autres », ne se justifie que par une méconnaissance de la conception grecque du miroir.
2. Eschyle, fr. 383, Nauck = Athénée, X, 427 f. Le mot *katoptron*, en tête de phrase, est en facteur commun, et un chiasme rapproche le bronze du vin.
3. Alcée, 104, Diehl ; Lobel Page Z 9 (*dioptron*).
4. Il l'est explicitement à Marseille et Milet.
5. Qu'exprime le verbe *anakalupto*, Athénée, II, 37f.
6. Théognis, *Poèmes élégiaques*, 499-502. Cf. 413-414 ; 481 ; 492, etc.

ment sa femme, son fils ou sa fille [1]. Mais pour Platon, le vin est bien autre chose que l'instrument d'une mise à l'épreuve réciproque. La fin du *Banquet* prouve, à travers l'éloge imagé que fait Alcibiade de Socrate, dans un discours exalté qui puise sa vérité dans le vin [2], que le breuvage divin est un révélateur de la beauté authentique de Socrate, pour dissimulée qu'elle soit sous les traits grotesques d'un Silène.

Le pouvoir du vin opère ainsi à deux niveaux : faisant éclater les apparences, il laisse voir ce qui est tenu caché, à travers les mots [3] qui se libèrent, dans la violence des sentiments qui se font jour. Il lève le masque des conventions sociales, au prix souvent d'une inversion, montrant brutalité et passion sous une apparente sagesse. Mais il possède aussi une vertu inspiratrice et permet d'atteindre, dans l'ivresse, à la vérité, non plus celle du secret, mais celle de l'invisible : l'esprit chez Théognis, l'âme chez Platon, qui se laissent contempler alors dans leur beauté ou leur laideur.

Parmi les emplois figurés du miroir, le vin occupe une place particulière. Car, comme d'autres liquides, il offre concrètement une surface réfléchissante, que l'on regarde d'en haut (*katoptron*). Sénèque, qui considère la coupe d'airain comme un prototype du miroir, aurait tout aussi bien pu évoquer le vase plein où le buveur se mire quand il s'y penche pour boire. À Athènes, la superposition ou la juxtaposition du visage reflété et des images peintes qui décorent les vases à boire donnent lieu à bien d'autres jeux de miroirs qui enrichissent singulièrement la métaphore du vin révélateur. Tantôt c'est un banqueteur peint, pareil au vrai, qui lui renvoie son image, ou encore un guerrier mourant, destin virtuel de tout citoyen ; plus souvent, c'est le masque grimaçant de la Gorgone, figure de la mort pétri-

---

1. Platon, *Lois*, 649 d-650b ; Voir P. Boyancé, 1951, p. 3-19. Cf. aussi Athénée, XI, 471a.
2. Platon, *Banquet*, 215 ; 217e.
3. Cf. aussi Tzétzès, *Scholies à Lycophon*, 181, à propos des gens ivres (*ta ton logismon aporreta ekphainousin*).

fiante, qui vient mêler ses traits brouillés au reflet du buveur.

Ce processus visuel est à l'œuvre dans le terme qu'utilise Alcée pour ce miroir vineux : le mot *dioptron* évoque un regard traversant, qui va chercher son objet par-dessous ou par-derrière le liquide miroitant ; ou inversement une image montant des profondeurs pour éclore en surface. Le vin, miroir du buveur, fonctionne à la fois sur un plan individuel, celui d'une réflexivité autorisée aux mâles, et sur un plan collectif, celui de la connaissance mutuelle des semblables. Tout comme chez le barbier, l'homme a droit au tête-à-tête du miroir, pourvu que ce soit en public et en groupe.

Le miroir de la voix

Si le vin révèle la vérité des âmes, c'est en libérant la parole. Or, le langage, qui montre en nommant, est lui-même miroir, dit Platon, lorsqu'il applique la comparaison du miroir à la voix : « Le *logos* rend visible la pensée à travers la voix, avec des mots et des noms, en modelant l'opinion, comme sur un miroir (*katoptron*) ou sur l'eau, sur le flot qui passe à travers la bouche [1]. » L'opération de verbalisation, à laquelle préside le *logos* (langage et raison), consiste en une visualisation sonore de la pensée. Sans doute est-ce la métaphore du flux verbal (*rhoé*) dont le nom est proche de celui de la parole (*rhéma*) qui appelle l'image de l'eau et celle, contiguë, du miroir. Le processus de réflexion, sur l'eau ou sur un miroir, est considéré ici comme la mise en forme d'un matériau qui, sans ce modelage, demeurerait imperceptible et insaisissable. Le verbe qui désigne ce façonnage, *ektupoumai*, relève de la notion de *tupos*, mot qui désigne la marque d'un coup, l'empreinte en creux (trace de pas, coup de dents, cicatrice, signe gravé,

---

1. Platon, *Théétète*, 206d.

écriture) ou en relief (monnaie, signe sculpté, modelé, etc.), et qui joue un rôle fondamental dans les théories optiques et catoptriques.

Ce rapprochement de l'expression verbale et du miroir jette un pont entre l'auditif et le visuel. Le parallélisme est cher à Platon, mais il est constamment développé par les philosophes et les poètes, qui jouent à placer face à face l'écho et le reflet – bien avant l'émergence du mythe de Narcisse –, de même qu'ils comparent l'*eikon* et le *logos*, la peinture éloquente du chant et la poésie silencieuse des images.

La poésie et l'éclat

Aussi ne s'étonnera-t-on pas de rencontrer le miroir du chant poétique. Son pouvoir, Pindare le proclame, peut seul empêcher que la valeur ne demeure à jamais cachée dans l'obscurité : « Pour les belles actions nous ne connaissons qu'une sorte de miroir ; c'est lorsque, grâce à Mnémosyné au cercle brillant, elles trouvent le prix de leurs peines dans le chant glorieux des paroles [1]. » Loin d'être isolée, cette image s'inscrit parmi les nombreuses métaphores visuelles auxquelles Pindare recourt pour dire l'efficacité du poème. Ses odes qui célèbrent la gloire d'un athlète vainqueur deviennent trésor ou temple, pourvus d'une « façade » ou d'un « visage », puisque le terme *prosopon*, « face », englobe les deux significations. Le verbe poétique qui s'empare des exploits et les rend mémorables les « donne à voir » en même temps qu'il les donne à entendre. Simonide avait dit pareillement : « La parole est l'image des actions [2]. » Il conférait ainsi au chant une réalité matérielle semblable à celle des images produites par

---

1. Pindare, *Néméennes*, VII, 20-24 (*esoptron*).
2. Simonide, 190B, Bergk.

les peintres et les sculpteurs, et soulignait, par cette assimilation, sa permanence et sa solidité.

Avec la métaphore du miroir, Pindare met d'abord l'accent sur l'aspect esthétique de la mémorisation poétique. Toute présentation à un public implique une préparation. Comme pour une femme s'apprêtant à paraître et à plaire, le poème exige mise en ordre, embellissement, toilette et parure, notions que désigne le terme *kosmos*. Mais surtout, en passant de l'image de pierre ou de l'image peinte à celle que reflète le miroir, Pindare creuse l'écart entre la réalité et son apparence, et accentue l'importance du renversement qu'il opère au profit de la *mimésis*. Car pour lui, c'est dans le miroir que se trouve la seule vérité [1]. Sans l'éclairage glorieux que projette sur les belles actions la mère des Muses, Mémoire « au cercle luisant » – le terme *liparampukos* joue sur la circularité parallèle du diadème et des miroirs brillants –, les plus hauts faits, plongés dans les ténèbres, n'ont pas d'existence. Les images sonores du chant poétique leur donnent substance et consistance : en les faisant voir, elles les font vivre, elles les rendent intelligibles, elles les intègrent au cosmos.

De sa confrontation métaphorique avec la poésie, telle que la conçoit Pindare, le miroir retire une efficacité accrue. Ce qui sans lui demeurerait invisible n'existerait pas. L'image pindarique suppose que le miroir soit pensé comme un organe de la vision, et pose une équivalence entre visualisation et existence authentique.

Les leçons de l'histoire

Lorsque l'historien s'empare du miroir, il parachève le renversement. Comme la poésie, le miroir de l'histoire met

---

[1]. Ce qui vaut pour toute forme de *mimésis,* ainsi pour la danse qui est une imitation du public. Chaque spectateur, dit Lucien, se reconnaît dans le danseur « comme en un miroir » (*De la danse,* 81).

en valeur, par l'éclat de sa brillance, ce qui mérite d'être retenu à jamais. L'historien, dit Plutarque, vit dans l'intimité des grands hommes et choisit, parmi leurs actions, les plus importantes et les plus belles. Mais ce n'est que la première étape. Son but est de « redresser les mœurs ». Les siennes d'abord : « [regardant] dans l'histoire comme dans un miroir, je m'efforce, en quelque sorte, de mettre en ordre ma vie et de la conformer à leurs vertus ». Le verbe par lequel Plutarque désigne la mise en ordre de son existence est *kosmein*, qui comme le substantif *kosmos* se réfère à la parure et à l'ordre. Et à son tour le lecteur, placé par l'historien devant le miroir des belles actions, réformera ses mœurs, s'attachera à parer et à embellir ses pensées : « Qu'aurait fait Platon dans cette circonstance ? Qu'aurait dit Epaminondas ? Quel caractère aurait montré Lycurgue ? et Agésilas ? Devant ces miroirs, pour ainsi dire, ils ajustent leur tenue, règlent leur conduite, retiennent une parole indigne d'eux, répriment un accès de passion [1]. »

Captée par l'historien, la vie des grands hommes devient un exemple à imiter. C'est désormais le modèle qui se trouve dans le miroir et celui qui le contemple se fait reflet à son tour. L'inévitable contagion de la *mimésis* opère avec le miroir comme elle opère au théâtre, où les spectateurs ont tendance à s'identifier aux héros [2]. Et la comparaison se prolonge. Car, dit ailleurs Plutarque, « les historiens font pour les actions d'autrui comme font les acteurs pour les pièces. En exposant des hauts faits, ils ont quelque part à leur éclat : ces actions se reflètent sur les écrivains et une image de la gloire d'autrui se met à briller, comme en un miroir, lorsque l'action apparaît à travers les paroles ». Paroles miroirs, récits miroirs, autant dire historien miroir, mirant l'éclat d'autrui et s'illustrant de ce miroitement. Plutarque utilise pour décrire ce processus le

---

1. Plutarque, *Timoléon*, 1 (*esoptron*) ; M. 85a (*esoptra*).
2. Selon un processus analogue à celui de la contagion de l'inspiration poétique, sur le plan oral (auditif-verbal), cf. l'*Ion* de Platon.

verbe technique *anaklatai,* qui dit la répercussion des rayons lumineux. La réflexion n'opère pas dans l'ombre. La lumière est son substrat, sa matière, son aliment. La contagion vertueuse dont l'histoire est le medium a besoin elle aussi de clarté ; elle se nourrit de cet éclat renvoyé, redoublé et partagé [1].

Les pères modèles

Une préoccupation également pédagogique inspire une comparaison proche de la précédente : les pères doivent être pour leurs fils un exemple constant, et toute leur existence, tout leur comportement doivent offrir un modèle clair et sans tache, que les enfants contempleront, comme un miroir, en détournant leurs regards des actions et des discours honteux. C'est ici l'image paternelle, bien plus que la vertu en soi, qui produit sur l'enfant un effet de fascination que Plutarque compare à celui du miroir. Le miroir attire donc les regards et captive la vue. Mais entre père et fils la relation qui passe par le miroir, et qui explique en partie l'attrait de l'instrument, est aussi une relation de ressemblance. L'équation se lit explicitement dans *La Clé des songes* d'Artémidore : rêver que l'on contemple sa propre image dans un miroir annonce des enfants, « à cause de la ressemblance ». Si l'on rêve que l'on voit son image dans la lune, c'est encore plus précis : « Pour un homme sans enfant, cela prédit la naissance d'un fils, pour une femme, la naissance d'une fille ; car chacun verra une image pareille à lui-même, c'est-à-dire un enfant [2]. »

Dans la relation en miroir entre pères et fils, la ressemblance est à l'œuvre, non point entre un modèle et son reflet, mais entre un reflet-modèle ou, si l'on préfère, une image exemplaire et un sujet du voir, le fils qui s'efforce de

---

1. Plutarque, M. 345f, 3 (*esoptron*).
2. Artémidore, *La Clé des songes*, III, 18 ; II, 36.

calquer son attitude sur ce modèle. Représentation qui s'inscrit toujours dans le cadre de la conception de la mimésis.

Dans les yeux, sur les visages

Plus spontanément encore que le temps, que le vin ou que le verbe des poètes et des historiens, le visage humain et l'œil se prêtent à des comparaisons avec le miroir.

Rappelons ce que disait Socrate à Alcibiade : « Tu as bien remarqué que le visage de celui qui regarde l'œil de quelqu'un apparaît, comme dans un miroir dans l'œil qui se trouve en face, dans la partie que nous appelons la pupille : [cette silhouette, cette petite poupée] c'est l'image, l'*eidolon* de celui qui regarde [1]. »

L'œil, miroir vivant dont l'usage est autorisé, voire recommandé aux mâles grecs, ne limite pas son activité à renvoyer à autrui, dans le jeu du face à face, l'image qu'il reçoit. Il va aussi chercher dans les profondeurs de l'être des vérités qu'il fait affleurer, et c'est ce qu'explique, au IIe siècle de notre ère, le rhéteur Philostrate : « Les yeux révèlent bien des choses sur le caractère des hommes... et les sages et les philosophes y examinent les esprits des hommes, comme on fait des images dans le miroir [2]. » Achille Tatius est encore plus explicite « [L'esprit] se montre avec exactitude sur le visage, comme sur un miroir. Quand il est heureux, il fait briller dans les yeux l'image de la joie, et quand il est soucieux, il contracte le visage de façon à y faire apparaître le malheur [3]. » Bien des siècles auparavant, le Socrate de Xénophon attribuait au visage, au *prosopon*, dont le nom signifie « offert aux yeux d'autrui », le même pouvoir : « Dans le bonheur c'est la joie,

---
1. Platon, *Alcibiade*, 133a (*katoptron*).
2. Philostrate, *Vie d'Apollonios de Tyane*, II, 30.
3. Achille Tatius, *Le Roman de Leucippé et Clitophon*, VI, 6, 2-3.

dans le malheur la tristesse qui est peinte sur les visages... c'est par la physionomie, *dia tou prosopou*, que les sentiments s'extériorisent [1]. »

À travers ces comparaisons se confirment les diverses orientations du mode de fonctionnement du miroir, tel qu'il est perçu par les Grecs : tantôt projecteur, tantôt instrument d'exploration interne, le plus souvent récepteur de ce qui vient d'en face, il est aussi passage ou lieu d'émergence de ce qui sans lui resterait inaccessible.

De l'amour et de l'amitié

C'est entre amis surtout que l'on se livre au jeu du face à face. Ou entre amants, car tel est, à l'époque classique, le miroir idéal [2]. C'est encore Socrate qui en énonce la règle, manipulant, face au beau Phèdre cette fois, un nouveau miroir, afin d'expliciter l'expérience érotique : « L'être aimé, l'*éromenos*, ne se rend pas compte que dans son amant, ainsi qu'en un miroir, c'est lui-même qu'il voit... ayant un contre-amour qui est une image réfléchie, un *eidolon* d'amour [3]. » De l'*Alcibiade* au *Phèdre* la comparaison perd de son caractère concret pour s'enrichir sur le plan symbolique. Le miroir n'est plus simplement la prunelle réfléchissante de l'autre, où l'on aperçoit sa propre silhouette, mais le visage, mais l'amant tout entier, sur qui on se projette, en qui on se modèle, qui se modèle sur vous et vous renvoie une image où l'un et l'autre s'échangent et se mêlent sans cesse, en un va-et-vient qui fond et confond amour et contre-amour. *Antéros*, tel est le nom de l'*eidolon* d'Éros, ce reflet d'amour : dans ce composé, le préfixe *anti* marque la relation de face à face, l'échange réciproque et la symétrie de la réflexivité. Pour Platon, ce vis-à-vis, que la comparai-

---

1. Xénophon, *Mémorables*, III, 10, 4-5.
2. Que remplacera la relation père-fils au temps de Plutarque.
3. Platon, *Phèdre*, 255d (*katoptron*).

son du miroir permet d'appréhender, est lui-même paradigme de la contemplation de l'âme par l'âme, et de la vision, dans l'âme, de sa partie la plus divine. Le miroir figuré de Socrate se veut le modèle de la connaissance du semblable par le semblable, et le point de départ du parcours qui, de la perception des beautés terrestres, conduit à la vision de la beauté véritable du divin. Mais peut-être le lecteur d'aujourd'hui préfèrera-t-il, comme la majorité des contemporains de Socrate, demeurer captif de l'image initiale, suffisamment séduisante, de l'amant-miroir [1].

Aristote est apparemment moins ardent et plus posé, plus facile à suivre aussi. « Lorsque nous voulons connaître notre visage, nous le voyons en regardant dans un miroir », dit-il, nous livrant par là les limites de l'interdit du miroir, d'ordre symbolique plus qu'effectif, surtout chez un philosophe qui sait s'entourer de justificatifs. « De la même façon, poursuit-il, lorsque nous voulons nous connaître nous-mêmes, nous le pouvons en tournant nos regards vers notre ami. Car l'ami est, comme on dit, un autre moi [2]. » Cet *heteros ego*, que, latinisés, nous nommons *alter ego*, est un semblable, moins complaisant qu'on ne l'est pour soi-même, tout comme on l'est soi-même envers lui, un double atténué en quelque sorte. Sans ce doublet correcteur, impossible de voir son propre caractère ni de connaître sa véritable nature. Puisqu'il ne s'agit que d'amitié, on peut avoir plusieurs amis, mais pas trop, faute de se perdre dans tous ces miroirs. La réflexion en miroir entre deux hommes libres et égaux constitue ainsi l'un des modèles de l'amitié, la *philia*, notion fondamentale qui sous-tend et cimente toutes les relations sociales.

Dans l'univers tragique d'Eschyle, l'amitié était moins

---

1. Platon est ici utilisé comme témoin anthropologique : les positions qu'il tente de combattre correspondent vraisemblablement à l'opinion majoritaire de son temps. L'homo-érotique grecque peut être comprise comme un équivalent homosexuel de l'exogamie visant à faire sortir le jeune garçon de son *oikos*, après sa sortie du gynécée.
2. Aristote, *Grande Morale*, XV-XVI = 1313a (*katoptron*).

sereine, et la métaphore du miroir vise à en dénoncer l'ambiguïté et le caractère illusoire : « Je connais le miroir de l'amitié. Elle s'est révélée le fantôme d'une ombre, l'affection de ceux que je croyais mes vrais amis [1]. » Par ces mots, Agamemnon répond au chœur qui l'a mis en garde contre l'hypocrisie de certains regards, apparemment bienveillants. Lucide, le roi sait voir sur la surface en miroir de la fréquentation de ses pairs un reflet redoublé, « fantôme d'une ombre », *eidolon skias*. Si l'amitié n'est parfois qu'une ombre, si son reflet n'est que l'apparence illusoire de cette ombre, le miroir qui fait apparaître l'image de cette image n'en est que plus révélateur, lui qui dénonce une absence. La métaphore « miroir de l'amitié », *homilias katoptron*, qui unit plus étroitement qu'une comparaison les deux termes rapprochés, joue ainsi à la fois sur l'équivoque inanité de cette catégorie d'*eidolon* qu'est le reflet, et sur l'efficacité du miroir en tant que révélateur. Comme cela se produit pour le temps, l'opération de dévoilement s'effectue par une inversion entre apparence et réalité. Et ce renversement est d'autant plus rigoureux que le seul à sortir indemne de l'épreuve métaphorique du miroir est Ulysse, le maître des mensonges, lui qui, de prime abord, Agamemnon le rappelle, avait présenté une fausse image de lui, en simulant la folie pour éviter de partir à Troie, reconquérir Hélène, comme tous les Grecs s'y étaient engagés alors qu'ils la courtisaient. Cependant, une fois contraint à respecter son serment, Ulysse s'est montré, affirme Agamemnon, un véritable ami [2].

Au piège du flatteur

Le miroir des visages peut tendre d'autres pièges que celui de l'hypocrisie. Lorsque l'ami qui vous sert de miroir

---

1. Eschyle, *Agamemnon*, 838-840 (*homilias katoptron*).
2. Ulysse labourait avec un âne et un bœuf attelé à sa charrue et semait du sel. Palamède déjoua sa ruse en plaçant le petit Télémaque devant la charrue et Ulysse renonça alors à feindre la folie.

renonce à son devoir de rigueur pour vous renvoyer un reflet trop complaisant, le danger naît alors d'un excès de fidélité dans le mimétisme. Comment distinguer le flatteur de l'ami, se demande Plutarque, qui conseille, pour déceler ce « poulpe », d'affecter des mouvements divers, de soudaines volte-face d'opinion, des sautes d'humeur, des changements de goût ; le résultat ne saurait tarder : « On ne verra jamais le flatteur faire preuve d'originalité, ni ressentir des sentiments personnels d'amour, de haine, de plaisir ou de chagrin, mais on le verra recevoir, à la façon d'un miroir, l'image de passions, d'existences, ou de mouvements qui lui sont étrangers [1]. » La mise à l'épreuve du flatteur et les résultats de cette expérience évoquent le mime du miroir brisé, repris au cinéma à partir de Max Linder, où l'on voit un serviteur s'efforcer de pallier l'absence du miroir en doublant tous les gestes de son maître et la moindre de ses mimiques.

Appliquée au cas du flatteur, l'image du miroir ne contredit pas celle du visage-miroir qui fait coïncider la physionomie et la vie intérieure. Car le flatteur, comme aspiré par la façade qu'il veut offrir à son modèle, devient réellement ce qu'il cherche à paraître. Le mimétisme perpétuel auquel il se livre entraîne sa dépersonnalisation. À se faire perpétuellement le reflet d'autrui, il n'est plus qu'apparence, et s'anéantit en pur *eidolon*.

La façon dont Plutarque utilise le miroir dans cette comparaison relève de conceptions qui nous sont familières, puisqu'elle joue sur la plasticité du miroir et le jeu mimétique auquel il peut donner lieu. Mais son insistance sur la réciprocité totale entre miroir et modèle indique que le danger mimétique réside dans sa réversibilité : les flatteurs sont dangereux parce que le flatté subit en retour cette dépersonnalisation ; il se modèle sur le reflet que lui ren-

---

1. Plutarque, M. 53a (*katoptron*). Le contexte n'est plus celui de la cité classique mais celui des petites monarchies provinciales de l'Empire romain.

voie le flatteur et s'anéantit. Cette représentation n'est pas isolée. Le risque est grand, on le verra, de disparaître dans le miroir.

La femme, miroir de l'homme

Dans cette série de miroirs, plus ou moins métaphoriques, à l'usage des mâles, on ne s'attend guère à retrouver la femme. Elle est pourtant présente, et c'est Plutarque encore qui provoque cette rencontre : « Tout comme un miroir orné d'or et de pierres précieuses n'est d'aucune utilité s'il ne donne pas un reflet ressemblant, de même une épouse riche n'offre aucun avantage si elle ne modèle pas sa vie sur celle de son mari ni ne met son caractère en accord avec le sien ; si le miroir renvoie une image renfrognée à un original qui se réjouit, ou une image riante à un homme souffrant et soucieux, le miroir est faux et de mauvaise qualité [1]. » Malgré ses apparences, cet extrait des *Préceptes de mariage* témoigne d'une conception novatrice, sinon franchement progressiste de la femme, par rapport aux représentations courantes à l'époque classique [2]. Car la bonne épouse, telle que la définit Plutarque, si elle est conçue comme un reflet, n'en est pas pour autant passive : les verbes qui désignent son comportement dénotent une

---

1. Plutarque, *Préceptes de mariage* 14 (M. 139d).
2. L'image et la condition de la femme au temps de la démocratie sont très négatives par rapport à l'époque archaïque (Cl. Mossé, 1983). L'*Économique* de Xénophon, à contre-courant sur ce point de ses contemporains, en offre un aperçu à travers le programme éducatif qu'Ischomaque a appliqué à sa très jeune et très docile épouse. La relation pédagogique qu'implique ce façonnage n'appelle pas, comme ce serait le cas pour un garçon, la comparaison du miroir. Le modèle qu'il suit est l'idée qu'il se fait du rôle de la femme, complémentaire de lui certes, et différente, sans toutefois être une autre lui-même, comme elle le devient chez Plutarque, et comme elle pouvait l'être, dans une certaine mesure, dans la poésie homérique et archaïque. L'étonnement admiratif de l'interlocuteur d'Ischomaque laisse à penser que ce programme est plus utopique que réaliste. C'est qu'il implique que le mari « parle à sa femme ».

activité dont elle est le sujet. Elle montre, elle fournit, elle renvoie une image. Elle semble pouvoir choisir entre soumission ou refus, et lorsqu'elle consent à se faire le miroir de son époux, son attitude est jugée de façon très positive. Sa docilité mimétique, indispensable condition d'une vie conjugale harmonieuse, apparaît comme l'antithèse de celle du courtisan flatteur, qui trop souvent remplace l'ami. Pour Plutarque, le miroir idéal de l'homme devrait être sa femme. C'est ce que montre l'un de ses derniers dialogues, l'*Érotique*. Voulant démontrer que l'amour mixte, de préférence conjugal, vaut bien l'amour homosexuel, Plutarque reprend l'analyse de Platon. Le processus amoureux est le même, affirme-t-il, et la beauté féminine peut, aussi bien que celle des jouvenceaux, faire effet de miroir pour inciter les âmes bien nées à s'élever vers la contemplation de la beauté divine [1].

Plutarque n'est pas seul à appliquer à l'amour hétérosexuel l'érotique platonicienne et la comparaison du miroir. Le romancier Achille Tatius transpose le jeu des regards amoureux à la relation entre l'amant et la jeune fille aimée, l'*erastès* et l'*eroménè*. « Tu ne sais pas ce que c'est que de regarder sa bien-aimée [2]. C'est un plaisir plus grand que l'acte physique : les yeux, se réfléchissant les uns dans les autres, se modèlent réciproquement, comme le font dans un miroir les images des corps. L'émanation de la beauté, en se déversant à travers les yeux jusqu'au fond de l'âme, réalise une sorte d'union à distance. C'est presque l'union des corps. Mais je te prédis que bientôt tu pourras passer à l'acte : la voie la plus rapide pour convaincre c'est la présence continuelle. L'œil est un émissaire de l'amour. » Ce texte explicite à merveille le passage du *Phèdre* de Platon, qu'il semble pasticher, tout en opérant le décalage de

---

1. Plutarque, *Dialogue sur l'amour*, 21 sq. (766e sq.).
2. Littéralement : « ce qu'est une bien-aimée regardée », *eroméné blepoméné*. La bien-aimée est grammaticalement sujet du verbe être, mais passive, objet de regard. Achile Tatius, *Le Roman de Leucippé et Clitophon*, I, IX, 4.

l'homo-érotisme à l'hétéro-érotisme. La comparaison avec le miroir rend sensible tant la naissance de l'amour que la relation établie entre amants. À ce second stade la réflexivité fonctionne comme métaphore de la réciprocité. Les amants unis par leurs regards sont désormais réversibles, chacun étant le miroir de l'autre, et leurs yeux simultanément passifs et actifs, récepteurs et émetteurs de beauté et d'amour [1]. Au stade initial, celui de la naissance de l'amour, le miroir de l'œil est d'abord un réceptacle : les images, *eidola*, de la belle viennent s'y incruster. Mais ce récepteur est aussi transmetteur : par ce canal, les effluves se font un chemin jusqu'au cœur. Sans cesser toutefois de jouer son rôle de réflecteur, car la pupille miroitante renvoie bien vite à son point de départ les effluves de beauté devenus particules érotiques. À ce jeu, bien que l'amant commence par subir le choc de la beauté féminine et ne devienne qu'en un second temps sujet, dans l'amour puis dans la séduction, la symétrie n'est pas totale. La femme n'est jamais amante active, ce qu'est l'éraste [2] ; elle ne doit, ou ne sait, que répondre (ou ne pas répondre) à l'amour masculin. L'amour au féminin est amour en retour : *anteros*, c'est-à-dire mimétisme. « Je ne te donne donc qu'un seul conseil, fait dire à son héros Achille Tatius : persuade-la que tu l'aimes, et, aussitôt, elle t'imitera. »

Ces représentations, où la femme peut se faire miroir de l'homme dans un contexte sentimental et même passionné, sont tardives ; elles datent des premiers siècles de notre ère. Pour toute l'époque classique, et non sans rapport avec l'idéologie démocratique, la *philia*, qui implique égalité, réciprocité et symétrie, est réservée aux relations

---

1. *Ophthalmoi allelois antanaklomenoi apomattousin hos en katoptro(i) ton somaton ta eidola* : les yeux, la réciprocité, la répercussion de la réflexion (participe moyen passif), le modelage (verbe actif), les *eidola*, ce sont là les composantes majeures des conceptions antiques de la vision et de la réflexion (cf. *infra*).
2. Quand elle transgresse cette loi, c'est catastrophique (Clytemnestre, Phèdre, etc.).

entre hommes : relations d'amitié entre homologues, qui sont, à l'intérieur d'une cité, comme des frères – nés d'une même terre, racontent les Athéniens [1] – qui se veulent aussi semblables entre eux que le montrent leurs représentations figurées [2] ; relations amoureuses également, que la *philia* sert à justifier, lorsqu'il en est besoin, et qui permettent aux aînés, les érastes, de modeler à leur image leurs jeunes compagnons.

La femme n'est pourtant pas exclue du jeu métaphorique de la relation en miroir. Lorsque Artémidore nous invite à dévider la chaîne des équivalences oniriques, au IIe siècle de notre ère, il rassemble des représentations bien plus anciennes. « Voir en rêve son visage ressemblant dans un miroir, explique l'interprète des songes, annonce un mariage, aussi bien pour un homme que pour une femme, car les miroirs montrent les visages comme [l'homme et la femme] se montrent l'un à l'autre les enfants... Et se voir non ressemblant indique que l'on sera appelé père d'enfants bâtards ou appartenant à un autre [3]. »

La relation en miroir de la femme à l'homme passe donc par les enfants et par leur ressemblance, celle en particulier du fils au père (car la fille ressemble à la mère). Une équation parallèle précise la valeur du miroir en tant que signifiant de l'épouse, c'est la tablette : « Une tablette signifie une femme du fait que celle-ci accueille les empreintes (*tupoi*) multiformes des lettres. Or, dans le langage courant, nous nommons empreintes aussi les enfants [4]. » L'affaire est claire : si la femme est le miroir de l'homme, c'est que, semblable au disque lunaire qui répercute les rayons du soleil, elle ne possède en propre nulle lumière ; mais c'est surtout que, comme tout principe féminin, elle est la matière à quoi le mâle impose forme, comme l'artisan qui

---

1. Sur la fiction de l'homologie civique, voir N. Loraux, 1996.
2. Qui ignore le portrait avant l'époque hellénistique.
3. Artémidore, *La Clé des songes*, IV, 1 ; III, 31 ; II, 7.
4. *Ibid.*, II, 4.

modèle la cire ou la glaise, frappe ou cisèle le métal, façonne le bois et sculpte la pierre. L'opération de marquage sert de paradigme, dans la pensée grecque, pour rendre compte aussi bien de la reproduction sexuée que de la vision.

Dans le processus de génération, tel que le décrit Aristote, l'élément mâle imprime son modèle dans la femelle, dont la matrice fournit un matériau inerte. La preuve en est que, lorsque les femmes s'avisent de concevoir sans intervention masculine, elles accouchent de masses de chair non identifiables, choses informes, dures comme pierres, que l'on appelle « môles [1] », au lieu des bons types (*tupoi*) à l'image de leur père. Parallèlement, le reflet qui se forme dans le miroir résulte de l'impression sur le métal poli des corpuscules lumineux et visuels. Et l'image qui s'y forme peut aussi recevoir le nom de *tupos* [2]. Pour nous aussi, héritiers des Anciens, il s'agit, dans tous ces cas, de « reproduction ».

La femme, et plus particulièrement l'épouse légitime dont la fonction majeure est la procréation, se trouve, tel un miroir enclos dans son boîtier, dans une situation de réceptacle passif. L'homme grec est bien obligé de s'y projeter s'il veut se dupliquer et perpétuer son image ; mais il le déplore souvent, Hésiode en tout premier. Aussi répugne-t-il à se mirer en l'une comme en l'autre, et préfère-t-il, pour contempler son reflet, se tourner vers les prunelles d'un autre homme, son égal, son semblable et son frère.

On commence à mieux entrevoir tout ce que recouvre l'attribution exclusive du miroir à la femme et, corrélativement, la réprobation sinon l'interdit attaché à l'usage masculin de cet instrument. Comme le corps féminin qu'il prolonge et duplique, le disque métallique est un récepteur. Objet voyant, mais plus passif qu'actif, il fait de celui qui s'y mire, selon la loi de la réciprocité visuelle, un autre objet

---

1. Aristote, *De la génération des animaux*, IV, 7, 775b.
2. Nonnos, *Dionysiaques*, V, 595-596. Cf. *infra*.

voyant, à qui est dénié, par symétrie, le statut de sujet du voir. Un personnage de contes pour enfants illustre assez bien la situation, malgré le flou qui entoure ce genre de figures appartenant à la tradition orale. Il s'agit d'une certaine Makkô, ou Akkô, définie par les lexicographes comme « une créature futile et minaudière », ou encore comme « une folle qui se regarde dans son miroir et parle à son image comme s'il s'agissait de quelqu'un d'autre [1] ». La superposition des deux champs sémantiques est significative. Le verbe *akkizein* signifie « dire des bêtises » ou « faire des manières », et peut décrire une tactique de dissimulation intentionnelle. Il est employé ici à la voie moyenne – mode verbal propre au grec, à côté des voies active et passive –, qui indique que le sujet est concerné par l'action verbale et qui marque, en particulier, le « réfléchi ». La forme *akkizesthai* évoque aisément une femme minaudant devant son image. À partir de là, Akkô devient un épouvantail femelle grimaçant, voire une sorcière. Quant au verbe *makkao*, il dénote une expression stupide et se réfère, au contraire, à l'immobilité d'un visage hébété et muet : aussi Makkô est-elle « l'idiote ». La contradiction importe peu. Elle parle à son miroir, elle est folle. Pas question de songer ici à Démosthène. Ni même à Narcisse, car ce ne serait plus drôle, mais tragique. Le symptôme majeur de la folie est pour les Grecs l'impossibilité de communiquer avec autrui. Se parler à soi-même semble contredire, sinon interdire, le dialogue. Se regarder dans un objet, chercher son image sur le brillant du métal, comporte un risque d'altération, voire d'aliénation.

Ce danger, l'homme grec l'accepte pour la femme, déjà autre, bel artefact fabriqué par les dieux, mais il le refuse pour le citoyen mâle, qui risquerait de devenir quelqu'un ou quelque chose d'autre qu'un homme, comme les person-

---

1. Zenobius, *Proverbes*, 1, 53, *Souda* a 878 ; 946 ; Scholies à Aristophane, *Cavaliers*, 62 et 396. Sur Akkô : L. Robert, 1967, p. 119 ; F. Skoda, 1982, p. 196.

nages efféminés d'Aristophane, comme les eunuques barbares qui escortent Hélène, ou comme les sujets asservis du tyran de Cumes. Tandis qu'en se mirant bien droit dans l'œil de son semblable, il confirme sa maîtrise du voir et du savoir, c'est-à-dire son statut d'homme libre.

L'interdit du miroir est d'autant plus impérieux que le futur citoyen vient au monde au milieu des femmes et des miroirs [1], qu'il y passe ses premières années et qu'il lui faut un jour rompre avec l'univers clos du gynécée. La relation homo-érotique, lorsqu'elle reçoit en Grèce un statut quasi officiel, pour des motifs pédagogiques, aide le jeune garçon à sortir de sa famille comme il est sorti du gynécée, pour le socialiser et l'intégrer pleinement dans la communauté civique. Les yeux de son éraste lui fournissent alors, de façon transitoire, un substitut du miroir qu'il a naguère été contraint de rejeter pour rejoindre le monde des mâles.

---

1. Sur les scènes d'intérieur où figure le miroir, l'enfant est toujours un bébé mâle. Le petit garçon a donc le temps de connaître ce que Henri Wallon et Jacques Lacan ont nommé « le stade du miroir » (à l'âge de dix-huit mois environ).

V

LA VUE MODE D'EMPLOI

À ce point de notre exploration, à travers et à l'entour des miroirs grecs, il est nécessaire de faire une pause, d'abandonner un instant comparaisons, images et figures poétiques, pour nous tourner vers des données plus scientifiques. Au IIIe siècle avant notre ère, et peut-être déjà au IVe, l'étude de la réflexion fait l'objet d'une discipline autonome, la catoptrique. Le nom le plus courant du miroir, *katoptron*, fournit le terme qui figure dans le titre de plusieurs traités. Ces œuvres nous sont parvenues sous forme incomplète et par des voies indirectes. La plus ancienne, la *Catoptrique* d'Euclide, du IVe siècle, n'est connue que par une compilation tardive [1]. Celle d'Archimède, au IIIe siècle, a disparu. La *Catoptrique* de Héron d'Alexandrie, au Ier siècle de notre ère, n'est accessible que par la traduction latine d'un texte grec probablement abrégé et fragmentaire. Reste le témoignage de Ptolémée, dont l'*Optique*, en traduction latine d'une version arabe tirée du grec, consacre deux livres à une théorie des miroirs.

Je n'ai nullement l'intention de revenir sur ces textes difficiles, et pas davantage sur les traités d'optique, dont la catoptrique n'est qu'une subdivision, l'application des prin-

---

1. Voir A. Lejeune, 1957.

cipes de l'optique au cas particulier des miroirs. Les uns et les autres ont fait l'objet d'études solides et perspicaces [1]. Le champ de ma propre enquête est à la fois antérieur et extérieur à ces traités scientifiques. Je cherche avant tout à reconstituer des notions courantes, celles qui servent de substrat aux représentations des écrivains, des poètes et des artistes, et du public destinataire de leurs œuvres.

Cependant, ces premiers ouvrages scientifiques, s'ils enregistrent la naissance d'une analyse mathématique de la vision [2], ne marquent nullement une rupture avec les représentations antérieures, dont ils s'efforcent de donner une formulation géométrique. C'est tout l'ensemble des conceptions antiques qui diffère radicalement de la façon dont la science rend compte aujourd'hui du processus visuel [3]. Gérard Simon retrace les étapes historiques qui, à partir des théories de l'Antiquité, ont abouti aux représentations contemporaines, par une série de hiatus : le traité d'optique de Ibn al Haytham ou Alhazen, au XIe siècle de notre ère ; puis les travaux de Kepler, Descartes et Newton. C'est l'ensemble des conceptions antiques, dans leurs diverses formulations, poétiques ou théorisées, vulgaires ou savantes, qui intéresse notre enquête.

---

1. En particulier, A. Lejeune, *op. cit.* et G. Simon, 1986 et 1991. Cf. aussi C. Mugler, 1964. La transmission des traités d'optique a été aussi aléatoire que celle des traités de catoptrique. Le premier traité d'optique géométrique est l'œuvre de Philippe d'Oponte, au IVe siècle. N'ont survécu que l'*Optique* attribuée à Euclide (IVe-IIIe siècle) et, on l'a dit, l'*Optique* attribuée à Ptolémée, astronome du IIe siècle de notre ère.
2. C'est ce qu'a bien montré Gérard Simon, *op. cit.*
3. Rappelons que la vision, telle que la conçoit la science actuelle, implique trois phases, une phase optique, concernant la propagation de la lumière jusqu'à la rétine et la formation d'une image sur la rétine ; une phase nerveuse : l'excitation provoquée sur la rétine est transmise au cerveau ; une phase mentale : la production d'une sensation consciente en réponse au stimulus cérébral.

Théories présocratiques

Nous allons donc nous tourner vers des œuvres qui, bien avant la naissance de l'optique géométrique et de son application secondaire, la catoptrique, tentaient déjà de rendre compte du processus visuel : il s'agit des multiples théories de la vision élaborées par les philosophes et les médecins avant le IVe siècle. Nous n'avons qu'un accès indirect à ces œuvres. Elles nous sont connues à travers deux sources principales, le traité d'Aristote, *De la sensation et des sensibles* [1], et surtout le traité *Des sensations* de Théophraste, disciple d'Aristote. Il s'agit donc de théories du Ve siècle, recensées par deux auteurs des IVe et IIIe siècles, qui les critiquent et les combattent plus ou moins explicitement. Ce mode de transmission rend plausible une déformation, plus ou moins importante, de ces théories, dont l'accès est de toute façon malaisé pour les esprits d'aujourd'hui.

Parmi les problèmes méthodologiques que pose la lecture de ces textes [2], la question qui nous intéresse le plus est celle du rapport entre ces théories et le savoir partagé de leurs contemporains. Les constructions des savants sont-elles en prise sur les représentations des poètes ? Les reflètent-elles, dans une volonté de formulation théorique ? Et, inversement, quels sont l'impact et la diffusion des théories savantes sur les représentations du grand public ? Quelle relation y a-t-il, par exemple, entre les conceptions

---

1. Aristote expose également sa propre conception dans son traité *De l'âme*, II, 7, 418b ; 430a 15.
2. À la déformation initiale, du fait d'Aristote et de Théophraste, est venue s'ajouter celle qu'ont fait subir les éditeurs et commentateurs modernes à ces textes douteux et à ces théories dans le contexte de l'opposition philosophique entre l'idéalisme et les matérialismes modernes, en particulier le marxisme. Le débat sur Empédocle est toujours actuel : voir M.M. Sassi, 1978. Le problème de la filiation, ou de l'anticipation ne cesse pas non plus pas d'être posé : voir O. Longo, 1989.

de la vision et la pratique des peintres et des techniciens du visuel ? Sans pouvoir préciser davantage, nous faisons le pari d'une très probable continuité, à double sens, entre les premières théories scientifiques et l'horizon culturel de leur temps. Malgré leur forme lacunaire et parfois hétéroclite, chacune de ces théories nous paraît fournir un élément de signification, voire une bribe susceptible d'éclairer l'un des aspects qui caractérisent le miroir dans l'imaginaire des Anciens, ou tout au moins d'entrer en relation avec l'une des multiples facettes de ces représentations.

Aussi allons-nous, dans un premier temps, citer, presque en vrac, ce qui nous a été transmis des réflexions de ces premiers penseurs.

Pour Alcméon de Crotone, médecin des débuts du Ve siècle, « les yeux voient à travers l'eau qui les entoure, et il y a aussi du feu, c'est évident, car quand on reçoit un coup il y a de la lumière. On voit par le lumineux et le diaphane, lorsqu'il y a réflexion, et d'autant mieux que c'est plus pur [1] ».

Selon ce praticien physiologiste, la vision fait entrer en jeu deux facteurs, l'eau et le feu. Le feu intervient pour expliquer l'impression lumineuse qui résulte d'un coup (nos « trente-six chandelles ») ; et aussi sans doute en tant que facteur de luminosité. Le rôle de l'eau en revanche est capital : l'objet vient s'y refléter. La vue est le produit d'une réflexion et l'œil est un miroir d'eau. La vision est un phénomène essentiellement aquatique. Précisons que les sensations sont transmises à travers des *poroi*, c'est-à-dire des canaux (probablement nerf optique, artère et veine rétiniennes), jusqu'au cerveau, qui joue un rôle central, et que le sperme est une partie du cerveau.

Voici maintenant comment est résumée la théorie d'Empédocle [2] : « Il dit que l'intérieur de l'œil est du feu, et

---

1. *Des sensations*, 25-6 = DK, 24 A 5 (pour la vue, 26). La tête se forme en premier dans le ventre maternel. Chez Empédocle et Aristote, la primauté revient au cœur.
2. *Des sensations*, 7-24 = DK 31 A 86.

qu'autour [du feu] il y a de la terre et de l'air, à travers lesquels il passe, étant fin, comme la lumière d'une lanterne. Les pores sont disposés en alternance, ceux du feu et ceux de l'eau, et avec ceux du feu nous percevons les choses claires, avec ceux de l'eau les choses foncées. Car chaque chose s'accorde avec chacun [des pores]. Les couleurs sont conduites jusqu'à la vue par l'effluve. »

Bien que les quatre éléments entrent dans la composition de l'œil, le feu joue un rôle majeur. Comme une lanterne, il projette un faisceau lumineux jusqu'aux objets qu'il éclaire. Aristote fera à cette théorie une objection décisive : « Si c'était vrai, dit-il, on devrait voir dans l'obscurité. » Mais cette explication active de la vision se double d'un mouvement inverse, concernant tout au moins les couleurs, puisqu'il est question d'*aporroiai*, d'effluves qui, émanant des objets, viennent pénétrer dans les canaux oculaires, récepteurs, selon leur nature ignée ou aqueuse, du clair ou de l'obscur. Ces deux explications, qui peuvent nous paraître contradictoires, coexistent donc sans problème, tout comme, nous le verrons, ce sera le cas chez Platon [1].

Pour Anaxagore, philosophe ionien qui résida à Athènes au temps de Périclès, la vision procède par réflexion de l'objet dans la pupille ; laquelle voit d'autant mieux que sa membrane est plus mince et plus brillante. Et ce processus est régi par le principe des contraires, les objets se reflétant sur ce qui est de couleur différente, telle la lumière sur la pupille, la *koré*, qui est noire. Aussi les yeux bruns voient-ils mieux de jour, car les objets lumineux s'y reflètent mieux, et inversement [2].

---

1. Coexistence que les auteurs ont essayé d'expliquer : Charles Mugler y voit une alternance actif-passif, représentant les deux temps de l'action d'Éros et d'Éris.
2. *Des sensations*, 27-37 = DK, 59 A 92. Anaxagore (né en 500 à Clazomène) ne fait pas de différence entre lumière et couleur (cette distinction n'intervient vraiment que chez Aristote). Pour Anaxagore, c'est le cerveau et plus précisément, dans l'*engkephalos*, le *nous*, qui coordonne les sensations.

Les théories de Diogène d'Apollonie, un Crétois, sont assez proches de celles d'Anaxagore : formation d'une image (*emphasis*) sur la pupille, qui est de couleur contraire. Toutes les sensations cependant reposent sur un matériau unique, l'*aer*, fondement de la vie et de la nature, et matière de la *psuché*. L'acuité de la vision, par exemple, dépend de la finesse de l'air, en particulier de celui que contiennent les canaux conducteurs [1].

Les théories de Démocrite [2] sont les plus connues. On sait qu'il est, avec Leucippe, le fondateur de l'atomisme, qu'Épicure reprend au IVe siècle, avec quelques modifications.

La vue procède, comme toute autre sensation, par contact physique entre l'objet perçu et le sujet percevant. Des particules (*aporroiai*), proches parentes des effluves d'Empédocle, se détachent des objets sensibles, s'organisent en *eidola* qui, en venant frapper les organes des sens, provoquent les sensations.

La vision résulte d'une réflexion (*emphasis*), dans la pupille, des *eidola* provenant des objets. Mais, rapporte Théophraste, « la réflexion ne se forme pas directement sur la pupille, car l'air qui se trouve entre l'organe visuel et l'objet vu est frappé et comprimé par le vu et le voyant ». C'est le résultat de cette compression (l'*apotuposis*) qui entre dans l'œil et s'y reflète. Ce processus sert à expliquer les distorsions et les illusions sensorielles. Car l'air intermédiaire entre l'œil de l'observateur et l'objet perçu constitue un obstacle à une vision parfaitement exacte.

L'œil est donc un récepteur dont la qualité essentielle est l'humidité : « [l'empreinte – le *tupos*] étant solide et de couleur différente [de la pupille] apparaît sur les yeux [qui sont] humides. L'épais ne reçoit pas, l'humide laisse passer. C'est pourquoi les yeux humides voient mieux que les yeux

---

1. *Des sensations*, 39-48 = DK 64 A 19. Cette théorie « aérienne » a été parodiée par Aristophane dans les *Nuées*.
2. *Des sensations*, 49-82 = DK 68 A 35.

secs, si la membrane externe est la plus fine et la plus dense, et la membrane interne la plus poreuse possible, et privée de chair compacte et dure, et aussi d'humeur épaisse et grasse, et si les canaux [les *poroi*] dans l'œil sont droits et sans humidité afin de s'adapter aux impressions. Car chaque chose connaît mieux ce qui est de nature semblable. » Sur le rôle déterminant du facteur humide, Aristote approuvera Démocrite, contre les partisans du rayon igné : « Démocrite a raison de dire que la vue est de l'eau, mais lorsqu'il pense que la vision est l'image réfléchie (*emphasis*), il a tort [1]. »

L'œil n'est cependant pas un récepteur passif, car l'empreinte (le *tupos*) porte les caractéristiques et de l'objet et du sujet (état de l'organe, conditions d'attention, disposition, etc.) qui émet lui aussi des atomes.

Il n'est pas sans intérêt de noter que, selon les théories atomistes, les rêves s'expliquent par la pénétration profonde des *eidola* dans le corps à travers les *poroi*.

Telles sont, très schématiquement résumées, les conceptions de la vision élaborées par les philosophes présocratiques.

La réciprocité visuelle

Chez Platon, les deux théories, celle de l'émisson et celle de la réception, se combinent. Le *Timée* évoque la façon dont les yeux « porteurs de lumières (*phosphora*), émettent, en le filtrant, quelque chose de leur feu intérieur, qui s'en vient rencontrer et choquer le feu des objets extérieurs ». Ces deux feux, le courant visuel et la lumière du jour, entrent en contact, se fondent, et le nouveau corps homogène, issu de la rencontre de ces semblables, « transmet jusqu'à l'âme cette sensation grâce à laquelle nous disons que nous voyons ». Le Socrate du *Théétète* est tout

---

1. Aristote, *De la sensation et des sensibles*, 2, 438a, 6-7.

aussi convaincant : « Comme la vision émane des yeux et que la blancheur émane de ce qui, conjointement avec eux, engendre la couleur, l'œil est devenu rempli de vision ; il voit dès lors, et, dès lors, est devenu non point vision, mais œil voyant [1]. »

La coexistence, chez Platon, des conceptions active et passive de la vision, dont la complémentarité s'esquisse aussi chez certains présocratiques, et l'imprécision de ses explications paraissent assez représentatives de ce que pouvait être l'opinion courante des Grecs aux Ve et IVe siècles.

Une telle complémentarité n'est que l'une des manifestations de la réciprocité fondamentale de tout ce qui concerne la vue, réciprocité qui s'atteste d'abord dans les faits de vocabulaire. Plusieurs des termes qui ont trait à la vision sont à la fois actifs et passifs : en particulier les mots *ops* et *opsis* qui désignent la perception visuelle, et l'aspect, puis l'organe de la vue – l'œil –, et plus précisément le rayon visuel. Cette ambivalence sémantique correspond d'ailleurs à celle de notre mot « vue » : songeons à ce que signifient une « belle vue » et une « bonne vue ». Mais en Grèce ancienne, elle s'inscrit dans un système d'ensemble, qui fait que le même terme, *tuphlos*, signifie à la fois aveugle et invisible, que le regard de la Gorgone est aussi funeste que la vue de ses traits horribles – il ne faut ni lever les yeux sur elle ni en être aperçu – et que, de façon générale, on ne peut voir sans être vu en retour.

La réciprocité du voir et de l'être vu, qui transparaît tant dans les conceptions de Platon que chez ses prédécesseurs, s'inscrit aussi dans la continuité des représentations poétiques les plus archaïques. Chez Homère la faculté de voir est décrite comme un rayonnement partant de l'œil. Processus qu'expriment de nombreux termes, dont le verbe *derkomai* – de la même racine que le nom du serpent, *drakon* : car regarder, c'est darder des regards ; le regard est une émission. Et la substance de ce rayon visuel, c'est de la

---

1. Platon, *Timée*, 45b-d ; *Théétète*, 156e. Cf. aussi *Alcibiade* et *Phèdre*.

lumière, voire du feu, des projectiles enflammés, de même nature que ceux qui proviennent du soleil et des astres. Lesquels, dès lors qu'ils éclairent, sont doués de vision.

Le soleil est celui qui voit tout, qui surveille les hommes et les dieux, et sa lumière, la plus forte, lui confère la vue la plus perçante. Mais la propriété d'émettre des rayons n'est pas le seul fait de ces sources actives de lumière que sont les astres et les yeux. Certains objets, les casques, les armures des guerriers et les boucliers, sont décrits dans l'épopée comme émettant eux aussi des lueurs « semblables au feu infatigable et aux astres éblouissants ». Du bouclier d'Achille jaillit un éclat pareil à celui de la lune ; il évoque un feu flamboyant ; son rayonnement s'élève jusqu'au ciel. Le flamboiement du métal redouble la lueur terrible qui émane des yeux du héros, et leur parallélisme correspond à une analogie de nature entre la vision qui procède par rayons de feu, et le visible dont certains objets matérialisent le processus. Chez Homère, chez les poètes ultérieurs, chez les auteurs tragiques, l'homologie est attestée entre les rayons visuels émis par l'œil, les rayons lumineux que darde le soleil et ceux qui, renvoyés par les surfaces réfléchissantes, donnent à voir l'objet du regard.

Ruptures et différences

Aristote, qui passe au crible les théories de ses prédécesseurs et rejette en particulier la thèse du feu intérieur émis par l'œil, est le premier à rompre avec ces conceptions et à tenter un renouvellement réel sur le plan de la pensée philosophique [1]. Il définit la vue par la couleur, son sensible propre, qui la distingue des autres sensations. Celles-ci partagent avec la vue les sensibles communs (qui fournissent d'autres données, tels la distance, la grandeur, le mouvement). L'œil est aqueux, mais la vision n'en résulte pas pour

---

1. Aristote, *De la sensation et des sensibles*.

autant d'une réflexion. Elle procède d'une « actualisation du diaphane sous l'effet de la lumière ». Le diaphane étant constitué d'une série de milieux transparents, l'air et l'eau de l'œil, qui s'interposent entre l'œil et l'objet. Dans l'obscurité, la transparence n'est que virtuelle, « en puissance » : l'œil voit non pas la lumière mais la couleur des choses, ou celle des lieux transparents où plonge le regard... Cette description, qui porte sur les conditions dans lesquelles le visible apparaît et disparaît, marque incontestablement une rupture avec les explications antérieures, d'ordre physique et physiologique. Mais pour cette raison même, elle semble peu représentative du savoir partagé des contemporains d'Aristote.

De fait, du point de vue de l'histoire des sciences, c'est la conception active qui a permis l'essor de l'optique géométrique. L'idée d'un rayon visuel partant de l'œil et allant frapper l'objet a servi de base à l'élaboration par Euclide de la théorie du cône visuel. Mais dans les conceptions courantes elle est, nous l'avons vu, indissociable de l'explication inverse et complémentaire : l'émission, par tout objet, de particules qui s'en viennent frapper l'œil. Soit, dans un poème de Théocrite, l'exclamation d'un amant qui attend sa belle : « Mon œil bondit [1] », s'écrie-il, bien avant que l'objet aimé n'apparaisse. L'œil de l'amant tressaille-t-il sous le choc des simulacres qui se détachent sans cesse du corps de la bien-aimée et arrivent en vagues successives ? Ou bien s'agit-il du rayon visuel de l'amant, lancé en éclaireur pour explorer l'espace ?

Cet exemple, ainsi que les croyances au mauvais œil, à la contagion visuelle de l'ophtalmie, à divers tabous et interdits, et au premier chef celui de la vue impossible de la Gorgone Méduse, sont révélateurs d'une représentation de la vision radicalement différente des conceptions modernes.

Même sans être au fait, dans tous ses détails, du pro-

---

1. Théocrite, *Idylles*, III, 37.

cessus visuel, nous connaissons le rôle du cerveau et nous savons que, d'une part, les choses sont visibles même en l'absence d'un œil [1], et d'autre part que la vision que nous en avons est, en définitive, un phénomène interne. L'opération s'accomplit en nous, dans notre tête.

La vision des Anciens

Bien au contraire, l'homme antique, totalement extroverti, se pense dans une relation de contact étroit avec le monde. Qu'il croie en un pseudopode oculaire sortant de sa prunelle pour aller palper les êtres et les choses qui l'entourent, ou en de fines pellicules se détachant continuellement des objets pour venir, en vagues successives, s'incruster dans ses yeux, il se sent relié au monde ambiant par de longs filaments invisibles et impalpables qui, tels ceux des méduses fouettant le nageur dans la mer, arrivent parfois de très loin.

C'est là un premier point, capital. Le deuxième est que la vision est conçue et expliquée dans l'ensemble des autres perceptions, qui sont généralement pensées sur le modèle du toucher. La vue, en particulier, est une palpation à distance. Le goût procède par contact immédiat et l'odorat est associé à la respiration. Inversement, chez les atomistes, par exemple, la notion d'*eidolon*, initialement visuelle (racine-*vid*), est étendue aux autres sens. Si, dans le cas de la vue, l'*eidolon* résulte d'une émanation semblable en forme et couleur à l'objet d'où il provient, les autres sensations proviennent de l'émission d'*eidola* olfactives, gustatives et sonores.

Cependant, et c'est le troisième point qui nous intéresse, car il sera exploité par le mythe de Narcisse, le paral-

---

1. Selon Gérard Simon, *op. cit.*, un appareil photographique automatique fonctionnant dans une pièce vide serait inconcevable à la pensée antique.

lélisme entre la vue et l'audition connaît des développements particuliers. Selon Démocrite, chaque organe est constitué de canaux à travers lesquels les *eidola* transmettent les modifications des atomes aux particules de l'âme et du cerveau. L'air pénètre ainsi dans tout le corps, et plus intensément par les oreilles, dont la cavité est plus ample et plus ouverte.

Mais contrairement à la vue, l'audition est toujours pensée sur un modèle essentiellement passif. Pas question de rayon auditif allant chercher les sons, tel un cornet acoustique. Le phénomène est expliqué comme la réception dans l'oreille des bruits qui viennent y résonner. Ainsi, pour Alcméon, l'oreille est une cavité où l'air répercute (*antéchein*) le son. C'est une caisse de résonance, pour Empédocle et pour Anaxagore : le son parvient jusqu'au cerveau en résonnant dans la strucure osseuse creuse qui l'entoure. L'audition n'est ainsi qu'un écho. Et les comparaisons sont fréquentes entre l'oreille et les grottes ou les parois rocheuses.

De la même façon que l'optique, la catoptrique antique plonge ses racines dans les théories et les représentations antérieures. Elle est, de fait, inscrite au cœur des conceptions de la vision, puisque, on l'a vu, celle-ci est souvent expliquée comme une image reflétée. Selon la conception passive, l'œil récepteur est considéré comme un miroir liquide. « La plupart des penseurs, dit Théophraste, soutiennent que la perception visuelle se produit grâce à la formation d'images dans les yeux [1]. » *Emphasis* : le terme désigne l'apparition d'image sur une surface réfléchissante. Le plus souvent, c'est la pupille qui constitue ce réceptacle. La *coré*, la plus belle partie de l'œil, dit Platon, celle par où l'on voit, est un miroir.

La réflexion est donc installée au centre du dispositif visuel des Anciens. Corrélativement, les premiers penseurs

---

1. *Des sensations*, 36.

s'étaient attachés, bien avant la naissance de la catoptrique géométrique, à rendre compte du phénomène des miroirs.

Selon que la primauté est donnée au rayon qui jaillit de l'œil, ou aux *eidola* qui se détachent des corps visibles, l'image catoptrique se forme plus ou moins directement. Sénèque résume l'état de la question : « Sur les miroirs, deux opinions ont cours. Les uns pensent qu'on y voit des simulacres, c'est-à-dire des formes émanant de nos corps et détachées d'eux. D'autres veulent qu'on y perçoive, non des images, mais les corps mêmes, attendu que le rayon visuel est renvoyé et réfléchi sur lui-même [1]. »

Les premiers sont les atomistes, Démocrite, Leucippe et Épicure. Pour eux, comme le décrit si bien Lucrèce, les simulacres qui se détachent continuellement de nous comme de fines pelures sont stoppés par la surface du miroir et reviennent vers l'œil, après s'être renversés sous le choc [2]. Celui qui se voit dans le miroir est donc envisagé comme tout autre objet visible. Le miroir ne fait que s'interposer pour arrêter le flux d'effigies (les *eidola*) que chaque individu ne cesse d'émettre. Il capte ces doubles, comme le fait ordinairement l'œil d'autrui – lui-même conçu comme un miroir – et nous permet de les voir.

Pour les autres, pour Empédocle, en partie [3], puis pour Platon, Archytas et les Stoïciens [4], c'est le rayon visuel actif qui, tel un tentacule venant heurter le métal, rebrousse chemin vers son point de départ, l'œil et son visage. Lesquels se trouvent dès lors en position d'objets passifs que le fais-

---

1. *Questions naturelles*, I, V, 1.
2. Cf. Diels Kranz, 67 A 31 = Aetius, IV, 14, 2 (voir M.M. Sassi, p. 51) et aussi Apulée, *Apologie*, XV, 12 ; Lucrèce, *op. cit.*, IV, 98-103. Il existe des différences entre les théories des atomistes. Tantôt l'image se détache de l'objet sous la forme d'un *eidolon* entier, tantôt en une infinité de particules qui se rassemblent pour former l'*eidolon*.
3. Puisque Empédocle semble combiner les deux principes : Diels Kranz, 31 A 38 (J. Bollack, p. 334) et 31 A 88 (J. Bollack, p. 335). Sur les différences entre les théories catoptriques des atomistes et d'Empédocle, voir J. Bollack, 1969, p. 271-272.
4. Cf. Apulée, *Apologie*, XV, 13.

ceau lumineux vient palper, comme le doigt avec lequel on se gratte le nez (ou le dos), pseudopode qui rend visible à l'organe d'où il sort tout ce qu'il touche.

Dans un cas, on ne voit que des images, dans l'autre, le miroir offre un accès direct aux objets mêmes. Mais dans les deux cas, ce qui est vrai du miroir l'est aussi pour la vision oculaire, puisque, selon la théorie atomiste, l'œil n'appréhende que des *eidola*. Cette alternative entre objets réels et simulacres n'est pas sans rapport avec l'ambivalence qui caractérise la façon dont les images du miroir sont envisagées : sans que les Grecs y voient une contradiction, c'est tantôt la réalité même qui se trouve dans le miroir, tantôt une pure apparence, illusoire et trompeuse.

Œil supplémentaire qui rabat le rayon visuel vers les yeux émetteurs, ou qui stoppe les effluves émanant du visage et les renvoie vers lui, c'est bien ainsi qu'apparaît le miroir sur les représentations figurées, soudé à la main des femmes, prolongeant leur bras, allongeant et bornant du même coup leur regard.

VI

ARISTOTE ET LES RÈGLES

Le miroir est réservé aux femmes. Les hommes ne doivent pas y toucher. Cette prothèse optique risquerait de limiter leur vision. Or, la société veut qu'ils regardent plus loin que le bout de leur nez. Qu'ils envisagent tout au moins celui de leur voisin, ami, amant, ou de leur concitoyen à l'Assemblée du peuple.

Le miroir pourtant montre parfois aux femmes bien plus que leur visage. Comme l'indique le curieux développement qu'Aristote consacre à l'effet des menstruations sur les miroirs :

« Que les organes des sens perçoivent rapidement même les petites différences, nous en avons un indice dans ce qui se passe sur les miroirs ; sujet qui mériterait par lui-même un examen attentif et soulèverait des difficultés. À partir de ce fait, il est évident que, de même que la vue subit, de même aussi elle agit. En effet sur les miroirs tout à fait nets, lorsque les femmes au moment de leurs règles regardent vers leur miroir, il se produit sur la surface du miroir comme un nuage sanglant. Et si le miroir est neuf, il n'est pas facile d'enlever en frottant cette tache. S'il est ancien, c'est plus facile. La cause en est, avons-nous dit, que la vue, non seulement éprouve un effet de la part de l'air, mais aussi qu'elle agit et le met en mouvement, comme tout ce qui brille. Car la vue fait partie des choses brillantes et qui ont de la couleur. Les yeux sont donc, vraisemblablement, au moment des règles, dans le même état que toute autre partie du corps, car ils se trouvent naturellement veinés. C'est pourquoi, quand se produisent les règles, le changement survenu dans les yeux sous l'effet du trouble et de l'inflammation sanguine ne nous est pas visible, mais il existe (car la nature du sperme et des menstrues est identique) ; et l'air est mis en mouvement par cela et il provoque sur l'air, qui lui est contigu, qui se trouve sur le miroir, une action semblable à celle qu'il subit. Et celui du miroir provoque (ou subit ?) l'apparition (*épiphaneia*). De même, parmi les étoffes, ce sont les plus propres qui se tachent le plus vite. Car ce qui est propre montre avec précision ce qu'il reçoit, et surtout les mouvements les plus faibles. Et le bronze, parce qu'il est lisse, ressent au plus haut point n'importe quel contact (il faut songer que le contact de l'air est comme un frottement, et comme un essuiement et une ablution) ; et à cause de la propreté (du bronze), il devient visible, quelle que soit sa dimension. Que la tache ne parte pas rapidement des miroirs neufs, la cause en est qu'ils sont purs et lisses. À cause de cela elle pénètre en profondeur et en tous sens ; en profondeur à cause de la pureté, et en tous sens à cause du lisse. Sur les miroirs anciens la tache ne reste pas, parce qu'elle ne pénètre pas de la même façon, mais de manière plus superficielle. D'après ces faits, il est évident que de petites différences produisent le mouvement, que la sensation est rapide, et de plus, que l'organe des couleurs non seulement subit quelque modification mais agit à son tour [1]. »

Le passage se situe presque au début du traité *Des rêves*. L'auteur vient de mentionner la survivance de l'impression sensorielle en images rémanentes, mais l'enchaînement n'est pas facile à percevoir. Il semble que deux logiques se superposent, l'une explicite, peu cohérente, une

---

1. Aristote, *Des rêves*, 459b.

autre, implicite, située à un niveau plus profond, et dont nous pouvons atteindre quelques bribes.

Pour démontrer que les organes des sens perçoivent des différences minimes, Aristote fait appel à l'exemple des miroirs. On s'attend donc à ce qu'il assimile le miroir à un organe visuel. Mais on a vu qu'il n'est pas d'accord avec la théorie de la vision par réflexion (*emphasis*), qu'il critique chez Démocrite [1]. Et de fait, Aristote explique que la vue perçoit de petites différences, comme les modifications du corps féminin en période de trouble et d'inflammation, et que, étant active autant que passive, elle transmet à son tour ce qu'elle subit au miroir, qui agit comme un révélateur de ce que la vue a subi.

Plutôt que de tenter de donner à ce passage une cohérence hasardeuse, nous essaierons d'éclairer ce texte en juxtaposant des données diverses, pour recomposer tant soit peu son horizon de production et de réception, c'est-à-dire un ensemble englobant l'imaginaire aristotélicien et le savoir partagé de son public.

Pour prendre la mesure des connaissances scientifiques d'Aristote concernant les femmes, il n'est pas inutile de rappeler l'une de ses assertions les plus célèbres : « Les mâles ont un plus grand nombre de dents que les femelles, chez les hommes ainsi que chez les moutons, les chèvres et les porcs ; pour les autres animaux l'observation n'a pas encore été faite [2]. » Le phénomène des miroirs que rapporte ici Aristote est un autre témoignage de la coupure entre le monde féminin et le regard masculin, mais loin d'être le fait du seul Aristote, cette croyance s'inscrit au contraire dans une riche série de données relatives aux menstruations. Pline y revient à plusieurs reprises dans son *Histoire naturelle*, d'abord au livre VII, qui traite de la physiologie

---

1. Cf. *supra*.
2. Aristote, *Histoire des animaux*, II, 3, 501b. Bertrand Russell commente ce passage, rapporte Eva Keuls (1985), en disant qu'« Aristote n'aurait pas commis cette erreur, s'il avait laissé une seule fois sa femme ouvrir la bouche devant lui ».

humaine : « Rien de plus prodigieux que l'écoulement menstruel. L'approche d'une femme en cet état fait tourner les moûts ; à son contact les céréales deviennent stériles, les greffons meurent, les plantes des jardins sont brûlées, les fruits des arbres sous lesquels elle s'est assise tombent ; l'éclat des miroirs se ternit rien que par son regard, la pointe du fer s'émousse, le brillant de l'ivoire s'efface, les ruches d'abeilles meurent ; même le bronze et le fer sont aussitôt attaqués par la rouille, et le bronze contracte une odeur affreuse [1]... »

L'efficacité des règles se manifeste ainsi sur trois plans sensoriels différents : le contact, la vue, l'odeur.

Au livre XXVIII, consacré à diverses médications et remèdes, Pline insiste à nouveau sur la puissance maléfique des menstruations, qui peuvent toutefois être utilisées comme insecticide efficace contre les chenilles et autres bestioles champêtres ; c'est pourquoi l'on voit souvent les femmes de Cappadoce parcourir les champs, la robe relevée sur les fesses. Mais au lever du soleil, cela fait périr les plantes. Au contact d'une femme en menstruation, le fil du rasoir s'émousse, le cuivre prend une odeur fétide et se couvre de rouille, surtout si la lune est à son déclin... Cela provoque l'avortement des juments pleines et même des femmes [2]. Passons sur d'autres détails. L'essentiel est que soit bien affirmée la relation entre les menstrues et le cycle de la vie et de la mort ; et leur relation avec la fécondité et la stérilité.

Dans ce même livre XXVIII, à propos de l'effet nocif des règles sur les végétaux, on note un parallélisme curieux

---

1. Pline, *Histoire naturelle*, VII, XV, 64. L'œuvre considérable de Pline l'Ancien – mort en observant l'éruption du Vésuve en 79 de notre ère – peut être considérée comme une somme des connaissances et des croyances de l'Antiquité. Il est donc légitime de faire appel à son témoignage pour éclairer un texte, antérieur, d'Aristote. Il en va de même pour d'autres auteurs romain, tels Sénèque et Lucrèce.

2. *Ibid.*, XXVIII, 79 ; cf. aussi Columelle, *De l'agriculture*, XI, 3, 64. Voir S. Georgoudi, 1990, p. 175-176 et p. 268.

avec le filage : « Une loi rurale, observée dans la plupart des campagnes d'Italie, interdit aux femmes circulant sur les chemins de tourner leurs fuseaux et de les porter entièrement découverts, parce que ce geste contrarie la réalisation de toutes les espérances et principalement de celles que donnent les moissons [1]. » Témoignage qui confirme la valeur symbolique du filage et sa relation avec la fécondité.

La croyance de l'impact des règles sur les miroirs, qu'évoque Aristote, semble donc largement partagée : les indications fournies par Pline, infatigable compilateur des connaissances antiques, vont dans ce sens. C'est un premier point.

Le deuxième point est qu'Aristote paraît, dans ce texte, adopter la conception de la vision la plus répandue, celle que l'on rencontre chez Platon, et qui combine explications active et passive : « De même que la vue subit, de même aussi elle agit », dit-il.

Selon ce principe, la vue (*opsis*) agit sur l'air, et provoque des impulsions en série et des chocs qui viennent marquer le miroir. Ce processus est compris comme un martelage du métal, si l'on en croit Pline, encore, qui précise : « On prétend que les miroirs ternis par le regard [d'une femme ayant ses règles] recouvrent bien leur éclat si la femme les regarde ensuite par-derrière [2]. » Le principe de l'inversion est fréquent pour annuler un effet antérieur, en particulier dans les pratiques magiques. Dans le cas du miroir, le processus peut s'expliquer matériellement : le regard agit en sens inverse, et expulse la tache, comme par un travail du métal « au repoussé ».

Troisième point : « Le changement survenu dans les yeux sous l'effet du trouble et de l'inflammation sanguine ne nous est pas visible, mais il existe... » Les corpuscules visuels émanant des yeux, et par conséquent du corps féminin, sont imprégnés de sang pendant la période des règles,

---

1. *Ibid.*, 29.
2. *Ibid.*, 82.

mais ils restent invisibles et seul le miroir les rend visibles. Pour Aristote, comme pour Pline, la période de la menstruation passe pour être le moment le plus favorable à la conception [1]. Rien d'étonnant à cela puisque la conception du fœtus résulte de la conjonction du sang féminin et du sperme mâle. Ces deux éléments fondamentaux à la production d'un nouvel être humain sont symétriques, comme l'indique la curieuse parenthèse : « car la nature du sperme et des menstrues est identique [2] ».

Ainsi ce que le miroir rend visible, sous l'empreinte des regards ensanglantés, c'est l'état de la matrice féminine prête à recevoir l'empreinte du mâle ; c'est le pouvoir de fécondité, qu'il reflète d'autant mieux qu'il est jeune et sensible... tout comme une jeune femme est plus féconde [3]. La relation entre la jeunesse des femmes et la puissance de leurs menstruations est soulignée par Pline, lorsqu'il évoque le risque que leur contact fait courir aux juments gravides : « Elles peuvent les faire avorter en les touchant, mais si elles en sont à leurs premières règles, encore vierges ou venant tout juste de perdre leur virginité, un simple regard suffit alors, même si elles les voient de loin [4]. » D'une matrice à l'autre les corpuscules sanglants naviguent par le canal des yeux, et le pouvoir effrayant qui émane du ventre des filles s'en vient ravager l'utérus fécondé d'une autre femelle [5]. Les dégâts qu'il y cause sont parallèles à ceux que

---

1. Aristote, *De la génération des animaux*, I, 19, 727b. Cf. Aristote, *Histoire des animaux*, 7, 2, 582a-b, et Pline, *op. cit.*, VII, 16.
2. Voir aussi *De la génération des animaux*, I, 19, 726. Le sang menstruel fournit la matière (*hulé* et *soma*) à quoi le sperme donne forme et mouvement (*eidos kai tèn archèn tès kineseos*). Le processus est analogue à celui de la coagulation du lait (*De la génération des animaux*, I, 20, 729a ; IV, 771b).
3. Une tradition serbe veut que la mariée partant à l'église porte sur son sein un miroir, pour « avoir des enfants » : Veselin Cajkanovic, 1994, p. 457. Merci à Svetlana Slapsak de m'avoir fourni cette information, qui confirme de surcroît le parallélisme entre miroir et quenouille (cf. *supra*).
4. Pline, *op. cit.*, XVIII, 23, 79.
5. Les analogies sont nombreuses dans la mythologie entre jeunes filles et pouliches (cf. aussi *supra*, « Miroir, petit miroir... », p. 57).

subit le métal des miroirs : ici et là, il détériore la reproduction.

La symétrie est donc totale entre le miroir « ami, confident » de la femme, et sa propriétaire, dont la matrice fonctionne comme un miroir : ils sont également aptes l'un et l'autre à recevoir des empreintes, des *tupoi*. Ainsi s'éclaire aussi la proximité qu'attestent les images entre le miroir et le lit [ill. 7 et 21], ainsi que la relation de contiguïté entre la femme et son appendice de bronze... dont elle se sépare quand elle a cessé d'être belle, d'inspirer le désir et de pouvoir servir à la reproduction [1].

L'efficacité du miroir en tant que témoin ou révélateur de la virtualité féconde des femmes peut être mise en rapport avec les sens secondaires des mots *dioptron* et *katoptron*. Un doublet technique du mot *dioptra*, qui désigne la sonde du chirurgien, le mot *diopter*, dont le sens premier est « espion », s'applique, outre la sonde chirurgicale, à l'instrument gynécologique nommé encore aujourd'hui *speculum* [2]. Et la même signification est attestée chez Galien à propos d'un doublet de *katoptron-katopter* : « *Speculum* anal, dilatateur du siège, comme la *dioptra* ou le *dioptron*, *speculum* pour la matrice féminine [3]. » Il s'agit là d'un usage gynécologique, très technique, qui n'appartenait sans doute pas à l'imaginaire collectif, mais qu'Aristote pouvait connaître, sans en user certes, lui qui ne regardait pas même dans la bouche des femmes [4]. Qui sait si un *diopter*,

---

1. Quand la conception est ratée, en particulier en l'absence de mâle, les choses informes que la matrice produit, les *moles*, sont « plus dures que du métal » : Aristote, *De la génération des animaux*, 4, 7, 775b ; cf. *Histoire des animaux*, 10, 7, 638a ; et Pline, *op. cit.*, VII, XV, 63.
2. Le Littré indique que le mot *speculum* a été introduit dans la langue française au XVIe siècle et que, jusqu'au XIXe, il est employé avec un complément de nom : *speculum oris, ani, uteri, oculi*. Luce Irigaray a, très pertinemment, fait de ce terme le titre de son ouvrage sur l'identité féminine.
3. Galien, *œuvres*, 19, 110 (« *katopteri : anispeculo quod hedrodiastolei id est sedem dilatans vocant, ut et dioptra speculum matricis mulierum* »).
4. Le *katopter* anal est attesté dans les traités hippocratiques en VI,

un *katopter* de ce type ne gisait pas, enfoui tout au fond de l'inconscient du philosophe, tandis qu'il réfléchissait savamment sur le phénomène bien établi du miroir sanglant des règles ? Ajoutons pour la petite histoire qu'en dehors de la rectoscopie et de l'examen gynécologique, cet instrument était également employé en médecine vétérinaire... pour ouvrir la bouche des chevaux [1].

En imprimant sur la surface métallique du miroir les indices de leur fécondité, le regard des femmes ne procède pas autrement que celui des hommes, lorsqu'ils émettent vers leur partenaire des particules visuelles mêlées d'effluves érotiques. La différence se situe au niveau du récepteur. La communication fonctionne bien entre mâles. Mais pour percevoir les signaux émis par le corps féminin, l'homme, à qui pourtant la nature les destine, se déclare impuissant. Il préfère déléguer cette capacité visionnaire au miroir, dont il fait le compagnon passif et attentif de son épouse, reléguée loin de lui et des autres mâles, dans l'ombre secrète et protectrice des gynécées.

5, p. 441 et VI, 3, p. 451 (Littré), antérieurs à Aristote. Il faut préciser que ni le *katopter*-sonde ni les diverses variétés de *speculum* ne comportaient de surface réfléchissante, comme c'est le cas actuellement pour le miroir de dentiste. Ce sont des écarteurs, voire des dilatateurs qui permettent une exploration interne (et éventuellement une intervention). On voit par là que le nom du miroir s'applique, plus généralement, à divers instruments optiques.

1. Que Freud a pu, grâce au petit Hans, rapprocher du sexe féminin. Bien qu'il s'agisse ici encore d'un écarteur, une tout autre voie établit une curieuse relation entre le miroir (réfléchissant) et les dents humaines, qui, selon Pline (*op. cit.*, XI, 37), « portent en elles un certain virus : présentées à un miroir, elles en ternissent l'éclat ». Cette piste a été explorée avec sagacité par Philippe Vireux lors d'un de mes séminaires à l'EPHE, V[e] section, en janvier 1995.

VII

UN OBJET PARADOXAL

Soi-même et l'autre

« Quel est l'objet tel qu'en le regardant nous nous voyons nous-mêmes tout en le voyant ? » demande Socrate à Alcibiade, qui résout sans peine la devinette : « Il est clair que c'est un miroir, Socrate, ou quelque chose de ce genre [1]. » La formule peut servir de définition. Du point de vue fonctionnel, la caractéristique majeure du miroir est la possibilité qu'il donne de voir son propre visage, inaccessible par vision directe. Aucune différence sur ce point entre les Anciens et nous : « Il est impossible de se voir soi-même sans miroir », dit Aristote [2]. Pour Sénèque, il va de soi que telle est la finalité de l'instrument : « Les miroirs ont été inventés pour que l'homme se connaisse lui-même. » Et il retrace les étapes de cette invention : ce furent d'abord des miroirs naturels, une source, une pierre polie, puis des métaux. « L'un se vit dans une coupe, l'autre sur l'airain », et l'on finit par fabriquer spécialement un objet circulaire [3].

---

1. Platon, *Alcibiade*, 132d-e. Cf. aussi scholie B, Pindare, *Néméennes*, VII, 20.
2. Aristote, *Grande Morale*, II, XV, 7, 1213a.
3. Sénèque, *Questions naturelles*, I, XVII, 4, 6. La distinction que

Pour se voir, il est nécessaire de passer par autre chose. Le terme grec qui dans la question de Socrate désigne ce qui permet l'appréhension visuelle de soi est *ekeinos*, le démonstratif qui, disent les linguistes, marque l'éloignement, et par suite, la troisième personne. Nous ne pouvons, remarque Platon, nous voir nous-mêmes sans voir aussi et en même temps *cela*, sans percevoir cette marque de notre mise à distance. Observation qui nous est familière. Nous connaissons bien la nécessité de cette distanciation d'avec nous-mêmes. Cette façon de nous appréhender en voyant dans le miroir notre propre visage, comme les autres le voient, ou comme nous voyons celui des autres, nous l'appelons objectivation. De sujet que nous sommes, nous nous envisageons comme objet, ou comme *autre*. Telle est l'expérience que nous permet le miroir.

En est-il de même pour les Grecs ? Pas exactement. Car la rupture est pour eux bien moins grande qu'elle ne nous semble à nous, modernes, accoutumés à nous concevoir de l'intérieur, à nous définir comme des sujets pensants, enclos dans l'intimité de notre moi. Pour l'homme grec, écrit Jean-Pierre Vernant, « il n'y a pas d'introspection. Le sujet ne constitue pas un monde intérieur clos, dans lequel il doit pénétrer pour se retrouver ou plutôt se découvrir. Le sujet est extraverti. De même que l'œil ne se voit pas lui-même, l'individu pour s'appréhender regarde vers l'ailleurs, au-dehors. Sa conscience de soi n'est pas réflexive, repli sur soi, enfermement intérieur, face à face avec sa propre personne : elle est existentielle [1]. » Témoin de cette conception tout extérieure de l'individu, le nom du visage : le terme *prosopon*, qui désignera aussi le personnage et la personne – d'abord sur le plan grammatical –, signifie, à la lettre,

---

pose Einar Mar Jonsson (1995) entre visions directe et indirecte ne semble pas fondée : malgré le face à face avec le miroir, voir son propre visage relève inévitablement de la vision indirecte ; on n'en voit jamais qu'une image.

1. J.-P. Vernant, 1989, p. 225.

« devant les yeux d'autrui [1] ». L'appréhension grecque du moi est affaire de regard. Chacun se définit par l'individualité de ses traits, par ce qui compose sa figure ; mais son visage et, par suite, sa personnalité n'existent que sous le regard d'un autre, appartenant au même groupe social, celui des semblables, des égaux et des pairs. De ce groupe, disait Benveniste, « chaque membre ne découvre son soi que dans l'entre-soi [2] ». Le sujet commence par être objet, ou du moins ne se conçoit pas sans se concevoir objet. L'expérience du miroir n'est donc pour l'homme grec que l'une des modalités d'une objectivation initiale. L'être-vu, inséparable du voir, lui est aussi nécessaire que la respiration. Dès lors qu'il est vu par un autre, il le voit, mais, comme le fait remarquer Socrate à Alcibiade, il s'aperçoit lui-même dans la prunelle de son vis-à-vis. Telle est la pratique masculine du miroir. L'homme n'existe que par la vue, celle d'autrui et de soi-même, simultanées et réciproques.

Les faits de langue attestent cette fusion constante de la réflexivité et de la réciprocité [3]. On ne peut dire, bien sûr, s'il la reflètent ou s'ils l'induisent. Toujours est-il que la notion de « l'un et l'autre » se dit en grec « l'autre et l'autre », à l'aide d'un redoublement formel de la notion d'« autre », qui se dit *allos* : dans le composé *allêlous* [4], soit « l'autre-et-l'autre », chaque terme occupe une position symétrique, en un va-et-vient où nul sujet n'est discriminé face à un objet. Et ce pronom ne possède pas de nominatif, fait hautement significatif de l'absence du sujet. Autre

---

1. Voir F. Frontisi-Ducroux, 1995.
2. É. Benveniste, 1969, p. 321-331.
3. Pour une substitution inverse de la réflexivité à la réciprocité, et sur les interférences entre pronom réfléchi et pronom réciproque, voir N. Loraux, 1986.
4. Parmi les valeurs du redoublement que signale Françoise Skoda, 1982, il convient de retenir ici celle de la forme arrondie comme expression d'unité et de clôture (cf. le terme *kuklos*, et, dans le mythe aristophanien du *Banquet*, les valeurs de la sphère comme figure de la réciprocité et de l'unité parfaite).

indice de ces façons de penser le soi : le pronom d'identité *autos*, « le même » ou « même », qui sert à former le « réfléchi », *he-autos*, « lui-même », fait également fonction de pronom de la troisième personne : « lui [1] ».

Le soi est d'abord un autre. De ce postulat découle, nous y reviendrons, la mésaventure de Narcisse. De là peut-être aussi, avons-nous suggéré, la répugnance des mâles grecs à chercher leur image sur un disque métallique. S'objectiver, oui, puisque c'est nécessaire, mais sous le regard vivant d'un semblable, et sans pour autant se « chosifier [2] ». La chose en revanche sied parfaitement aux femmes, qui ne sont pas des sujets, et l'usage du miroir permet de marquer, par un écart supplémentaire, la distance « naturelle » qui les sépare de l'homme, et leur irréductible altérité.

Quoi qu'il en soit, à la surface des miroirs grecs, le même et l'autre s'enchevêtrent constamment. Mais, dans ceux qu'évoquent les textes, l'autre domine singulièrement le même. Surtout lorsqu'un homme se hasarde à s'y mirer. Revenons aux *Thesmophories* d'Aristophane et au parent d'Euripide, qui, pour sauver le poète, accepte de se travestir en femme et de raser sa barbe. Euripide lui tend alors un miroir : « Te vois-tu ? » demande-t-il, en employant le pronom réfléchi, « toi-même ». – Non, par Zeus, mais je vois Clisthène [3]. » Ledit Clisthène étant, rappelons-le, un inverti célèbre, l'altérité de l'image renvoyée par le miroir est doublement marquée : au lieu de lui-même, il aperçoit autre chose. Et cet autre chose n'est pas un *heteros allos* ou un *alter ego*, comme le serait un autre homme ; c'est un efféminé, un mâle dénaturé, gravement altéré par la suppression de sa barbe, car la pilosité dénote le mâle ; et le rasoir,

---

1. Parallèlement la racine *swe* qui fournit le grec *hé* (« lui ») et *idios* (« particulier ») et le latin *suus*, n'est pas initialement liée à la troisième personne (É. Benveniste, *op. cit.*).
2. Dans cette fantasmatique le danger suprême est représenté par le regard pétrifiant de Méduse, qui, cela va de soi, est un regard féminin.
3. Aristophane, *Thesmophories*, 235.

qui fait couple avec le miroir, appartient à l'arsenal de la toilette féminine.

Un autre miroir est tendu, virtuellement, à un homme par le satiriste grec Lucillius, qui dans une série d'épigrammes féroces et drôles s'active à saper la gloire des vainqueurs olympiques ou, tout au moins, de quelques pugilistes sérieusement amochés :

« Quand au bout de vingt ans Ulysse rentra sain et sauf dans sa patrie, son chien Argos en voyant ses traits le reconnut. Mais toi, après avoir boxé pendant quatre heures, tu es devenu méconnaissable, non point pour tes chiens, mais pour ta cité. Si tu veux voir ton visage dans un miroir, tu affirmeras, sous serment : " Je ne suis pas Stratophon [1]. " »

La boxe, en écrasant les traits de Stratophon, a détruit son visage et son identité. Le thème de la non-reconnaissance appelle ici le souvenir d'Actéon, que ses propres chiens, égarés par la vindicte d'Artémis, n'ont pas reconnu et ont dévoré comme un cerf. Les chiens ensauvagés d'Actéon sont l'antithèse tragique du fidèle Argos, seul à reconnaître Ulysse après vingt ans d'absence, si changé soit-il, défiguré de surcroît sous l'apparence d'un misérable mendiant. Comme Actéon, mais sans intervention divine, le boxeur Stratophon a perdu figure humaine et, s'il en a jamais eu, tout son bon sens. Dans le miroir qui lui renvoie l'image de sa métamorphose, il ne se reconnaît pas. Il adhère pourtant à ce doublet de lui-même et, convaincu de l'identité du modèle et du reflet, ne songe pas à dire « ce n'est pas moi ». Enfermé dans le vis-à-vis du miroir, ni autre ni lui-même, le boxeur défiguré et abruti n'est plus que négation de son identité.

Ce perpétuel brouillage du soi-même et de l'autre n'est que l'un des multiples jeux d'antithèses qui font du miroir le lieu de rencontre des opposés, de conjonction des

---

[1]. *Anthologie palatine*, XI, 77 (voir L. Robert, 1989). Lucillius, poète épigrammatiste grec, vécut à Naples et à Rome au temps de Néron.

contraires, en une série de couples antinomiques qui se recoupent, se chevauchent et s'entrecroisent.

Le semblable et le différent

Ainsi pour le semblable et le différent. Le reflet est certes semblable à l'original. Selon le code d'interprétation des songes que nous livre Artémidore, c'est la ressemblance qui justifie l'homologie entre le miroir et les enfants : un rêve de miroir promet à un homme la naissance d'un fils, à une femme celle d'une fille. Comme les visages, les sexes sont à l'identique. Mais la même *Clé des songes* introduit la différence au sein de cette homologie signifiante : car le miroir, on l'a indiqué, peut annoncer aussi, pour un homme, une femme, cet autre de lui, alors que ses enfants sont pour lui des semblables [1].

Sur un autre registre, plus scientifique à nos yeux, les Anciens ne manquent pas de noter l'inversion qui s'effectue à la surface du miroir entre la droite et la gauche. On connaît l'explication qu'en fournissent les atomistes : l'*eidolon*, le double impalpable qui émane de l'objet lumineux, s'en vient frapper la surface du métal miroitant et, sous l'effet du choc, se retourne pour apparaître à l'envers. Platon insiste à plusieurs reprises sur ce phénomène. Cette observation fait partie de la définition qu'il donne du reflet dans le *Sophiste* : « Lorsqu'une lumière propre et une lumière autre se rencontrent en un point sur des surfaces lisses et brillantes, il se produit une forme qui donne une sensation inverse (*enantian*) de la vision habituelle qui se tient en face [2]. » On en trouve l'explication dans le *Timée* : « Ce qui est à gauche apparaît à droite ; dans le cas des miroirs concaves la droite paraît effectivement la droite, et

---

1. Artémidore, *La Clé des songes*, III, 18 ; II, 36 ; II, 7.
2. Platon, *Sophiste*, 266c. Cf. *Théétète*, 193c et Épicure, *in* Apulée, *Apologie*, XV, 12 et la belle description de Lucrèce, IV, 270 *sq*.

la gauche effectivement la gauche... cependant si l'on fait tourner transversalement ce même miroir par rapport au visage, il le fait paraître entièrement renversé... » (46c). Ces remarques inscrivent la différence au cœur de la symétrie, entre l'original – dans le *Sophiste*, il s'agit de la « vision habituelle », c'est-à-dire directe – et le reflet, sous la forme de l'opposé : le terme *enantios* désigne, en effet, à la fois l'*en-face* et le *contraire*.

Aristote attire l'attention sur la différence de teinte entre le modèle et son reflet : « Les images qui se reflètent sur l'eau paraissent plus aqueuses, et celles qui se forment dans les miroirs ont des couleurs semblables à celles des miroirs [1]. » Dans l'opération de duplication, le miroir modifie la semblance de l'original en y ajoutant quelque chose de sa propre semblance, un léger bronzé du métal, une couleur d'eau, qui sont la marque du mélange et, par conséquent, d'un écart. De même, on s'en souvient, l'œil qui reçoit les *eidola*, selon les théories atomistes, n'en est pas pour autant passif. Il y met lui aussi du sien.

Plutarque élargit à toute catégorie de mimétisme cette inévitable corruption du reflet par son support et l'intrusion qui s'ensuit d'une différence. Il s'agit de la Pythie et de la contamination de l'inspiration prophétique : malgré sa grande docilité – car elle est le miroir d'Apollon – la Pythie modifie quelque peu, par sa nature, la qualité de ce qu'elle reçoit du dieu. C'est, dit Plutarque, « comme la cire, l'or, l'argent et le bronze, et toute autre espèce de substance que l'on façonne : elles reçoivent la forme particulière de la ressemblance que l'on y imprime, en ajoutant par ailleurs sur l'objet imité une différence venant d'elles-mêmes ». L'exemple auquel il fait appel ensuite concerne une catégorie bien particulière de miroirs : « Les miroirs plans concaves et convexes qui donnent d'une seule et même figure des milliers d'apparences [2]. » Mais la multiplicité au

---

1. Aristote, *Des couleurs*, 793b.
2. Plutarque, M. 404c-d.

lieu de l'unité est ici, comme ailleurs le sexe, la couleur ou le renversement entre droite et gauche, le signe de la différence qui, au jeu du miroir, accompagne la ressemblance.

Le vrai et le faux

La polarité du vrai et du faux peut sembler découler de l'opposition précédente : quand l'écart est trop grand et que la différence l'emporte sur la semblance, le miroir n'a plus rien de véridique. « Il est des miroirs faux, nous dit Plutarque, qui n'offrent pas un reflet ressemblant. Si le miroir restitue d'un homme réjoui une image chagrine, d'un homme accablé une image joyeuse et épanouie, le miroir est défectueux et sans valeur. » Cette comparaison introduit, on s'en souvient, le cas de la mauvaise épouse qui refuse de se modeler à l'image de son mari [1]. Mais la contradiction est plus profonde. La fausseté du miroir ne tient pas à un défaut du métal, à une particularité de sa forme, à un surplus, voire à un excès de l'inévitable différence qui oppose original et reflet. C'est une composante de son essentielle duplicité. Tout miroir est, tout à tour, faux et véridique, sincère et menteur, exact et trompeur.

Côté vérité, les épithètes qui le caractérisent dénotent sa précision, son exactitude, son acribie, son authenticité – il montre une forme toute vraie, *panalethéa* –, sa sincérité, sa fidélité : la courtisane Laïs quitte à regret cet ami de jeunesse. Mais le miroir de vérité devient vite insupportable, à enregistrer trop fidèlement les modifications que le temps apporte aux visages. C'est un témoin, un dénonciateur, un accusateur, voire un juge, et la cruauté avec laquelle il s'obstine à montrer rides et cheveux blancs oblige sa propriétaire à s'en séparer [2].

---

1. Plutarque, M. 139f.
2. *Anthologie palatine*, VI, 18-21 ; Achille Tatius, *Le Roman de Leucippé et Clitophon*, VI, 6, 2.

Côté mensonge, on retrouve le même miroir, pourvu de qualités contraires, dans d'autres épigrammes. L'un de ces miroirs se contente de se taire plutôt que de parler clair : « Ton miroir n'est pas bavard », dit à sa maîtresse un poète qui lui reproche son fard et sa beauté factice. Un autre est franchement accusé de falsification : « Le miroir de Démosthénis est menteur. Si elle le voyait véridique, elle ne voudrait plus du tout le regarder. » L'épigramme est encore de Lucillius, satiriste amateur de miroirs, guère plus complaisant à l'égard des femmes qu'envers les boxeurs [1].

Même balancement pour les miroirs métaphoriques : celui de l'histoire, celui de la poésie se veulent plus vrais que leurs modèles. Véridique aussi le miroir du vin, car c'est un dieu qui l'a donné aux hommes. Mais les miroirs humains, ceux des visages, ceux de l'amitié oscillent entre sincérité et trompeuse flatterie.

Chez Platon lui-même, le miroir n'est pas tout entier du côté du mensonge. Celui que les dieux ont placé dans le corps des humains pour leur transmettre de sages avertissements, le foie, est un miroir de vérité : sa surface lisse et brillante reçoit fidèlement les *eidola* qui viennent s'y imprimer pendant le sommeil. Reste toutefois aux devins à interpréter correctement ces signes véridiques [2].

Platon met cependant l'accent sur le manque de fiabilité du miroir. L'inversion qui s'opère à sa surface lui sert de paradigme pour faire comprendre le processus des erreurs de jugement : « Des troubles comme ceux que subit la vision dans les miroirs, transportant à gauche ce qui est à droite, se produisent en moi et m'induisent en erreur. C'est alors qu'il arrive de prendre une chose pour une autre et de juger faux [3]. »

Et il insiste plus encore sur le caractère illusoire du reflet qui n'est que faux-semblant, dépourvu de toute réa-

---

1. *Anthologie palatine*, XI, 370 ; 266.
2. Platon, *Timée*, 71a-d.
3. Platon, *Théétète*, 193d.

lité. « Prends un miroir et tourne-le de tous côtés : en un clin d'œil tu feras le soleil et les astres dans le ciel, en un clin d'œil la terre, en un clin d'œil toi-même et les autres vivants, et les meubles et les plantes et tout ce dont nous parlons. Oui, des objets apparents, mais qui n'existent pas en vérité [1]. » Dans l'orbe du miroir, rappelle Socrate, le monde entier peut venir se loger. Mais l'efficacité cosmogonique de l'instrument, l'aptitude déconcertante du disque métallique à faire surgir l'univers et ses composantes, ne sont pas moins factices et vaines que son usage cosmétique entre les mains des femmes [2]. Si Platon manipule ainsi le miroir et la fantasmagorie d'images impalpables qu'il produit, c'est avant tout pour dénier toute réalité à celles qui sortent des mains du peintre et du sculpteur, que leur dénomination, *eikon* ou *eidolon*, intègre dans la même catégorie, et qui proviennent, les unes et les autres, d'un *tupon*, empreinte ou façonnage [3]. Le terme *eidolopoiia* (fabrication d'idoles) désigne chez Platon la formation du reflet sur le miroir, aussi bien que la production artistique d'images peintes ou modelées [4].

Les virtualités fallacieuses du miroir ne sont pas réservées à l'usage exclusif des philosophes. Les chasseurs grecs savaient les utiliser avec autant sinon plus d'efficacité, pour capturer les choucas. Cette technique est attestée par plusieurs témoignages [5] : on remplit d'huile un grand cratère. Les oiseaux viennent se poser sur les bords, et, voyant leur propre reflet, ou leur ombre, croient voir des congénères et tombent dans l'huile pour les rejoindre. La surface miroitante de l'huile est ici utilisée comme un leurre, pour attirer

---

1. Platon, *République*, X, 596d-e.
2. À l'arrière-plan le jeu sur les valeurs du terme *cosmos*, ordre, monde et parure.
3. Platon, *Sophiste*, 239d. Cependant les rêves et les reflets, images spontanées (*autophué*) sont d'invention divine (*daimonia, ibid.*, 266b-c).
4. Platon, *Timée*, 46a et *Critias*, 107b.
5. Elien, *Histoire des animaux*, IV,30 ; scholie *Iliade*, XVII, 755 ; Athénée, *Banquet des sophistes*, IX, 389f.

et prendre au piège des oiseaux dont l'instinct grégaire est confirmé. Car, on le verra plus loin, il ne saurait s'agir de narcissisme [1].

Positif et négatif

Menteur et trompeur, le miroir est généralement envisagé sous un aspect négatif. Même les qualités de vérité et d'exactitude qu'on lui attribue ne sont pas nécessairement bénéfiques. La polarité du positif et du négatif ne recouvre donc pas l'opposition précédente. On peut porter à l'actif du miroir les valeurs pédagogiques et didactiques qui sont attribuées aux miroirs métaphoriques : celui de la poésie, qui capte les belles actions, les fait voir et leur donne existence, celui de l'histoire ou de l'exemple paternel, qui fournissent des modèles de vertus à imiter.

Le miroir du philosophe est déjà plus concret, car il s'agit de l'objet même, dont, à l'encontre de l'opinion commune et des préjugés masculins, Socrate conseillait, on l'a vu, l'usage à ses disciples, et tout particulièrement aux jeunes gens, « pour que, s'ils étaient beaux, ils se rendent moralement dignes de cette beauté ; et que s'ils étaient laids, ils cachent ce défaut par l'éducation ». L'anecdote, on l'a indiqué, n'est pas le fait de Socrate, puisqu'on la trouve déjà chez les présocratiques, et de fait le précepte est bien peu platonicien. Car loin d'évoquer le paradoxal contraste entre le visage de Socrate et son âme, entre son faciès burlesque de Silène et la divine sagesse qui s'y cache, la parabole du miroir du philosophe repose sur l'homologie entre l'être et le paraître : la beauté du visage doit entraîner la

---

[1]. Le principe est différent de celui du miroir aux alouettes, et même inverse, car ce dernier capte les rayons du soleil et attire les oiseaux par le scintillement et l'éblouissement, et non en leur présentant une image assombrie et trompeuse d'eux-mêmes. Cf. Jean de La Fontaine : « Un manant au miroir prenait des oisillons/Le fantôme brillant attire une alouette » (*Fables*, VI, 15, 6).

beauté de l'âme ; inversement, la beauté intérieure peut compenser et même corriger par contagion mimétique la laideur du visage. C'est le miroir du *kalos kagathos*, de l'homme « beau et bien », selon la définition de l'idéal grec qui recherche un accomplissement à la fois physique et moral.

À ces indispensables instruments d'une cosmétique de l'âme, il faut ajouter le miroir orthophonique de Démosthène. L'instrument que l'orateur s'était fait fabriquer sur mesure, faisait partie des procédés bien connus (bouche emplie de cailloux ; exercice vocal au bord de la mer en tentant de couvrir le bruit des vagues...) à l'aide desquels il réussit à corriger ses défauts et à se perfectionner dans le domaine de l'éloquence. Chaque jour, debout devant ce miroir, il s'entraînait, répétant, observant ses mimiques et ses gestes, essayant, rectifiant, révisant, s'améliorant [1]. Totalement positif aux yeux de Plutarque, ce miroir du grand homme était sans doute pour son adversaire Eschine un indice supplémentaire d'une ignominieuse efféminination.

Mais lorsqu'une coquette, les yeux rivés à son miroir, observe ses propres traits, ajuste sa parure, essaie quelques mimiques, travaille à corriger ses défauts physiques, à améliorer son apparence, à embellir son sourire, les valeurs du miroir – un tout petit miroir pourtant – s'inversent radicalement : elle minaude ; et pour la plupart des hommes, il n'est plus question de progrès. Il n'y a là que truquage, maquillage, falsification du paraître, fardage et tromperie sur la marchandise. Les femmes, affirme le poète comique Alexis, « se remodèlent et changent leur aspect extérieur [2] »... au lieu de se laisser modeler par l'homme, ajouteraient Xénophon et Plutarque. Bien entendu, c'est entre les mains des femmes, à qui en est réservé l'usage, que le miroir révèle le plus explicitement ses valeurs négatives et fallacieuses.

---

1. Plutarque, *Vie de Démosthène*, 11, 850e ; cf. 844e.
2. Alexis, fr. 35.

Actif et passif

Une autre opposition fondamentale sous-tend l'ensemble des valeurs que les Grecs attachent au miroir, celle de l'actif et du passif.

La dominante féminine du miroir voue l'instrument à la passivité. Le disque de métal est conçu comme un réceptacle de lumière et d'images. À son exemple, la matrice féminine reçoit les empreintes que le mâle y modèle à sa semblance ; la phrophétesse de Delphes, la Pythie, réfléchit docilement la pensée d'Apollon, comme la lune renvoie la lumière du soleil [1] ; et la lune elle-même, miroir de l'univers, foie de l'organisme cosmique, ne brille que de cet éclat étranger qu'elle répercute avec soumission. Pour le soleil, pas d'instrument plus obéissant que la lune, dit Plutarque. Soumission, obéissance docile, passivité : ces qualités sont incompatibles avec la façon dont veut se définir le citoyen libre d'une cité démocratique. On comprend que le miroir soit déconseillé à l'homme digne de ce nom.

Lorsque Plutarque compare le flatteur au miroir, il ne retient de l'objet que sa fonction de récepteur passif. Le flatteur n'est que subordination aux désirs et aux manifestations de l'opinion des autres : son visage est surface d'accueil pour des reflets étrangers et toujours différents, qu'il reproduit automatiquement. Pourtant la description que donne Plutarque de cette soumission passive, qu'il compare au mimétisme du singe, du poulpe ou du caméléon, donne l'impression d'une intense activité. La duplication immédiate et fidèle exige promptitude et précision. La reproduction est une forme de production.

Aussi le miroir relève-t-il autant de l'ordre du faire (*poiein*) que de celui du subir (*paschein* ou *pathein*). Platon, rappelons-le, définit son activité comme *eidolopoieia*, fabri-

---

1. Plutarque, M. 404c.

cation d'image, production à laquelle le miroir participe tantôt comme instrument tantôt comme agent. Car le miroir est un objet, un disque métallique que l'on tient, que l'on manipule, que l'on offre, que l'on regarde. Mais il vous rend ce regard. Et dès lors devient un ami, un compagnon, un délateur, un traître... Personnifié, il se voit doté de sentiments, il peut être fidèle ou terriblement cruel, et trop souvent l'un et l'autre à la fois.

Même en dehors de ces métamorphoses poétiques, le mode d'emploi du miroir dans les textes – en particulier ses fonctions grammaticales et sa place syntaxique – est indicatif de son ambivalence. Les verbes auxquels il est associé appartiennent à quelques champs sémantiques : celui de la réception ou de l'accueil, et celui de la production. Ces deux premiers secteurs sont complémentaires et alternés. Mais on rencontre plus fréquemment encore le champ du paraître et du montrer (*phainein* et *deiknesthai*) : il est question de faire apparaître, de révéler, d'indiquer, de dévoiler, de mettre au jour. Verbes visuels, mais qui possèdent une face verbale : le miroir parle et dénonce... ou se tait. Rappelons aussi les verbes qui dénotent l'empreinte, la mise en forme et le modelage (*tupoun*, *ektupoun* et *plattein*). Enfin le verbe spécifique qui dit le processus de réflexion est *klan*, « briser », et son composé *anaklan* : la réflexion est une cassure, une brisure, un affaiblissement, conception dont les implications symboliques ne sont pas négligeables. L'homme lui-même ne s'épuise-t-il pas à vouloir se reproduire dans la matrice en miroir des femmes ?

De ces activités, le miroir est parfois l'objet, souvent le lieu ou le support, mais il peut en apparaître aussi comme l'agent : ce que prouve la variété des prépositions qui l'introduisent. Nous l'avons vu, les choses se passent *vers*, *sur*, *dans*, *à travers* ou *par* le miroir. Le miroir reflète et offre un modèle. Il reçoit des images, produit des images, des images se produisent à sa surface et l'on peut en produire à l'aide d'un miroir. Le miroir brille et fait briller... énoncés qui, dans leur diversité, disent l'ambiguïté foncière d'un objet dont la fonction conceptuelle déborde amplement, si l'on en croit les textes, l'usage purement instrumental... laissé aux bons soins des femmes. La polarité actif/passif qui traverse ces représentations du miroir est l'un des développements de la réversibilité initiale de la conception grecque de la vision, que le miroir permet précisément de comprendre et de penser : voir, c'est être vu.

Surface et profondeur

On pourrait multiplier le nombre de ces couples de notions opposées dont le contraste vient enrichir la complexité symbolique du miroir. En dégageant, par exemple, un axe dehors/dedans ou dessus/dessous. La diversité des points de vue dans la perception spatiale du miroir est déjà attestée par la diversité des préfixes qui composent son nom, ou plutôt ses noms. Cette pluralité confirme la variété des constructions syntaxiques que nous avons signalées : le miroir est un instrument à regarder vers, à voir sur, à voir dedans, à voir au fond, à voir à travers et avec... Le terme le plus courant, *katoptron*, n'est pas le plus anodin. Le préfixe *kata*, qui marque une orientation de haut en bas, en rapport peut-être avec la plongée du regard vers un liquide ou dans un petit miroir à main, tend à faire de la contemplation au miroir une descente vers les profondeurs, voire une catabase. On en verra les conséquences.

Une comparaison de Plutarque confirme la difficulté des Anciens à expliquer le processus de réflexion des images, et nous montre la perplexité, sinon la totale désorientation des usagers du miroir : « Le commun des hommes croit que l'esprit – la partie incorruptible de l'âme – se trouve à l'intérieur d'eux-mêmes, comme on croit que se trouvent dans les miroirs les apparences qui s'y reflètent ; mais les gens qui pensent juste sentent qu'il est extérieur à l'homme et l'appellent *daimon* [1]. »

L'image qui réside dans le miroir est certainement la plus facile à concevoir. Mais la recette mentionnée par Pline pour rendre leur éclat aux miroirs ternis par le regard d'une femme indisposée – il suffit que la femme regarde à nouveau le miroir après l'avoir retourné – suggère que l'image, comme la trace menstruelle, peut traverser le miroir pour venir affleurer à la surface postérieure.

Ombre et lumière

Couple paradoxal aussi, la lumière et l'ombre se partagent le miroir sur lequel elles alternent et se rencontrent. Le miroir est certes indissociable de la beauté féminine qu'il redouble et parachève. Il luit de l'éclat de la jeunesse, de la fraîcheur des chairs, du feu des regards, de la brillance des chevelures ondulées. Mais l'ombre guette souvent à proximité. C'est parce que le miroir sait dire la cruelle vérité des traits fanés et des regards ternis par l'âge : « Cette vieille aux cheveux blancs, dont elle a horreur de voir la vraie figure, elle en déteste jusqu'à l'ombre ainsi reflétée. » Le reflet qui s'imprime sur le miroir de Laïs est « ombreux », expression qui convient particulièrement à l'image désolante de la courtisane vieillie [2]. Mais d'autres reflets aussi sont des ombres, même lorsqu'ils réfléchissent le visage de la jeunesse. Et les poètes ne manquent pas de tirer parti du contraste. Tel Nonnos évoquant le « miroir ombreux » de Perséphone (*skioenti katoptroi* [3]). La souveraine du royaume des ombres, dont le nom est glosé « porte-lumière », est aussi Coré, la jeune fille dont le fin sourcil et l'œil sombre, couleur de mer, se dessinent sur le

---

1. Plutarque, M. 591e, 8.
2. *Anthologie palatine* VI, 20, 6.
3. Nonnos, *Dionysiaques*, V, 597 ; cf. *infra*.

froid miroir lunaire pour composer le visage que les humains croient y apercevoir [1]. L'image de l'infortuné Narcisse, réfléchie par l'eau de la source, est aussi une « ombre » pour plusieurs auteurs. Enfin, les flatteurs, purs reflets des puissants dans l'ombre de qui ils végètent, sont traditionnellement des « ombres » parasites.

On pourrait, au vu de ces exemples, se demander si le terme d'ombre (*skia*) appliqué au reflet n'est pas une simple métaphore. Car Platon, tout en signalant à plusieurs reprises la proximité de l'ombre et du reflet, les distingue l'un de l'autre [2]. Mais Aristote applique le terme *skia* au reflet lui-même, ou tout au moins considère l'ombre comme une sous-catégorie de reflet : « La lumière ne se réfléchit pas toujours aussi bien que sur l'eau, l'airain, ou sur tout autre corps lisse, et cela aboutit à produire de l'ombre, ce qui caractérise communément la lumière [3]. » L'ombre serait ainsi, pour Aristote, un reflet qui n'a pas rencontré de miroir.

Le terme *skia* et son application fréquente, à côté du terme *eidolon*, à cette forme d'*eikon* qu'est le reflet, peuvent être mis en rapport avec la matière des miroirs antiques, qui font apparaître sur la patine verdâtre du bronze une image assombrie. De fait le qualificatif qui souvent décrit l'image reflétée, l'adjectif *amudros*, dénote une tonalité foncée. Le reflet est moins clair que l'original, observent les Anciens : c'est une de ces différences qui, malgré la ressemblance, opposent le modèle et son double. Plutarque applique l'adjectif *amudros* à la lumière lunaire, reflet du rayonnement solaire, et il explique cet obscurcissement comme un affaiblissement : la lune, le plus beau et le plus pur des miroirs, par son lisse et son brillant, altère l'éclat et les traits enflammés qu'elle reçoit du soleil avant de les renvoyer vers la terre, en modifie la couleur et en ôte la

---

1. Plutarque, M. 920e ; 934d ; 942.
2. Platon, *République*, VI, 510a ; *Sophiste*, 266c.
3. Aristote, *De l'âme*, II, 8, 29-33 ; 419b.

chaleur, par affaiblissement, *astheneia* [1]. Cette luisance ombreuse est une lumière asthénique, fatiguée sinon exténuée. C'est que la réflexion de la lumière comporte la notion d'affaiblissement. L'*anaklasis* est un renvoi du rayon visuel brisé. Le phénomène se produit quand le rayon visuel rencontre un obstacle et rebrousse chemin.

Pour expliquer une catégorie particulière de réflexion, l'arc-en-ciel, qui naît de la répercussion des rayons lumineux sur les nuages, lesquels sont composés d'un nombre infini de minuscules gouttelettes d'eau miroitantes, Aristote fait appel à un cas pathologique de faiblesse visuelle extrême. Il s'agit d'un homme dont la vue était si courte et si peu perçante que son flux visuel trop faible et trop fin n'avait pas la force de repousser l'air ambiant, lequel faisait office de miroir et lui renvoyait son image : cet infirme avait donc en permanence l'impression d'être précédé et regardé, face à face, par un *eidolon*, une image fantomatique [2].

Quelles que soient les explications que la médecine peut actuellement donner de ce cas, il est intéressant de constater que, chez Aristote, le phénomène de réflexion convoque, par association, une infirmité, une faiblesse visuelle : l'asthénie est inhérente au miroir. Et de fait, le qualificatif *amudros*, qui décrit la tonalité assombrie du reflet, est, phonétiquement sinon étymologiquement, proche d'un autre adjectif, *amauros*, qui, à partir de la notion de faiblesse, dénote l'obscurité, l'inverse du brillant, et peut désigner l'invisibilité et la cécité [3].

La contiguïté, sur la surface du miroir, de la lumière et de l'ombre, appelle ainsi la complémentarité non moins paradoxale du regard et de la cécité. Elle est attestée précisément à propos d'une catégorie particulière de miroir. C'est Plutarque qui rapporte cette anecdote – tout en affir-

---

1. Plutarque, M. 404d.
2. Aristote, *Métaphysique*, III, 4, 2 *sq.* Le cas est repris par Sénèque dans ses *Questions naturelles*, III, 7.
3. Voir P. Chantraine, 1968 ; A. P. Mac Kinlay, 1957, p. 12-39 ; Sophocle, *Œdipe à Colone*, 1639 ; cf. vers 182.

mant que c'est un pur mensonge : « On raconte que Démocrite éteignait délibérément ses regards en les arrêtant sur un miroir ardent dont il recevait la réverbération, afin de les empêcher de troubler son intelligence en l'appelant sans cesse au dehors, et pour qu'ils la laissent chez elle à s'occuper des concepts, comme on fermerait les fenêtres donnant sur la rue [1]. »

Le miroir ardent de Démocrite est une variété de miroir aux alouettes à l'usage du philosophe, qui se prend délibérément au piège des concepts. Son éclat éblouit et aveugle ; il annihile la vue pour permettre l'accès à la vision des choses de l'esprit. Le principe en est analogue à celui de la seconde vue de l'aède et du devin, atteints de cécité : Démodocos, Homère et Tirésias possèdent, en effet, comme en contrepartie de leur infirmité, le pouvoir de voir bien au-delà du monde et du temps des humains. Le miroir de Démocrite joue le rôle de lunettes noires qui, plutôt que de signaler la cécité, feraient de leur porteur un aveugle, épisodique et volontaire, sinon authentique.

Voir moins, voir plus

C'est là une nouvelle et dernière opposition dans la série des polarités qui structurent les représentations fonctionnelles et symboliques du miroir : il est ce par quoi l'on voit à la fois moins et plus que dans la vision directe.

L'image altérée que porte le miroir est un amoindrissement par rapport à l'original. « Les miroirs les plus lisses et les plus purs ne font apparaître que des traces et des *eidola* de la réalité », constate Plutarque [2]. Ces *eidola* sont obscurcis, amenuisés, moins précis. Bien avant Plutarque, Aristote donnait une explication à ce phénomène : renvoyé par un petit miroir vers un objet lointain, le rayon visuel

---

1. Plutarque, M. 521b.
2. Plutarque, M. 718e.

s'affaiblit. C'est la petitesse du miroir et la distance qui entraînent cet affaiblissement. Mais il observe aussi, et c'est un paradoxe supplémentaire, que le miroir peut, à certains égards, procurer une vision meilleure que la vue directe : un liquide, pris en petite quantité, montre mieux les couleurs, par effet de concentration. Ainsi un nuage, incolore s'il est regardé directement, apparaît strié de rayures colorées lorsqu'il se reflète dans l'eau. Pourtant, il y a toujours perte quelque part : les petits miroirs ne font voir que la couleur, les grands la forme entière, au détriment de la teinte. L'obscurcissement est partie intégrante de l'indistinction : les objets éloignés apparaissent plus noirs, plus petits et plus lisses comme ceux reflétés dans les miroirs. L'amplification du « lisse » n'est pas une amélioration. Cela implique une précision moindre, car, dit Aristote, on ne voit plus les détails ni les éventuelles aspérités [1].

Mais ces inconvénients sont amplement contrebalancés par ce que le miroir permet de voir. Soit tout ce qui est inaccessible à la vision directe. Et en premier lieu, affirme Sénèque dans sa justification finaliste de l'invention des miroirs, il s'agissait de connaître le soleil. Comme nos yeux, trop faibles pour regarder le soleil en face, auraient ignoré sa forme, la nature, dit-il, le leur a fait voir en émoussant son éclat [2]. Ces miroirs de nature sont, bien entendu, les surfaces liquides. Le miroir des eaux rend possible la vue de l'insoutenable, en atténuant son éclat, en corrigeant l'éblouissement. Cet apport essentiel à la vision humaine procède donc par amoindrissement. Le dédoublement qu'effectue la réflexion conjugue le voir plus et le voir moins. L'œil humain voit plus que ses forces ne le lui permettent – le soleil – en voyant moins : un simulacre, un reflet affaibli. Platon indiquait déjà dans le *Phédon* que quiconque tente d'observer le soleil directement risque la

---

1. Aristote, *Métaphysique*, 377b-378a ; *Problèmes*, I, 51, 865b.
2. Sénèque, *Questions naturelles*, I, XVII, 1.

cécité. C'est, disait-il, dans l'eau ou sur quelque chose de ce genre qu'il faut observer l'image de cet astre [1].

Quant au miroir artificiel, il a été inventé pour que l'homme se connaisse lui-même, reconnaît Sénèque. Même s'il ne doit pas servir à s'épiler la barbe et à polir son visage, le miroir est l'instrument qui permet de voir sa propre figure. La nature, d'ailleurs, y avait déjà pourvu en faisant surgir les sources, en répandant parfois le calme plat sur la mer, en produisant des pierres lisses et brillantes. L'importance de cette fonction du miroir est soulignée dans la dénégation même que constitue l'interdit du miroir pour les mâles et dans les justifications laborieuses des philosophes. Pour les Grecs, l'individu coïncide avec son visage, son *prosopon*, « offert à la vue ». Or, ce qui définit chaque être humain est inaccessible à ses propres regards. L'homme peut voir une bonne partie de son corps, ses membres, ses mains, son sexe même, mais pas sa propre figure, puisque le visage est porteur de l'organe du voir. La configuration du corps humain exclut la vision directe de ce qui fait la spécificité de chacun.

Le miroir pallie cette infirmité naturelle, en permettant de voir non seulement son visage mais aussi ses yeux. Voir l'organe qui voit permet l'expérimentation du processus visuel tel que le conçoivent les Grecs, c'est-à-dire dans la réversibilité. Voir, c'est être vu : dans le miroir, je vois en étant vu. Je me regarde regarder. Mon œil est sujet et objet de regard. Je constate l'ambivalence de l'*opsis*, qui, comme notre « vue », est à la fois vision et spectacle. Même si les mâles prétendent refuser pour eux-mêmes la facilité périlleuse du miroir, ils reconnaissent que son usage essentiel est de permettre la réflexivité visuelle : se voir soi-même.

Le miroir remédie également à l'impossibilité de voir derrière soi. C'est un point que mettra en évidence le théoricien de l'optique Damien : « On a l'impression que des objets placés derrière nous, mais regardés dans un miroir,

---

1. Platon, *Phédon*, 99d-e.

sont placés devant nous [1]. » Bien avant cet énoncé, Athéna avait su mettre en application ce principe et inventer, pour le succès de Persée et pour le malheur de Méduse, l'ancêtre du rétroviseur. En captant sur son bouclier de bronze l'image de la face interdite, en permettant à Persée, contraint d'agir à reculons, d'entrevoir le reflet neutralisé du monstre, l'ingéniosité d'Athéna mettait en œuvre deux des capacités du miroir, celle qui permet de voir derrière soi, mais aussi celle qui autorise la vision de ce que l'œil humain ne saurait supporter : affronter l'éclat pétrifiant de ce soleil ténébreux qu'est la Gorgone.

---

1. Damien, 12, 8 *in* C. Mugler, *op. cit.*, p. 223.

VIII

LE PHILOSOPHE ET LE DÉBAUCHÉ

Sénèque s'arrête longuement sur la capacité du miroir à la rétrovision, en racontant une historiette qui met en scène l'un de ses contemporains. Ce personnage, un nommé Hostius Quadra, amateur de débauches raffinées, utilisait des miroirs, grossissants de surcroît, pour observer à son aise, non seulement ses parties secrètes, intentionnellement logées par la nature hors de portée de ses yeux, mais aussi les postures et les gestes de ses compagnons de plaisir, placés derrière lui, de façon à « voir artificiellement ce que la conformation de notre corps dérobe à nos regards [1] ».

Le texte de Sénèque surprend par la véhémence avec laquelle le moraliste détaille, tout en le condamnant, l'appétit de jouissance de son héros et l'ingéniosité technique qu'il déploie pour y satisfaire. Aux appétits sexuels d'Hostius Quadra, le miroir répond d'abord par l'agrandissement des parties : « En longueur et en grosseur un doigt y dépassait les dimensions de nos bras. » On imagine le reste, que l'intéressé, qui parcourait à cette fin les bains publics, savait choisir déjà de belle taille. Mais l'amplification n'est pas tout. La salle des plaisirs est un véritable

---

1. Sénèque, *Questions naturelles*, I, XVI, 7.

salon de glaces¹ : la pluralité des miroirs, et leur disposition, « multipliait et distribuait dans leurs diverses phases ses honteuses opérations ».

Cette amplification n'est, de fait, qu'une inflation hyperbolique de l'usage ordinaire du miroir et des valeurs qui lui sont traditionnellement associées : l'érotisme, finalité naturelle de la parure, y est transfiguré en débauche pornographique. Dans le discours que Sénèque lui prête, pour lui faire commenter ses propres pratiques, son amour du spectacle et son art de la mise en scène, le « débauché » analyse sa pulsion scopique, qu'il présente comme l'aboutissement et le couronnement de sa boulimie sexuelle : « Que mon obscénité voie plus qu'elle ne peut embrasser et qu'elle s'étonne de ce qu'elle peut subir. » « Sa passivité (*patientiam suam*) » : voilà ce dont il veut rassasier sa vue. Car il est, comme tout usager du miroir, sexuellement passif. Mieux encore, le redoublement inhérent au miroir, dont Hostius Quadra devient comme la figure emblématique, lui fait assumer une passivité redoublée : « Je subis en même temps un homme et une femme... » Mais, hyperbole oblige, « cela ne m'empêche pas de faire encore mon office de mâle en déshonorant autrui au moyen de la partie de ma personne qui n'est pas occupée ». L'excès emphatique de ce passage bascule finalement dans l'invraisemblance lorsque le protagoniste est décrit contemplant dans un miroir un reflet, qu'il n'est, de toute évidence, pas plus en mesure d'apercevoir que l'original, en raison d'une posture qui doit lui interdire toute vision². C'est là l'illustration extrême de la façon dont le miroir est défini par sa capacité d'étendre le champ visuel. Dans le cas exceptionnel de ce débauché de haute volée, Sénèque, emporté par l'indignation et le

---

1. Thématique chère aux Latins de l'époque impériale ; cf. Claudien, *Épithalame*, 106-108, où Vénus loge dans une galerie de glaces.
2. « Sa tête enfouie et emprisonnée dans les parties secrètes de ses compagnons de débauche » (*Questions naturelles*, I, XVI, 4 ; trad. P. Oltramare).

dégoût, dit-il, attribue au miroir, sans en être conscient, l'extraordinaire pouvoir de compenser une quasi-cécité.

Ce déferlement de fantasmes [1] suscite bien des réflexions. Il démontre, d'abord, que l'interdit visuel majeur, au moins à Rome, est d'ordre sexuel, et que, par conséquent, le summum de la débauche est d'ordre visuel. Le protagoniste de cette fable est un « monstre », un être à montrer du doigt – Sénèque s'y emploie –, et un être qui se montre à lui-même, « se rassasiant du spectacle de ses abominations ». Le miroir, qui dilate les capacités de la vision humaine, lui permet de se voir à la fois acteur et spectateur de son ambivalence, actif et passif, dupliqué, multiplié à l'infini. Transgression manifeste de ce que la nature autorise. L'histoire d'Hostius Quadra précède et introduit le développement sur les miroirs, où Sénèque ne revient pas sur le pouvoir de rétrovision, dont il a pourtant développé à l'instant les virtualités à travers cet exemple scabreux : il ne mentionne que la possibilité de regarder le soleil et celle de contempler son visage. Encore n'est-ce point en vue de la parure, mais « afin que l'homme se connaisse lui-même ». Et de reprendre l'argumentation morale traditionnelle : « Beau, il évitera ce qui le dégraderait ; laid, il sait qu'il faut compenser les défauts du corps par les qualités intérieures. » Le motif du miroir du philosophe répond donc au miroir du débauché, qui transmue l'introspection en extrospection spectaculaire, « étalant en pleine lumière ce qu'aucune nuit n'est assez profonde pour voiler » et « souillant ses yeux d'œuvres qui, même demeurées secrètes, n'en pèsent pas moins sur la conscience, et que le coupable ne veut pas s'avouer à lui-même ».

D'autre part, ce texte surprenant, qui place une étude « scientifique » des miroirs sous le patronage d'un champion de la débauche, de l'exhibitionnisme et du voyeurisme, met en évidence la plurifonctionnalité du miroir. Il est, en

---

1. Assumés peut-être par le héros de l'histoire et, sans aucun doute, pris en charge par Sénèque qui les relate.

l'occurrence, à la fois miroir réfléchissant, loupe grossissante et instrument producteur d'une vision holographique, puisqu'il permet d'embrasser les faces multiples d'une même action, et même plusieurs opérations simultanées, qu'il donne à voir sous tous les angles. Enfin, dans la mesure où il est supposé compenser la cécité résultant de la position du protagoniste, on peut dire que ce miroir est l'équivalent d'une miraculeuse paire de lunettes pour aveugle.

Par son excès même, ce récit fait apparaître un trait constant des représentations antiques du miroir : la multiplicité des pouvoirs qui lui sont attribués. Tout se passe comme si le miroir, qui est sans doute le plus ancien des instruments d'optique, cumulait, au niveau fantasmatique, toutes les fonctions qui seront assumées par d'autres appareils, au fur et à mesure de leur invention. Tout ce qui relève de l'optique, des divers outils techniques en relation avec la vue, tout cela se trouve déjà en germe sur le disque métallique du miroir. Auxiliaire de l'œil dont il élargit le champ de vision, cette première prothèse oculaire se voit dotée de tous les pouvoirs visuels et supravisuels imaginables. En permettant la contemplation du soleil, ou, inversement, en obturant les regards du savant désireux de se couper du monde pour mieux se concentrer sur les idées, il fonctionne déjà comme nos lunettes noires. Tantôt projecteur, tantôt outil d'exploration interne, il est aussi, nous le verrons, fenêtre donnant sur les mondes invisibles des dieux, des morts, du futur ou du passé. Et si l'on en croit Aristote et Pline, le disque métallique qui, au fond des gynécées, s'imprègne de sang, possède déjà l'efficacité d'une plaque photographique, sinon radiographique. Quant à Hostius Quadra, qui exploite avec tant d'ardeur les ressources de l'instrument, il préfigure les usagers futurs d'appareils autrement sophistiqués. Au siècle dernier le personnage se serait, sans nul doute, fait photographier sous toutes les coutures. Dès l'invention du cinéma, une caméra l'aurait filmé dans toutes les postures. Et il serait aujourd'hui un virtuose du camescope. Ce que serait également, mais à des fins professionnelles, l'homme politique Démosthène.

Pourquoi, cependant, cette première prothèse visuelle, dont les hommes usent abondamment aux niveaux métaphorique et symbolique, et assez honteusement sur le plan pratique, est-elle prétendument réservée aux femmes ?

Une remarque s'impose. Dans l'énumération que donne Sénèque de tout ce que le miroir permet de voir, que ce soit conformément aux intentions de la nature, ou de façon transgressive, il est question du soleil, du visage et du postérieur d'Hostius Quadra, qui s'en sert comme d'un réceptacle sexuel. C'est-à-dire comme d'un équivalent de sexe féminin. Mais de ce dernier, il n'est nullement question. Preuve supplémentaire de l'absence totale de sujet féminin dans les préoccupations des auteurs anciens. Pourtant, s'il existe une infériorité naturelle de la femme par rapport à l'homme, c'est bien l'impossibilité où elle se trouve – à moins d'être contorsionniste – de voir directement son propre sexe. Elle n'a qu'une vision très partielle de cette portion de son corps qu'aujourd'hui le grand public peut contempler ouvertement, en peinture, sous l'intitulé *L'Origine du monde*. Est-ce pour compenser cette infirmité naturelle que les imagiers grecs la dotent généreusement de cet appendice visuel métallique ? Les peintres seraient-ils, de tout temps, plus spontanément gynophiles que les philosophes ? Toujours est-il que le miroir, dont l'utilisation a, très explicitement, une finalité érotique et sexuelle, est réservé à celui des deux sexes qui ne peut voir son sexe, et que rien n'en est dit.

À moins que, dans le silence des textes anciens, l'étrange croyance au miroir mystérieusement taché par les menstruations, ce miroir qui sait lire dans le ventre des femmes, n'ait, par un très inconscient déplacement métonymique, quelque chose à voir avec cela. Une rumeur venue du fond des gynécées, rapportée par un philosophe misogyne, bien éloigné d'en pouvoir soupçonner la portée...

IX

AU-DELÀ DU MIROIR

La mort du débauché romain Hostius Quadra ne fut guère plus édifiante que sa vie. Il périt, assassiné par ses gens, mais à cause de son avarice plutôt que de son immoralité. Et Sénèque conclut le récit par ce commentaire : « La mort de cet homme a peut-être été si prompte qu'il n'a pas eu le temps de se voir assassiner. On aurait dû l'immoler devant son miroir [1]. » Cette oraison funèbre est aussi pertinente que significative. La mort au miroir est un motif qui traverse l'imaginaire antique.

La mort en ce miroir

La relation est plus ou moins directe, certes, et tient parfois essentiellement au contexte dans lequel intervient le miroir. Ainsi des tragédies d'Euripide. Les femmes y jouent un rôle considérable, le miroir est leur attribut et, tragédie oblige, la mort est presque toujours au rendez-vous. Ce qui explique, mais en partie seulement, que les occurrences du miroir viennent s'insérer dans un ensemble de notations inquiétantes, sinon totalement funèbres. Le miroir d'Hélène (c'est un *topos*) rappelle constamment que

---

1. Sénèque, *Questions naturelles*, I, XVI, 9.

la beauté de la protégée d'Aphrodite a causé le malheur de milliers d'hommes. Celui de sa sœur Clytemnestre est mentionné par Électre pour dénoncer la coquetterie indécente de la reine, comportement qui préfigure son infidélité criminelle [1]. Beauté, érotisme et mort violente s'enchaînent et le miroir, collaborateur et instrument des deux premiers termes, se trouve inéluctablement associé au troisième.

Ces associations sémantiques transparaissent dans un passage de l'*Hécube*, qui met en scène les Troyennes réduites en esclavage. Elles se souviennent de la dernière nuit de Troie et de leur insouciance, alors que déjà les Grecs avaient pénétré dans la ville : « Et moi, libérant mes boucles de leur bandeau, je les arrangeais, le regard posé sur les lueurs infinies d'un miroir d'or [2]. » Cette scène de gynécée contribue à créer une antithèse poignante entre les derniers instants de bonheur et l'horreur qui va suivre – déjà rappelée par le chœur dans une strophe précédente. Le miroir dont l'orbe lumineux reflète les chevelures libérées pour la nuit constitue l'un des éléments de ce tableau de genre, qui évoque aussi le repas, les danses, le sommeil, la quiétude de la chambre conjugale, où les armes de l'époux sont imprudemment rangées, tous signes de la nonchalance fatale de la cité assiégée. Mais le miroir, qui réfléchit la beauté des Troyennes, vaut surtout comme l'emblème d'un certain mode de regard, regard féminin, borné et clos, limité à la parure. Le verbe qui dénote ce regard complaisamment porté sur soi, *leussousa*, au vers 925, répond en écho à l'expression du vers 921, « sans voir la troupe [des Grecs] », *ouketh' horon omilon*. Les Troyennes à leur miroir sont le paradigme de la fastueuse Troie, asiatique, féminisée donc, captive du luxe et des plaisirs, qui parce qu'elle ne voit pas plus loin que le bout de son nez s'apprête à tomber aux mains des Grecs, ces héros virils, qui savent refuser le repos du guerrier. Elles sont aussi, et

---

1. Euripide, *Oreste* ; *Troyennes*, 1107 ; *Électre*, 1071.
2. Euripide, *Hécube*, 923-926.

leurs époux troyens avec elles, semblables à ces oiseaux que d'autres chasseurs grecs capturent en les attirant par un reflet trompeur.

Mais dans *Médée*, l'usage que fait Euripide du miroir est plus complexe. Il annonce et accompagne la mort spectaculaire de la nouvelle épouse de Jason. La scène est rapportée par le messager, qui détaille les mimiques de la jeune femme, Glauké, en train d'essayer la parure que lui a envoyée Médée, en témoignage de réconciliation : « Elle avait déjà pris le voile diapré pour s'en revêtir. La couronne d'or posée sur les boucles de sa chevelure, à la clarté d'un miroir, elle arrange sa coiffure, souriant à l'image inanimée de sa personne [1]. »

Ce tableau conventionnel de la coquette au miroir serait mièvre si le miroir ne le troublait dans l'instant. Car le reflet qu'il tend aux regards souriants de Glauké est une « image inanimée » (*apsuchon eikon*). L'épithète pourrait dénoncer le caractère factice de l'*eikon* qui ne présente que l'apparence d'un « corps sans âme ». Mais le terme *apsuchon* dénote habituellement l'absence de vie [2], et cette image « inanimée », apparue sur le miroir, annonce ainsi, en préfigurant un futur tout proche, le dénouement de la scène. L'image, l'*eikon*, anticipe sur l'événement tout en dévoilant la signification de l'apparence. La parure de Glauké, le spectateur le sait, est sa mort, la mort que lui a préparée Médée, et c'est à l'image d'une presque morte que la jeune femme, inconsciente, sourit.

Toute la suite de la description se construit sur une série d'antithèses entre la phase initiale, l'essayage du voile et de la couronne, et, très vite, les étapes de la décomposition de sa parure sous l'effet du poison. À la chevelure qu'elle dispose avec soin (vers 1160) répond celle qu'elle

---

1. Euripide, *Médée*, 1159-1162. Dans sa *Médée*, Sénèque ne reprend pas le motif de la mort devant le miroir.
2. Cf. Euripide, *Troyennes*, 623 : Achille, à qui Iphigénie a été sacrifiée, est « un mort sans vie » (*apsuchon nekron*), expression qui n'est pas seulement un pléonasme paradoxal.

secoue désespérément (vers 1196). Aux regards qu'elle porte sur elle-même, dressée bien droite (1166 [1]), s'opposent ses prunelles révulsées (1174-1175). Les voiles colorés dont elle s'est enveloppée (1159) ont, dans leur minceur (1188), pénétré les chairs blanches de la malheureuse qu'ils rongent (1189). Et l'or de la couronne posée sur ses boucles (1160), qu'elle essayait devant son miroir brillant, s'est fait feu dévorant, enserrant sa tête (1186-1187), entrave de flamme soudée à elle (1193-1194). Le texte est sous-tendu par des séries d'associations qui composent l'environnement sémantique du miroir : chevelure, regard, éclat, feu. Tout cela s'embrase et consume la malheureuse.

En définitive, sous l'effet de ce funeste *cosmos* (le terme désigne la parure, à la fois comme objet et comme opération), Glauké n'est même plus une image inanimée, et pas même un cadavre : elle est décomposée, déformée, méconnaissable. On ne distingue ni le contour de ses yeux, ni les beaux traits de son visage (1196-1198). Il ne reste d'elle qu'un amas de chairs, de sang et d'ossements.

Cette brutale destruction produite par le poison (*pharmakon*) de la magicienne est vécue et retransmise par les témoins comme un événement essentiellement visuel. Métamorphose spectaculaire qui, en quelques instants, décompose la beauté et la réduit à un tas de matière informe. La description de cette opération est ponctuée par le vocabulaire de la vision. C'est la vue du voile et de la couronne qui suscite chez Glauké le désir de se parer, de s'admirer, avant de paraître en public et de se montrer. La mention de ses regards et de ses yeux marque les diverses phases de la transformation : contemplation heureuse (1162-1167), évanouissement convulsif et perte de la vision (1174-1175), réveil douloureux (1184), et enfin abolition, dans la mort, de toute apparence visible. S'y ajoutent les regards du premier témoin, la vieille servante (1173), ceux

---

1. Grammaticalement, la notion de rectitude est associée à la pose de Glauké. Mais le terme *orthon* est juxtaposé au mot *omma*.

du père [1], et les commentaires du messager : « spectacle terrible à voir » (1167, 1202).

L'arrivée du père redouble cette première mort. Car Créon, en étreignant sa fille, reste soudé au voile et ses chairs se décomposent, rongées à leur tour par le poison. Dans cette chaîne de contagions, de la parure mortelle à Glauké, de la fille à son père, le miroir s'insère et joue un rôle, lui qui a fait surgir l'image inanimée de la jeune femme. Ami et confident à qui la coquette fait appel, auxiliaire et spectateur de sa parure, le miroir se fait l'annonciateur d'une décomposition inverse de tout ce qu'implique la notion de *cosmos*, qui se veut mise en ordre et beauté. Il devient le témoin d'une désagrégation surnaturelle qui, par l'art de la magicienne, accélère prodigieusement le processus habituel de la mort et de la corruption.

Ce miroir de mort, Euripide le nomme *katoptron*, alors qu'il emploie plus volontiers le terme *enoptron*. Le préfixe *kata* (« de haut en bas ») prend ici sa dimension infernale, celle qu'il possède dans le mot *katabase*, qui désigne une descente aux Enfers, ainsi que dans l'expression « ceux d'en bas », qui évoque, en les mettant prudemment à distance, les habitants du monde souterrain. Ceux-ci sont également appelés *kamontes*, « les fatigués », comme l'est le reflet ombreux du miroir, ou encore tantôt *psuchai*, âmes, tantôt *apsuchai*, inanimés et sans vie.

Le lien qui unit le miroir à la mort est plus étroit et plus manifeste dans le mythe orphique de la mort du jeune Dionysos, nommé aussi Zagreus, né de l'union de Perséphone et de Zeus. Voici comment débute le récit qu'en fait Nonnos : « Il n'occupa pas longtemps le trône de Zeus, car, poussés par le courroux d'une divinité cruelle, la vindicative Héra, les Titans, ayant enduit de gypse trompeur les orbes dissimulés de leurs faces, le prirent au piège de leur cou-

---

1. Son regard est évoqué bien avant son arrivée : en 1196, le texte dit que Glauké en flamme, tombée à terre, est déjà entièrement méconnaissable, sauf à l'œil d'un père.

teau infernal, tandis qu'il observait son apparence factice dans un miroir réfléchissant [1]. »

Ce texte est tardif, puisque Nonnos est un poète érudit du Ve siècle de notre ère, mais le mythe qu'il relate est ancien et bien attesté [2]. Selon les témoignages antérieurs, le miroir n'est que l'un des appâts, osselets, toupie, rhombe, crécelle, pomme, grâce auxquels les meurtriers de Dionysos détournent l'attention du jeune dieu pour le prendre au piège. Ces objets, dont la liste varie selon les auteurs, ont été interprétés, depuis l'Antiquité, comme des accessoires mystiques à usage initiatique. Il n'est pas question de reprendre ici cette question difficile, qui exigerait que l'on resitue la séquence de la mise à mort de Dionysos, d'abord dans le mythe théologique orphique dont elle est le cœur, et pour lequel elle a sans doute été créée, ensuite dans le courant d'exégèse néoplatonicienne, où le miroir de Dionysos joue un rôle allégorique [3]. L'œuvre de Nonnos est convoquée ici à titre de somme mythologique, et de conservatoire de textes et de traditions disparues. Ce passage met en scène l'enfant Dionysos fasciné par un miroir, qui, dans d'autres textes, fait partie d'une série de beaux jouets, destinés à séduire l'enfant et à le captiver.

Le petit dieu s'amuse-t-il, comme le philosophe, à y faire tourbillonner des mondes illusoires, à créer « en un clin d'œil, en tournant le miroir de tous les côtés, le soleil et les astres dans le ciel, la terre, les êtres vivants, les meubles et les plantes [4]... » ? Ou préfère-t-il, à ces jeux cosmiques, l'usage féminin du miroir et la contemplation complaisante de sa propre image ? Nous parions plutôt sur cette seconde hypothèse. On connaît les accointances de Dionysos avec les femmes, et l'on sait qu'à partir du IVe siècle les artistes lui ôteront son apparence virile pour

---

1. Nonnos, *Dionysiaques*, VI, 172 *sq*.
2. Probablement constitué au VIe siècle avant notre ère. Voir H. Jeanmaire, 1951, p. 370-390 ; M. Detienne, 1977, p. 163 *sq*.
3. Cf. *infra*, « Les métamorphoses de Narcisse ».
4. Platon, *République*, X, 596 d-e. Cf. *supra*, « Un objet paradoxal ».

le représenter sous la forme d'un éphèbe alangui, qui n'en sera pas moins l'ardent époux d'Ariane. Mais surtout ce récit renvoie à l'autre tradition, plus orthodoxe, des enfances de Dionysos, fils de Sémélé celui-là, également poursuivi par la jalousie d'Héra.

Après sa gestation perturbée et après la seconde naissance du bébé, Zeus confie son rejeton à Hermès qui le remet à sa tante Ino et à son époux Athamas. Pour mieux cacher l'enfant, raconte Apollodore, on l'élève comme une fille [1]. Précaution bien inutile, car rien n'échappe à Héra qui punit cruellement les protecteurs de Dionysos en les frappant de folie. Le déguisement féminin et l'éducation que reçoit l'enfant répondent, dans ce mythe, au miroir dans le mythe orphique ; avec les variations et les oppositions obligées entre mythes. Dans un cas la robe de fille se veut protection, dans l'autre le miroir est l'instrument du piège. Ici l'enfant sera provisoirement dépecé, là Zeus intervient à temps, mais plus tard Héra réussira à frapper Dionysos de folie...

Quelle que soit l'intrigue du récit mythique, l'environnement du petit dieu est, dans tous les cas, un univers féminin, le monde des étoffes, des babioles et de la parure, parce que c'est le cadre de la petite enfance. Le miroir où il se complaît à saisir son image est celui du gynécée, d'où Dionysos n'est pas encore sorti. Peut-être s'y attardait-il, et sa faute, s'il y a faute selon certaines traditions, se situerait alors dans cette temporisation. L'un des témoignages glisse aussi une poupée, un jouet de fille, parmi les objets qui attirent les regards du jeune dieu.

Dans le miroir trompeur, l'enfant divin trouve la mort, victime de plusieurs pièges surajoutés. Celui de son image reflétée, une « forme falsifiée » (*nothon eidos*), dit Nonnos.

---

1. Apollodore, *Bibliothèque*, III, 4, 3. À ces deux récits de persécution de Dionysos, il faut adjoindre l'histoire de Lycurgue, qui, selon une tradition, causa une telle peur au petit dieu, craintif (comme une fille ?), qu'il sauta dans la mer et se réfugia auprès de Thétis.

L'adjectif *nothos* s'oppose généralement à *gnesios*, légitime, bien né, pour désigner le bâtard. Le terme a déjà été employé par Nonnos pour qualifier le reflet de Perséphone – la jeune mère de ce petit Dionysos – se parant devant son miroir [1]. Il fait partie du vocabulaire du reflet dans la mesure où il dénote quelque chose de faux, de corrompu, une contrefaçon par rapport à l'original. Cette image falsifiée est épiée par l'enfant. Le verbe qui définit son regard est le verbe homérique *opipeuo*, qui s'applique à l'espionnage, et comporte une connotation d'indiscrétion, de curiosité malsaine, sinon de voyeurisme [2].

Le texte suggère ainsi que le doublet bâtard que Dionysos se complaît à guetter n'est pas absolument lui-même. Captivé par l'*autre* de son visage, il perdra son identité dans cette contemplation, qui est présentée comme la transgression d'un interdit. Interdit masculin du miroir, avant même que les philosophes ne lui confèrent une dimension métaphysique.

L'enfant est puni de sa curiosité par le surgissement, derrière son dos, des Titans déguisés en épouvantails, qu'il n'a pas vus venir, alors que leurs faces blanchies auraient dû, elles aussi, apparaître dans le miroir. Le petit garçon n'a donc pas su utiliser le miroir comme un rétroviseur, usage licite pour l'homme depuis qu'Athéna l'a enseigné à Persée. Insoucieux du monde extérieur, inconscient de ses dangers, il s'est, comme une fille, comme les Troyennes, perdu dans la contemplation de sa contrefaçon.

Ses meurtriers, ogres sans scrupules, vont découper en morceaux le petit dieu, pour le cuisiner sauvagement [3] et le dévorer. Mais, précise Nonnos, il subit ce dépeçage sous la

---

1. Nonnos, *op. cit.*, V, 600. Jean Pépin (1970, p. 313 et 320, et n. 54) traduit *nothon* par « déformé », en évoquant les « miroirs multiples » (*polla katoptra*) de Plotin, et songe à un miroir à facettes, producteur d'images *facétieuses*, annonciatrices de sa division.
2. Homère, *Odyssée*, 19, 67 ; Hésiode, *Travaux*, 29.
3. Sur le caractère transgressif de cette cuisine, cf. M. Detienne, *op. cit.*

forme d'un taureau, et à la suite d'une bizarre série de métamorphoses auxquelles il se livre pendant son découpage même. Si bien que l'on peut se demander si ce qui absorbait l'enfant dans le miroir n'était pas déjà, en même temps que la découverte de son visage, le jeu de la polymorphie dionysiaque, son identité spécifique, dont il serait la première victime, et dont le miroir lui révélait les pouvoirs et la multiplicité, que les Titans croquemitaines matérialisent ironiquement en le hachant menu. La personnalité divine de Dionysos redouble ainsi l'ambivalence foncière du miroir, tout à la fois piège trompeur et révélateur authentique d'une altérité... qui lui tient lieu d'identité. Mais la mort qui lui vient du miroir n'est pas, pour lui, irréversible, car Athéna, dans la mêlée, a préservé le cœur du dieu, qui sera dès lors reconstitué en son entier.

À ces témoignages textuels, qui disent la mort aux aguets derrière le miroir, on peut joindre un document iconographique singulier. Un vase lucanien du musée de Naples représente Oreste, poursuivi par les Érinyes, après le meurtre de sa mère [ill. 30 [1]]. Deux furies entourent le fugitif, qui tente de les éloigner à l'aide d'un poignard et d'une torche. L'une d'elles tient deux serpents dont elle menace Oreste. L'autre brandit d'une main un serpent et de l'autre un miroir, orienté vers le héros. Sur la surface du miroir apparaît, très distinct, un visage de femme couronné d'un diadème. Il ne peut s'agir que de Clytemnestre, et le fils meurtrier s'en détourne, horrifié. Ce reflet, dont l'original n'est pas visible, est-il une trace, une empreinte laissée sur le miroir de la reine par les contemplations d'antan, et réactivée par le pouvoir des divinités vengeresses ? Ou bien son double spectral en personne, remontant des Enfers pour émerger à la lumière des vivants, en passant à travers le miroir ?

---

1. Nestoris (variété d'amphore) lucanien, Naples, H 1984, inv. 8212 ; Trendall LCS, 113 (588) ; Aellen, 1994, 87. Ce vase est restauré.

De la divination

La voie, à double sens, qui traverse le miroir peut déboucher sur d'autres « au-delà » que celui de la mort. En particulier sur le monde du futur. Tout permet de penser que la divination par le miroir était pratiquée dans le monde grec ancien. Cependant, pour l'époque classique, les témoignages ne sont guère précis. Et les quelques textes qui y font allusion se réfèrent à des pratiques qui ne sont pas exclusivement catoptromantiques, mais font toujours intervenir un autre facteur divinatoire [1].

L'exemple le plus ancien se trouve dans les *Acharniens* d'Aristophane [2]. Il s'agit de la scène où Lamachos, le général bravache, s'équipe, à contrecœur, pour partir en guerre, tandis que parallèlement Dicéopolis s'apprête à festoyer grâce à la trêve personnelle qu'il a conclue. Lamachos raconte qu'il voit sur le bronze, huilé par son serviteur pour le rendre plus brillant, « un vieillard qui sera poursuivi pour lâcheté ». La pratique divinatoire que parodie ici Aristophane n'est pas exactement de la catoptromancie, non point parce que le miroir utilisé en l'occurrence est un bouclier, mais parce qu'il est recouvert d'huile et que c'est cette surface huileuse qui produit l'image oraculaire. En commentant ce passage, les scholiastes recourent à deux explications. L'une fait allusion à la « lécanomancie » : « Il y a des gens qui pratiquent la divination en regardant dans l'huile. [Lamachos] fait reluire le bouclier en versant de l'huile sur la plaque d'airain, ensuite, comme elle est devenue brillante, il y regarde comme sur un miroir et dit : *je vois...* » L'autre évoque les armes que l'on astique afin d'éblouir l'ennemi et de le terrifier : « C'est l'habitude pour

---

[1]. Cf. A. Delatte, 1932. Fait significatif de la pauvreté des témoignages, les deux ouvrages récents consacrés à la magie : André Bernand, 1991 et Fritz Graf, 1994, ne font aucune place au miroir.

[2]. Aristophane, *Acharniens*, 1128 sq. Et scholies *ad. loc.*

ceux qui partent au combat de fourbir leurs armes afin que par leur aspect brillant elles effrayent l'ennemi, et après l'astiquage on verse de l'huile pour qu'elles étincellent en recevant les rayons du soleil. » L'un des scholiastes cite Homère à propos de l'éblouissement provoqué par l'éclat du bronze [1], avant de conclure : « Il dit cela comme s'il pratiquait la divination. » Malgré sa présentation confuse, ce commentaire nous renseigne sur le processus qui détermine ce type de divination. La lécanomancie devait jouer sur l'éblouissement qui supprimait l'objet et y substituait des visions. « Comme s'il ne pouvait plus voir le bouclier à cause de l'éclat », précise le scholiaste qui cite Homère. L'éblouissement provoquait une quasi-cécité accompagnée d'hallucinations.

Cette technique de divination repose sur un principe analogue à la cécité du devin, Tirésias en particulier, chez qui la seconde vue est une compensation de son infirmité... ou pour qui le renoncement à la vision du monde « réel » est indispensable à l'obtention de la vision « autre ». La catoptromancie, avec ou sans huile, mettrait ainsi en œuvre l'éclat, l'excès de luminosité, ce qui signifie qu'elle procède par abolition de la vue, à la suite d'un surplus de lumière [2]. Ce processus évoque aussi l'usage du miroir que l'on prête à Démocrite, qui s'aveuglait en s'éblouissant, pour mieux s'adonner à la réflexion et à l'examen, tout intérieur, des concepts.

La seconde allusion, encore plus indirecte, à la catoptromancie, met en avant, au contraire, la netteté de l'image reçue par le support brillant. Mais le miroir n'est autre que la surface du foie, et le témoignage est celui de Platon qui, dans le *Timée*, explique les rêves par une apparition d'images sur cet organe lisse et brillant, « comme sur un

---

1. Xénophon, *Cyropédie*, VII, 1, 2, compare l'éclat des armes de Cyrus à celui d'un miroir.
2. Ce qui arrive à Tirésias, aveuglé pour avoir vu de ses yeux le corps divin d'Athéna.

miroir recevant des empreintes et permettant de voir des *eidola* [1] ». Le foie est donc un miroir logé à l'intérieur du corps humain, dans la partie basse de l'âme. À l'état de veille, sa surface lisse et brillante reçoit les visions que lui envoie l'intellect, peur, souffrance ou, au contraire, apaisement, et, pendant le sommeil, l'intellect relâche cette partie de l'âme qui sert de logement au foie, et la rend apte à la divination, car elle ne participe ni des raisonnements ni de la réflexion : le foie recueille alors les images envoyées par les dieux, ces *phantasmata* que les devins se chargent d'interpréter.

Dans cette comparaison, le miroir est envisagé dans sa fonction de capteur d'images. Mais, en l'occurrence, ce miroir est un organe interne. Et la technique divinatoire dont il s'agit est l'oniromancie. Mais la relation est probable avec la hiéroscopie, autre pratique divinatoire qui procède par l'examen des entrailles des victimes sacrificielles, en particulier du foie, dont la surface miroitante reçoit et affiche les *tupoi*, les signes envoyés par les divinités. Cette section de la hiéroscopie a pour nom hépatoscopie.

Catoptromancie et oniromancie connaissent d'ailleurs d'autres connexions. Artémidore, qui nous livre les clés de la seconde, mentionne, parmi les signes vus en rêve, le miroir et son pouvoir révélateur, ainsi que celui des surfaces aquatiques : « Rêver que l'on se mire dans l'eau annonce la mort [2]. » Dans ce dernier cas, il s'agit à la fois d'oniromancie et d'hydromancie.

Aristote rapproche les deux pratiques, à titre de comparaison. Chacun, dit-il, est capable d'interpréter les songes véridiques, mais il faut être bien habile pour interpréter les ressemblances, car les images des rêves sont à peu près semblables aux représentations d'objets dans l'eau : si le

---

1. Platon, *Timée*, 72b. La rate a pour fonction d'astiquer le miroir du foie. Cf. la conception du rêve chez Démocrite, *supra*, « Optique et catoptrique ».
2. Artémidore, *La Clé des songes*, II,7.

mouvement du liquide est violent, la représentation n'est aucunement semblable et la copie ne ressemble pas à l'original. Un bon interprète est celui qui peut distinguer et reconnaître rapidement les images disloquées qui se présentent en désordre et dire : « Ceci est un homme ou ceci est un cheval [1]. »

Cette comparaison, si elle fait allusion à une technique hydromantique, implique une vision floue, troublée, et non point l'éblouissement résultant d'un éclat excessif. Au total, ces procédures divinatoires, qui souvent s'interpénètrent et s'additionnent, fonctionnent à la périphérie de la vision normale, en produisant la seconde vue, celle qui atteint un au-delà du présent, à partir d'un en deçà de la vision habituelle. En mettant en jeu cela même par quoi la vision dans le miroir se différencie de la vision directe, manque, ou surplus, oscillant entre infravision et supravision.

Le seul témoignage concret sur une pratique oraculaire par catoptromancie nous vient de Pausanias [2]. À Patras, raconte-t-il, « devant le temple de Déméter, se trouve une source ; du côté qui donne sur le temple on a édifié un mur de pierre, mais vers l'extérieur on a construit une descente qui mène à la source ; il y a là un oracle infaillible, qui ne vaut pas pour tous les problèmes, mais seulement pour les malades (*kamnontes*). On y descend un miroir attaché à une cordelette très fine, dont la longueur a été mesurée pour qu'il ne s'enfonce pas dans la source mais que son disque effleure tout juste l'eau. Après avoir prié la déesse et brûlé de l'encens, les consultants regardent dans le miroir et celui-ci leur montre le malade vivant ou mort. »

De toute évidence, cette source constitue, au sein du sanctuaire de Déméter, un lieu d'ouverture sur le monde d'en bas, monde des morts, où le présent, le passé et le futur

---

1. Aristote, *De la divination dans le sommeil*, 464b.
2. Pausanias, *Description de la Grèce*, VII, 21, 12. Il mentionne un autre oracle, purement hydromantique celui-là, en Lycie, dépendant d'Apollon. Cf. aussi Strabon, *Géographie*, 16, 2, 39.

communiquent, comme le montre déjà, dans l'*Odyssée*, l'aventure d'Ulysse à l'orée des Enfers : le héros s'y rend, malgré les dangers, pour apprendre de Tirésias, désormais chez les morts, ce qui s'est passé dans le monde pendant sa longue absence et ce qui l'attend en rentrant à Ithaque.

À Patras, la consultation, qui porte sur l'issue d'une maladie, sur l'avenir donc et sur la mort tout à la fois, consiste en une succession de catabases : descente du consultant jusqu'à la source, du miroir jusqu'à l'eau, du regard enfin jusqu'au miroir, *katoptron*. Celui-ci enregistre et transmet les images qui montent en ce lieu de passage et émergent à travers une première surface réfléchissante. La catoptromancie relaie donc ici l'hydromancie, en révélant un autre aspect des rapports du miroir avec les eaux.

Pausanias ne donne aucune information sur la qualité des images qui indiquent le sort du malade. Mais le miroir paraît jouer ici le rôle d'un interprète, chargé de clarifier les formes floues, désordonnées et disloquées, dirait Aristote, qui sont censées surgir dans l'obscurité de la source. Il est l'œil qui ordonne, qui rend visible, qui montre et fait savoir.

Le reflet des dieux

Instrument de médiation vers tous les invisibles, le miroir doit ouvrir aussi sur le monde des dieux. On peut aisément spéculer sur les pratiques initiatiques, comme sur les pratiques magiques des anciens Grecs. Le rôle du miroir y est plausible. Mais les premières sont secrètes, les secondes plus ou moins illicites. Elles sont donc, les unes et les autres, très mal attestées [1]. La fonction religieuse du

---

1. Cf. *supra*, note 1, p. 151. Quelques vagues allusions cependant : Aristophane, *Nuées*, où Strepsiade veut acheter une magicienne thessalienne pour faire descendre la lune, et l'enfermer dans un étui rond, comme un miroir ; Platon, *Gorgias*, 513a ; Pline, *Histoire naturelle*, XXX,

miroir est cependant manifeste à Lycosoura, en Arcadie. Et c'est à nouveau Pausanias qui en rapporte les modalités.

Dans le temple de la Despoina, célèbre pour son groupe de statues trônant, qui figure la divinité des lieux, la *Despoina*, c'est-à-dire la Maîtresse, nommée aussi Perséphone ou Coré, en compagnie de sa mère Déméter [1], se trouve un miroir, encastré dans la muraille, près de la sortie. Bizarrement ce miroir ne reflète pas ceux qui s'y regardent, ou alors très faiblement (*amudrôs*) mais, en revanche, les effigies (*agalmata*) des déesses et leur trône y sont clairement visibles (*enargôs theasasthai* [2]).

Ce miroir sélectif inverse paradoxalement les propriétés des miroirs ordinaires, en substituant à l'image attendue du spectateur qui s'en approche, la vision des déesses, plus lointaines, présentes dans leurs statues de marbre. Comme dans le cas de l'oracle de Patras, ce miroir ne reflète pas un original, par nature invisible, en l'occurrence les divinités, mais une image de cet original, rendue visible aux regards infirmes des humains par l'art du sculpteur. La médiation supplémentaire qu'introduit le miroir a-t-elle pour but d'accentuer la distance qui sépare le divin de la perception que peuvent en avoir les fidèles ? Ou bien la transmutation, en pur reflet, des lourdes effigies, vise-t-elle à en dissoudre la matérialité marmoréenne, pour restituer à la divinité son essence impalpable ? La disposition de ce miroir, dans un contexte cultuel, cherche à provoquer, par un artifice ingénieux [3], l'équivalent d'une épiphanie [4]. C'est ce que semble indiquer l'emploi de l'adverbe

---

1 ; Virgile, *Bucoliques*, 8, 69 ; Pollux, *Vocabulaire*, X, 126. La défense d'Apulée, accusé de posséder un miroir, s'inscrit dans le cadre d'une accusation de magie. Voir F. Graf, *op. cit*.

1. Œuvre de Damophon, ce groupe en partie retrouvé est exposé au musée d'Athènes.

2. Pausanias, *Description de la Grèce*, VIII, 37,7.

3. Pline, *op. cit.*, XXXIII, 125, après avoir cité les miroirs multiples, créateurs d'un « peuple d'images », mentionne, à Smyrne, un miroir producteur de prodiges (*specula monstrifica, ut in templo Zmyrnae dicitur*).

4. Une pratique équivalente à ce que les néoplatoniciens évoquent

enargôs, « en toute clarté », correspondant à l'adjectif *enargès*, qui chez Homère dénote une apparition divine et qualifie le vif éclat par quoi se manifeste la divinité [1]. Pour bénéficier de cette lumineuse apparition, le fidèle, ou le visiteur, doit renoncer, d'une part, à la vision directe des statues, auxquelles nécessairement il tourne le dos, d'autre part, à la contemplation attendue de ses propres traits, trop humains sans doute, que ce miroir reservé aux déesses obscurcit, quand il ne les abolit pas complètement.

L'indispensable partage entre la vision de l'ici-bas et le regard sur l'au-delà qu'autorise parfois le miroir se traduit ici concrètement, dans l'espace du sanctuaire, par une opposition entre la proximité familière du visage humain et l'éloignement réaffirmé du divin [2].

Le puits de la lune

On ne peut clore cette série de miroirs ouvrant sur d'autres mondes sans mentionner un miroir authentiquement cosmique : celui du puits de la lune, dont Lucien porte témoignage dans son *Histoire vraie*. Son héros fait le récit du voyage qui l'a mené dans la lune, et des choses extraordinaires qu'il a pu y voir. « J'ai vu une autre merveille dans le palais royal : un grand miroir est placé au-dessus d'un puits pas très profond ; si on descend dans le puits, on entend tout ce qui se dit chez nous sur la terre,

---

sous le nom d'*ellampsis* ; voir P. Boyancé, 1957, p. 57. Apulée justifie l'emploi du miroir par sa supériorité sur les arts plastiques en matière de ressemblance (*Apologie*, XIV).

1. Par exemple, Homère, *Iliade*, XX, 131 ; *Odyssée*, III, 420 ; voir J.-P. Vernant, 1986.
2. Dans le sanctuaire, voisin de celui de la Despoina, de Zeus Lycaios, Pausanias signale une autre inversion des conditions habituelles de la vue et de la vie sous la lumière du jour : les êtres vivants qui pénètrent dans cette enceinte interdite n'ont pas d'ombre, et les humains qui s'y aventurent meurent inévitablement dans l'année (Pausanias, *Description de la Grèce*, VIII, 38, 6).

et si l'on regarde en arrière vers le miroir, on voit toutes les villes et tous les pays comme si on se tenait au-dessus de chacun d'eux. Moi, j'ai vu alors ma famille et toute ma patrie, mais si eux m'ont vu également je ne peux pas encore le dire avec certitude. Celui qui ne croit pas que c'est ainsi n'a qu'à y aller lui aussi ; il verra que je dis vrai [1]. »

La description de ce miroir fantastique intervient juste après quelques notations anatomiques et ethnographiques concernant les organes et les modes de perception des Sélénites, et plus précisément leur vision et leur audition. Ces créatures sont pourvues d'yeux amovibles, qu'ils enlèvent lorsqu'ils n'ont pas envie de voir. Il leur arrive de les perdre, mais ils peuvent en emprunter, les échanger, ou en faire commerce. Et les gens riches n'hésitent pas à stocker autant d'yeux qu'ils peuvent en acheter. Pour leurs oreilles, ce sont des feuilles de platane, excepté chez ceux qui sont issus des glands : ceux-là ont des oreilles en bois, etc.

Tout le texte est ainsi tissé de plaisanteries, de jeux de mots, d'allusions mythologiques ou proverbiales, qui, sans aucun doute, nous échappent en partie. L'imaginaire collectif dans lequel s'enracine la verve créatrice de Lucien nous est cependant assez bien connu, en particulier par Plutarque. Son traité intitulé, selon la traduction d'Amyot, *Sur la face qui apparaît au dedans du rond de la lune* [2], rassemble la plupart des croyances antiques relatives à cet astre. La lune est un miroir, la lune est le miroir du soleil, et son disque en réfléchit les rayons, qu'elle brise et affaiblit, etc. D'autre part, la lune possède un visage. Et les savants expliquent ce phénomène en recourant également à la réflexion. La figure que l'on voit dans la lune serait le reflet de l'océan terrestre. Reste à expliquer le processus de ce pouvoir réfléchissant, par le matériau du disque lunaire, l'existence de nappes liquides ou tout autre dispositif catoptrique. Ces débats, rapportés en partie par Plutarque,

---

1. Lucien, *Histoire vraie*, 1, 26.
2. Plutarque, M. 920b-945e.

trouvent un écho parodique dans l'ingénieuse installation que Lucien fait décrire par son narrateur explorateur au centre de l'astre lunaire. Car ce miroir logé avec son puits dans le palais royal [1] est à la fois l'organe auriculo-visuel de la face lunaire et la réponse aux questions que se posent les savants. Cependant, le principe constant qui régit le récit est l'inversion systématique des conditions d'existence terrestre. C'est le cas du miroir de la lune : suspendu au-dessus d'un puits, il attire le regard vers le haut, reflétant ce qui se trouve en dessous, *katoptron* à l'envers, que Lucien pourrait nommer *anoptron*, en fabriquant, à l'aide du préfixe *ana* (« de bas en haut »), un composé qui n'a pas cours sur terre.

Avec le puits qui fonctionne comme un cornet acoustique, récoltant tous les sons qui sont aspirés vers lui, le miroir, où l'on peut voir en détail ce qui se passe sur terre, répond au désir fantasmatique du savoir total. Mais la vision panoramique à laquelle il donne accès n'est pas une vision directe, comme peut l'être celle des dieux, du moins celle d'Hélios, Soleil, qui d'en haut peut tout voir et tout entendre. Sur la lune aussi le miroir relaie la vision humaine – ou sélénite – dont il corrige les faiblesses. Instrument idéal, puisque produit de pure fiction, le miroir de la lune possède explicitement tous les pouvoirs visuels qui sont quelquefois attribués, de façon moins consciente, aux miroirs terrestres. Capteur total et loupe grossissante – de même que le puits est un conduit auditif amplificateur –, ce miroir est aussi fenêtre ouvrant sur cet autre monde qu'est la terre pour les Sélénites ; il est télescope, faisceau lumineux balayant l'étendue terrestre, et enregistreur d'images. Plus ludique et plus gratuite que celle d'Hostius Quadra, l'imagination visionnaire de Lucien préfigure bien des machines du futur, lorsqu'il installe sur notre satellite ce fabuleux appareil audio-visuel, qui fait déjà fonction de télé-viseur.

---

1. Il se peut qu'il y ait aussi un souvenir de l'appellation de l'envoyé du Grand Roi, inspecteur des provinces de l'Empire perse, nommé (comme celui de Moscou) l'Œil (*Ophthalmos*).

X

NARCISSE ET SES DOUBLES

Une analyse des croyances relatives au miroir débouche inévitablement sur le mythe de Narcisse. Cette histoire si féconde et si durable concentre en effet la quasi-totalité des motifs qui ont été répertoriés comme constitutifs de la représentation grecque du miroir et du reflet.

L'émergence de la légende est tardive puisque les premiers témoins datent du début de notre ère. Mais elle s'inscrit indéniablement dans la continuité des réflexions antérieures et se présente, à tous égards, comme l'aboutissement d'un travail d'élaboration portant sur la thématique du regard et sur la problématique de l'image et du double, de l'illusion et de la mimétique, et sur l'inquiétante ambivalence de leur efficacité.

Premiers pas

Le témoignage le plus connu, le plus important aussi, est celui d'Ovide, qui, quoique en latin, ressortit directement à la tradition grecque. Mais le premier témoin en langue grecque est Conon, un contemporain d'Ovide. Le schématisme de son récit laisse penser qu'il n'a pas lu les *Métamorphoses* et qu'il est sans doute plus proche des prototypes de la légende [1]. C'est donc par lui que nous commencerons.

« À Thespies, en Béotie (la ville n'est pas très loin de l'Hélicon), il y avait un garçon nommé Narcisse, très beau, mais qui dédaignait Éros et ses amants. Tous ceux qui l'aimaient finirent par se résigner, à l'exception d'Ameinias qui s'obstinait à faire sa cour. Mais Narcisse n'accédait pas à ses prières et lui envoya même une épée. Ameinias alors se tua devant la porte de Narcisse, en implorant la vengeance du dieu. Et Narcisse voyant son [propre] visage et sa beauté reflétés sur l'eau par une source devint, étrangement, son propre amant, le premier et le seul. Finalement, acculé au désespoir et comprenant qu'il souffrait justement pour avoir repoussé l'amour d'Ameinias, il se tua. À la suite de quoi, les habitants de Thespies décidèrent d'honorer et de servir davantage Éros, et de lui sacrifier, tant dans des cérémonies publiques qu'en privé. Et les gens du pays pensent que la fleur du narcisse est née de leur sol, là où fut versé le sang de Narcisse [2]. »

L'histoire est localisée, comme la plupart des versions [3], à Thespies. Et Conon la rattache explicitement au culte d'Éros [4], dont elle est présentée comme le récit explicatif (*aition*). Le contexte est donc tout à la fois religieux et érotique. Ses motifs principaux sont ceux de la beauté et du mépris de l'amour. Narcisse refuse la réciprocité qu'implique, et même exige l'amour. En termes platoniciens [5], il demeure insensible au processus que sa beauté, tout naturellement, déclenche, et il repousse le courant d'effluves

---

1. On peut supposer une source commune, et il n'est pas exclu qu'Ovide ait lu Conon ; voir L. Vinge, 1967, p. 21.
2. Conon, *Narrations*, 24 ; conservé par Photius, III, 134b (B.L, 1962), patriarche de Byzance au IXe siècle et compilateur très important.
3. Sauf chez Probus, à Virgile, *Bucoliques*, II, 48 : à Érétrie, en Eubée. Mais c'est une version très marginale : Narcisse y meurt assassiné par l'un de ses amoureux.
4. Dont l'importance dans cette cité est attestée par Pausanias, *Description de la Grèce*, IX, 27,1.
5. Platon, *Phèdre*, 232d.

érotico-visuels qui, de ses amoureux, revient vers lui. Pis encore, en lieu de contre-amour, d'image réfléchie d'amour, il envoie une épée. Le miroir (métaphorique) et le glaive sont d'ordinaire, on l'a vu, incompatibles et permutables. Ici, ils opposent non point la virilité à la féminité, mais la mort à l'amour. Ameinias, condamné à un amour sans retour, fait retour sur lui-même, et se tue. Ce suicide est la première manifestation, dans le récit, de la réflexivité comme substitut obligé de la réciprocité refusée. La langue grecque possède, avec le pronom réfléchi et la voix moyenne, les outils d'expression adéquats à la réflexivité [1]. L'acte s'accomplit devant la maison de Narcisse, dans un face à face incomplet, amputé de son second terme, qui se refuse derrière la porte close (comme celle d'une femme). Et il s'accompagne d'un appel à la vengeance divine. Le châtiment d'Éros met en œuvre à tous les niveaux la loi de la réflexivité, et la punition se doit d'être symétrique de la faute. C'est une caractéristique fréquente de l'action divine qui, par exemple, punit de cécité les transgressions visuelles : Tirésias l'a appris à ses dépens, lui qui, pour avoir entrevu le corps dénudé d'Athéna, a perdu l'usage de ses yeux.

Une histoire analogue au récit de Conon, relatée par Pausanias, raconte comment un jeune Athénien, dédaignant l'amour d'un métèque, ordonna à cet amant qu'il repoussait de se jeter du haut de l'Acropole, ce que l'autre fit sans attendre. Pris de remords, le jeune homme se jeta du même rocher. Les métèques d'Athènes instituèrent un culte au *daimon* Antéros, vengeur de l'amant repoussé [2]. Les analogies sont manifestes entre ces deux récits qui expliquent la fondation d'un culte, l'un d'Éros, l'autre de son doublet symétrique Antéros, « Amour réciproque ». Comme l'exige ce grand démon, le châtiment répond à la

---

1. Voir E. Pellizer, 1984, p. 304-320.
2. Pausanias, *op. cit.*, I, 30, 1. L'autel d'Antéros se trouvait sur l'Acropole ; celui d'Éros, consacré sous Pisistrate, à l'entrée de l'Académie.

faute et les deux protagonistes connaissent le même sort. Mais cette anecdote présente un intérêt particulier : elle se déroule à Athènes et les héros sont définis par leur statut politique, un Athénien et un métèque. Elle établit ainsi une relation explicite entre l'amour homosexuel et l'identité civique. Du point de vue de la stricte orthodoxie athénienne, telle qu'elle s'exprime au Ve siècle, en sa période la plus restrictive, on peut supposer que le jeune Athénien n'avait pas à répondre à l'amour d'un étranger domicilié à Athènes, qui, quels qu'aient été ses droits, son honorabilité et ses qualités personnelles, ne jouissait pas de la citoyenneté [1]. Quel modèle cet éraste pouvait-il offrir à un futur citoyen, quelle image qui ne soit pas altérée, marquée au sceau de sa propre marginalité ? Sans chercher à dater cette tradition et le culte qu'elle justifie, on peut interpréter de bien des façons les remords attribués au jeune homme et la fondation du culte d'Antéros : contradictions internes de l'idéologie athénienne, fluctuations de sa politique vis-à-vis des étrangers, revendications d'intégration de la part des métèques, etc. L'essentiel, pour nous, est que cette histoire indique que l'amour entre mâles met bien en jeu identité et altérité.

Dans le récit de Conon, la punition de Narcisse est, comme un reflet, à la fois parallèle – c'est l'amour – et inverse : amour de soi-même et non d'autrui. Et cette inversion en miroir substitue, bien entendu, la réflexivité à la réciprocité.

Narcisse devient donc « amant de lui-même ». D'éromène, objet aimé, qu'il était, selon le schéma décrit par Platon [2], il devient enfin éraste à son tour, c'est-à-dire sujet aimant. Mais le premier et le seul être qui le rende amant,

---

1. La *Souda*, s.v. *Mélètos*, raconte une histoire analogue mettant en scène un éromène intraitable, noble et riche, et un éraste dévoué, probablement d'un niveau social inférieur, mais sans préciser qu'il s'agit d'un métèque. L'anecdote se clôt sur l'érection d'une statue de l'éromène qui s'est suicidé.
2. Platon, *Phèdre*, 255d-e.

c'est lui-même[1]. Car il s'est vu et a vu sa beauté et, se découvrant éromène, est devenu éraste. Tous les éléments linguistiques de ce petit texte sans fioriture traduisent la mise en route du processus d'amour et de vengeance. La réflexivité, ersatz de la réciprocité, implique le dédoublement : la duplication s'effectue, par réflexion, à la surface de la source. Le verbe utilisé pour dire le reflet, *indallomai*, d'usage poétique, dénote tantôt, ou à la fois, une apparition, voire une épiphanie divine, le paraître et l'image, et aussi la ressemblance[2]. Il est probable que ces divers sens confluent dans l'emploi que fait Conon de ce terme. Le miroir de la source apparaît comme le double inversé du miroir analogique de Platon, dans lequel l'amant voit l'aimé, sans se rendre compte que c'est lui-même qu'il voit et qu'il aime. La comparaison du *Phèdre*, « comme en un miroir », faisait coïncider l'autre et le même. Narcisse ne voit et n'aime en vérité que lui-même. Pris au piège de cette clôture d'identité, de cette réflexivité à la lettre, Narcisse prend conscience, non point, peut-être, de son erreur – le texte ne le dit pas –, mais de l'équité du châtiment qui le frappe. Il souffre à son tour d'amour, « *pour* avoir dédaigné l'amour d'Ameinias ». L'énoncé de la raison du châtiment, c'est-à-dire de la faute de Narcisse, est introduit par la préposition *anti*, dont la polyvalence sémantique – initialement « en face de », puis « au lieu de », « en contrepartie de » – s'inscrit pleinement dans le jeu d'équivalences que déploie le texte[3]. Narcisse s'inflige en définitive le châtiment adéquat : une mort identique à celle d'Ameinias, un suicide,

---

1. Je m'écarte ici de la traduction de René Henry (Belles Lettres, 1962), qui comprend : « Il fut le seul et le premier à concevoir un étrange amour pour lui-même. »
2. Homère, *Odyssée*, 3, 246 ; 19, 224 ; *Iliade*, XVII, 213 ; Platon, *République*, 381e.
3. Cette préposition, dont le thème indo-européen se réfère au visage (J. Humbert, *Syntaxe grecque*, 301), sert à exprimer la loi du talion ; cf. Eschyle, *Choéphores*, 309-310. Voir J.-P. Vernant, 1990, p. 80-82.

symétrique aussi de son propre amour, autonome et sans issue.

Le bref récit de Conon situe explicitement l'aventure de Narcisse dans un contexte érotique masculin, qui correspond à la conception classique majoritaire de l'amour antique : l'homosexualité dans sa fonction socialisante. Narcisse, en refusant les avances, ou les « ouvertures », de ses amants, s'ôte toute possibilité de chercher son image et son identité dans leurs regards. Il est donc condamné à les trouver dans la source, substitut à ciel ouvert du miroir des femmes, et à y découvrir sa beauté, comme elles le font, dans l'enfermement d'un vis-à-vis avec lui-même.

Les eaux maléfiques

À ce fonds de représentations érotiques, qui en un premier niveau sous-tendent la narration, viennent s'ajouter certaines croyances propres aux vertus de l'eau. Les miroirs aquatiques, surfaces réfléchissantes naturelles, se voient attribuer un pouvoir de fascination encore plus maléfique que le miroir artificiel de métal. On y risque bien entendu la noyade, comme le rappelle l'épigramme funéraire d'Archianax, un bambin de trois ans. Jouant autour d'un puits, ce Narcisse en herbe « fut attiré par la vaine image de ses traits (*eidolon morphas kophon epespasato*) » et se noya, pour le malheur de sa mère qui, l'ayant sorti tout mouillé hors de l'eau, préféra le croire profondément endormi sur ses genoux [1].

Deux proverbes pythagoriciens, énigmatiques comme il se doit, permettent de comparer les dangers. « Ne te regarde pas dans un miroir auprès d'une lampe [2] », dit l'un, qui semble mettre en garde contre l'éclat redoublé de la

---

1. *Anthologie palatine*, IX, 170.
2. Jamblique, *Protreptique*, CXXI, p. 107, 26 et 120, 19 (360 K ; Teubner, 1888).

flamme, ou contre la conjonction de la lumière et de l'ombre. L'autre interdit, qui concerne le plein air, est plus radical : « Il ne faut pas regarder son visage ni le laver dans l'eau d'un fleuve [1]. » La vue de son propre reflet et l'eau courante sur le visage sont également proscrites ; on ne sait trop pourquoi. Mais le parallélisme confirme que le processus opère dans les deux cas par un contact physique.

Chez Artémidore, en revanche, les effets sont contraires. Si les rêves de miroir prédisent, comme on a vu, un dédoublement de bon augure, une épouse, des enfants... rêver que l'on se mire dans l'eau constitue un fort mauvais présage : un tel songe annonce la mort, soit de celui qui s'y voit, soit d'un de ses proches [2].

Les juments, le miroir... et les oiseaux

Ce danger prend une forme curieuse dans le domaine de l'érotique animale, comme l'indique un passage de Columelle, auteur d'un traité latin d'agriculture et grand admirateur de Virgile. Décrivant la maladie qui s'empare des juments lorsqu'elles aperçoivent leur image dans l'eau, il explique : « Saisies d'un désir illusoire, elles en oublient de paître, et périssent de langueur [3]. » La maladie dont souffrent les cavales semble le fait d'une contagion érotique dont le vecteur serait – comme dans le cas d'une ophtalmie, dirait Platon – un flux visuel renvoyé à son point de départ par la surface miroitante du fleuve. Mais, contrairement à celui de Narcisse, leur cas n'est pas désespéré. Le remède est simple : il consiste à leur tailler grossièrement la crinière et à les mener à l'eau. Dès qu'elles voient leur laideur,

---

1. F. G. A. Mullach, *Fragmenta Philosophorm Graecum*, 1928, I, p. 510, n. 24.
2. Artémidore, *La Clé des songes*, II, 7, 10.
3. Columelle, *De l'agriculture*, VI, 35. Originaire de Gadès, l'auteur était tribun dans l'armée romaine et son traité d'agriculture est daté de 60-65.

elles perdent le souvenir de leur image antérieure et guérissent. Les eaux reflètent la beauté de la crinière animale comme le miroir refléchit la chevelure des femmes. Et le désir s'éteint pour peu que les cheveux soient coupés de travers. Défigurées, ces juments ne réagissent pas comme Athéna qui, en colère, jette la flûte qui déforme son visage divin. Elles se désintéressent de leur image et retournent à leur pâturage. Parfois, cette placidité est utilisée par les éleveurs, raconte Plutarque, qui décrit leur réaction dans son traité *Sur l'amour* : lorsqu'une cavale tondue voit son image enlaidie et difforme, elle peut renoncer à sa fierté jusqu'à se laisser saillir par un âne [1]. Juments amoureuses de leur image, juments flegmatiques devant leurs cheveux coupés, juments abattues et dépressives, l'image de la pouliche au miroir semble avoir hanté l'imaginaire des Anciens.

Ces nobles quadrupèdes, domestiqués et femelles de surcroît, ne sont pas les seuls animaux sensibles à leur propre image. D'autres récits concernent les oiseaux et des miroirs moins liquides.

On a déjà évoqué la technique de chasse qui utilise un chaudron d'huile pour capturer les choucas : les oiseaux viennent se percher sur les bords et, en se penchant, aperçoivent leur reflet qu'ils prennent pour l'un des leurs, et s'empressent de le rejoindre. La surface miroitante de l'huile est utilisée comme un leurre, pour prendre au piège des oiseaux dont l'instinct grégaire est confirmé, entre autres, par un proverbe que cite à plusieurs reprises Aristote : « Un choucas se pose toujours auprès d'un chou-

---

1. Plutarque, M. 754a. Il évoque cette pratique pour expliquer qu'il n'est pas bon de trop humilier son épouse. Le motif est déjà attesté chez Sophocle, à propos de Tyro, violée par Poséidon et chassée par son père (fr. 659 Radt). Aristote présente la tonte des juments comme un moyen de diminuer leurs chaleurs, mais sans indiquer qu'on leur fasse contempler leur image défigurée (*Histoire des animaux*, VI, 18, 572b ; également Pline, *op. cit.*, VIII, 66). On peut se demander s'il y a là quelque rapport avec la pratique du mariage spartiate, où la chevelure de la fiancée est rasée (Plutarque, *Lycurgue*, 15, 5) ; voir *infra*.

cas [1]. » C'est donc l'amour de leur espèce qui cause la perte de ces volatiles : attirés par leur image, ils tombent dans l'huile qui leur englue les ailes et les plumes, et sont incapables de reprendre leur envol. Cléarque de Soles, péripatéticien du IVe siècle avant notre ère, en mentionnant cette technique, relate également, dans son traité *Sur la panique*, quelques histoires du même genre, en particulier un mode de chasse aux cailles, à la saison des amours, à l'aide d'un miroir devant lequel on place un filet, où les oiseaux viennent se prendre en se précipitant vers l'image qui apparaît dans le miroir (dont la dimension n'est pas précisée). C'est alors l'instinct sexuel qui les attire. La preuve en est qu'ils émettent leur sperme tout en se ruant sur le miroir. Le phénomène touche également les moineaux, les perdrix et les coqs ; mais ces derniers n'éjaculent pas, car la vue de leur reflet les incite davantage au combat. Particulièrement imaginatives (car elles sont douées de *phantasia*) et aussi sensibles au son qu'à la vue, ces diverses espèces émettent également leur sperme en entendant la voix de leur femelle [2].

L'attirance sexuelle s'exprime certes plus ouvertement chez les oiseaux, mais elle n'en est pas moins présente dans le mythe de Narcisse, ainsi d'ailleurs que le piège mortel de la capture, même si elle n'est que métaphorique.

Après ce détour édifiant par le monde animal, faisons retour, dans le monde des humains, à quelques émules de Narcisse.

---

1. Aristote, *Éthique à Nicomaque*, 8, 1, 6 ; 1155a 34 ; *Grande Morale*, 1208b 9 ; *Éthique à Eudème*, 1235a 8 ; *Rhétorique*, 1371b 17, « qui se ressemble s'assemble ». Cf. D'Arcy Thompson, 1936, p. 157-158.
2. Cité par Athénée, *Banquet des sophistes*, 1, 1, 9, 42, 43 (= IX389f = Loeb IV, p. 263) Cf. aussi Elien, *Histoire des animaux*, IV, 30 et Scholie à *Iliade*, XVII, 755.

Eutélidas ou le mauvais œil

Plutarque rend compte de la mésaventure fatale d'Eutélidas, qu'il évoque en citant quelques vers élégiaques : « Elles étaient belles, jadis, les belles boucles d'Eutélidas, mais il se jeta lui-même le mauvais œil, cet homme funeste, en se regardant dans le tourbillon du fleuve, et aussitôt un mal étrange [1]... »

Comme Narcisse, Eutélidas était beau, et sa chevelure y était pour beaucoup. Comme lui, il contracte un mal étrange en voyant dans l'eau son propre visage. Mais l'un se meurt d'amour, alors que l'autre, vraisemblablement antérieur dans la chronologie des légendes, est victime du mauvais œil. Le *baskanos*, le regard maléfique, moins foudroyant que l'œil mortifère de Méduse, est en définitive aussi efficace. Le flux qui s'échappe des yeux, on l'a compris, véhicule, en même temps que les particules visuelles, toutes sortes de choses, corpuscules sanglants qui imprègnent le miroir des femmes, effluves de beauté et de désir amoureux, mais aussi émanations nocives de haine et de jalousie. Et tout cela se transmet, par contagion visuelle, comme, dit-on, on attrape une ophtalmie. Les histoires d'Eutélidas et de Narcisse sont parallèles et antithétiques. La contemplation de leur propre beauté les conduit à la mort. Mais leurs parcours divergent. Pour l'un, il passe par Éros, et par l'obligation de se soumettre à ses lois divines. L'autre est victime d'émanations malignes, qu'il produit involontairement sans doute, et que le processus naturel de réflexion sur l'eau renvoie vers lui-même, comme l'explique savamment Plutarque [2].

---

1. Plutarque, *Propos de table*, V, 7, 4 (M. 682b). Plutarque cite ici Euphorion, poète du IIIᵉ siècle avant notre ère (fr. 175, Powell, *Coll. alex*).
2. Plutarque, M. 682b – 683a.

Le Cyclope amoureux

Le Cyclope de Théocrite ne refuse pas Éros, bien au contraire, et il n'ignore rien des maléfices et des dangers du reflet : « L'autre jour je regardais dans la mer, c'était le calme plat. Et ma barbe était belle, bien belle aussi se montrait mon unique prunelle ; quant à mes dents, l'éclat en paraissait plus blanc que la pierre de Paros. Pour n'être pas fasciné, j'ai craché trois fois dans mon sein [1]. »

Polyphème – car ce monstre amoureux est le même que celui de l'*Odyssée*, récupéré, grâce à sa condition de berger, par l'élégie pastorale – détaille complaisamment sa barbe, ses dents blanches, son œil cyclopéen. De tous nos héros, il est le seul qui fasse preuve d'un certain narcissisme. Mais ces attributs, grâce auxquels il espère séduire sa belle, composent aux yeux de tous les autres (Galatée, les chanteurs bucoliques, l'auditeur et le lecteur) une face quasi gorgonéenne. Pour éviter d'être fasciné par sa prunelle (*koré*), et par l'éclat de ses dents [2], le Cyclope à l'œil rond crache trois fois dans les plis de son vêtement. Mais ce geste prophylactique doit aussi, à son insu, opérer comme une protection contre l'horreur de ses traits et contre la menace enfermée dans le cercle de son œil gigantesque, vivant miroir. L'ironie de Théocrite, qui présente cet amant transi admirant son reflet monstrueux sur la surface de la mer, joue sur bien des registres. Mais la tonalité laisse penser qu'il connaissait Eutélidas sinon déjà Narcisse.

Enfin Ovide vint

La version la plus riche et la plus complète du mythe de Narcisse nous est présentée par Ovide, au livre III des

---

1. Théocrite, *Idylles*, VI, 35-39.
2. Selon Pline, *op. cit.*, IX, 64, 170, les dents ont sur les miroirs un effet un peu analogue aux menstruations. Voir *supra*, « Aristote et les règles », note 1, p. 154.

Métamorphoses. Elle est intégrée au cycle thébain et à l'histoire de la famille de Cadmos, et suit directement le récit de la naissance de Dionysos.

La transition entre les deux épisodes se fait par l'intermédiaire de Tirésias, aveugle parce qu'il en a trop vu, dans le domaine de la sexualité [1], et qui compense sa cécité par le savoir de divination, l'*autre* vue. La problématique du voir et du savoir est donc posée dès le départ, formulée, en particulier, dans la prophétie qu'énonce Tirésias à propos du destin de Narcisse : il vivra, dit-il, s'il ne se connaît pas [2].

On crédite habituellement Ovide d'avoir le premier amalgamé l'histoire d'Écho à celle de Narcisse, redoublant ainsi, sur le plan sonore, le motif visuel du reflet. La « résonnante Écho » intervient à trois reprises dans la narration : pour son propre compte d'abord, dans le récit étiologique de son état. Elle fut condamnée par Héra, pour bavardage intempestif et complicité d'adultère, à n'être plus qu'un doublet appauvri des paroles d'autrui. Le châtiment est donc, dans son cas aussi, symétrique et inverse de la faute. Il est également révélateur de la relation au langage que les Grecs assignent à la femme : toujours trop ou pas assez, oscillant entre excès et carence. Sa parure, on le sait, est le silence. Écho est introduite ensuite dans l'histoire de Narcisse en une séquence qui préfigure verbalement l'illusion dont ce dernier sera victime (379-388), et qui constitue un premier exemple de la cruauté du héros. La nymphe aime le jeune chasseur et le poursuit. D'abord curieux du phénomène vocal, il joue un temps à susciter ses réponses. Mais dès qu'elle se montre, il la repousse avec horreur : « Plutôt mourir que de m'abandonner à toi », lui crie-t-il en s'enfuyant. Ce n'est pourtant pas ce refus qui suscitera le

---

1. Selon les versions, il est frappé de cécité pour avoir vu Athéna nue, ou pour avoir observé des serpents s'accouplant, à la suite de quoi il fut transformé en femme, puis, redevenu homme, provoqua la colère d'Héra en affirmant que la jouissance féminine était neuf fois supérieure à celle de l'homme.
2. Ovide, *Métamorphoses*, III, 348.

châtiment. Vouée à répondre docilement sinon passivement, la femme n'a pas à prendre l'initiative, ni en parole ni en amour. Le sort d'Écho en fait la démonstration. Désespérée, languissante, elle se dessèche : « Il ne lui reste que la voix et les os ; sa voix est intacte, ses os ont pris, dit-on, la forme d'un rocher [1]. » Sa troisième intervention se situe au moment de la mort de Narcisse : elle fait écho à ses dernières paroles. Et les deux motifs se répondent d'un épisode à l'autre, « l'image de la beauté qui ravit » Narcisse, reprenant « l'image de la voix qui l'abusait [2] ».

Écho n'est pas la contrepartie féminine de Narcisse, sinon par une série d'inversions, dont la plus importante est qu'elle aime, alors que lui n'aime pas. Pur doublet, qui ne peut manifester son existence qu'en trouvant dans autrui son modèle, Écho est l'équivalent, sur le plan auditif, du reflet qui captive les regards de Narcisse. Aussi finit-elle totalement désincarnée et impalpable. Cet admirable contrepoint sonore, s'il est dû à Ovide, s'ancre, nous l'avons vu, dans des représentations bien antérieures, qui établissent un parallélisme entre image vocale et image visuelle. Il est déjà en germe dans les théories scientifiques des présocratiques. Il affleure dans la comparaison du *Théétète* où Platon évoque le façonnage sonore qu'impose à la pensée le flux verbal, en se référant au miroir et à l'eau [3]. Il est explicite dans un passage capital du *Phèdre*, où l'image de l'écho sert à comprendre le processus du contre-courant érotique : « Pareil à un souffle ou bien au son qui rebondissant sur des surfaces lisses et dures est renvoyé à son point de départ, ainsi le courant venu de la beauté, chemine en sens inverse par la voie des yeux vers le bel objet [4]. » Et

---

1. *Ibid*, 398-400.
2. *Ibid.*, 385 et 416.
3. Platon, *Théétète*, 206d.
4. Platon, *Phèdre*, 255c. Écho jouait un rôle dans l'*Andromède* d'Euripide, si l'on en croit la parodie d'Aristophane dans les *Thesmophories*, 1059 *sq*. Démocrite explique la vision par le son : 135, 53 Diels Kranz = Théophraste, *Des sensations*, 53.

il est largement développé par Aristote, qui explique la production de l'écho par analogie avec la réflexion de la lumière [1]. Le son, explique le philosophe, est toujours renvoyé en écho, et la lumière, de même, se réfléchit toujours, produisant une ombre-reflet, la *skia*, aux valeurs équivoques. Mais cette double réflexion n'est pas toujours sensible. On la perçoit parfaitement lorsque chacun de ces deux éléments rencontre l'airain, qui produit le son, ou le reflet, car il est lisse. On les perçoit moins bien sur l'air ou sur l'eau. « Et l'écho se produit quand l'air, maintenu en une seule masse par une cavité qui l'empêche de se disperser, renvoie l'air comme une balle [2]. » Le son répercuté s'explique donc par la lumière réfléchie, et l'écho était lié au reflet, tant dans l'érotique platonicienne que par les impératifs de la réflexion scientifique, bien avant qu'Ovide n'unisse Écho à Narcisse par l'amour sans réponse de celle-là pour celui-ci [3].

Ovide ne se contente pas de ce redoublement de la vue par le son, et de cette mise en parallèle des deux types de doubles. La duplication se poursuit sur le plan du langage, matière de la poésie. L'épisode est introduit par un oracle, paradigme de la parole ambiguë : « Il vivra, prédit Tirésias, s'il ne se connaît pas » (*si se non noverit*), qui joue sur les deux sens du verbe *novi*, « voir » et « connaître », d'abord, « reconnaître » ensuite.

Car chez Ovide, le malheur de Narcisse vient, certes, de ce qu'il voit sa beauté et qu'il en est victime, comme le sont tous ceux qui la voient ; mais aussi et surtout de ce qu'il reconnaît finalement qu'il s'agit de lui-même. Peut-on parler, dès lors, de « narcissisme », si l'on entend par là une excessive complaisance à soi-même ? À suivre le poème à la lettre, Narcisse ne s'aime pas, puisque la reconnaissance

---

[1]. Aristote, *De l'âme*, II, 8, 419b-420a.
[2]. *Ibid.*, trad. J. Tricot, 1934.
[3]. On peut se demander s'il y a une relation (remaniement par contamination ?) entre Écho (Echo ou Acho en dorien) et Akko, la folle qui parlait à son miroir, cf. *supra*, « Figures ».

de son erreur et la conscience de s'être pris pour un autre le réduisent au désespoir. Il meurt « malheureux de n'être pas différent de lui-même ».

Au double sens de l'oracle répond, au cours du récit, la duplicité des mots, d'abord dans le dialogue entre Narcisse et Écho, où le sens s'inverse avec la répétition par la nymphe des phrases tronquées : « Viens ici, réunissons-nous », appelle Narcisse, intrigué per l'écho. « Unissons-nous », répond la nymphe amoureuse. « Plutôt mourir que de m'abandonner à toi. » « M'abandonner à toi », répète-t-elle en pleurant [1]. Puis, la réciprocité laisse le champ libre à la réflexivité, dans les paroles que Narcisse adresse à son double, paroles dont le sens lui échappe en partie, puisqu'il croit s'adresser à un autre, alors qu'il ne dialogue qu'avec lui-même. Ainsi de la symétrie, corrigée par l'opposition des personnes : « Il me plaît et je le vois. » Ainsi de la paradoxale bivalence sémantique de l'épithète *unicus*, dans l'apostrophe « pourquoi, enfant sans égal/unique, te jouer de moi [2] ? ».

Le motif fondamental de la duplication est donc exploité jusqu'en ses ressources extrêmes par cette poésie savante, magistralement consciente de son efficacité mimétique. L'histoire de Narcisse se prête si admirablement à ces développements que l'on peut se demander si elle n'a pas été produite précisément dans ce but.

Mais les autres thèmes traditionnellement associés au miroir sont également présents dans le récit d'Ovide. Le thème de la beauté, tout d'abord. Ovide la caractérise de deux façons. D'une part, il la définit comme divine. Car Narcisse est, dans cette version (ce qui n'est pas le cas dans celle de Conon), fils d'un fleuve, le Céphise, et d'une nymphe, Liriope (c'est le nom d'une rivière béotienne), elle-même d'une grande beauté. Le poème compare également la chevelure de Narcisse – on a vu les accointances de la

---

1. Ovide, *op. cit.*, 386, 392.
2. *Ibid.*, 446 et 454.

chevelure et du miroir – à celles de Bacchus et d'Apollon (vers 421). D'autre part, le poète évoque les effets de cette beauté. Elle suscite le désir. Elle embrase filles et garçons. Elle dessèche et dévore Écho, puis Narcisse lui-même. Le texte joue constamment sur les termes antithétiques de l'eau – dont provient la beauté de Narcisse, et qui la lui révèle – et du feu érotique allumé par ses yeux, jusqu'au bûcher et aux torches funèbres. Il joue aussi sur l'alternance de l'éclat, de l'ardeur – du soleil et du désir – et de l'ombre et de la fraîcheur ; ces deux pôles se rejoignant dans le clair-obscur de la source, où Narcisse vient apaiser sa soif et meurt consumé par le désir. La conjonction de la beauté et de la mort, qu'opère l'amour, trouve son expression finale dans la dernière image de Narcisse, se regardant encore, comme au miroir de Perséphone, dans l'eau du Styx [1].

Mais le motif central est celui de l'illusion, que prépare et annonce l'épisode d'Écho. Narcisse, d'abord trompé (vers 385) par le redoublement de sa voix, est ensuite victime du dédoublement de son apparence. Du premier épisode au second, la réciprocité cède devant la réflexivité. Car Écho, condamnée à l'imitation, n'en reste pas moins *autre*, d'autant plus différente que son altérité se marque dans l'opposition des sexes. Et dans ce glissement du réciproque au réfléchi, l'homo-érotisme – le désir du semblable, entre l'amour de l'autre et celui de soi-même – constitue une étape décisive : c'est l'un des amants masculins repoussés qui, comme Ameinias, appelle sur Narcisse la vengeance divine (vers 404-405).

L'illusion que produit la source fallacieuse (vers 427) s'exprime sur deux registres. Elle substitue l'irréel à la réalité, de l'eau sans consistance à un corps de chair (417), une image fugitive (431) à un être vivant. Narcisse (*credule*, 432) ne connaît pas la nature impalpable du reflet (*quid videat nescit*, 430). Et d'autre part, elle fait prendre le même pour l'autre.

---

1. *Ibid.*, 505.

L'étrange erreur de Narcisse est longuement décrite dans un jeu de pronoms marquant identité et réflexivité [1] et de verbes opposant l'actif au passif (425-426). Elle est ensuite mise en scène dans le dialogue avec son image, et l'opposition des première et deuxième personnes (458-459), jusqu'à la reconnaissance qui ramène la réciprocité illusoire à la réflexivité pure : « C'est moi qui suis ce toi » (*Iste ego sum*, 463). Pendant ce dédoublement temporaire, le reflet et les virtualités négatives de l'image l'ont emporté. L'apostrophe du poète à Narcisse l'annonçait déjà : « Ce que tu vois est l'ombre reflétée de ton image [2]. » Comme son équivalent grec *skia*, le terme *umbra* dénote le reflet [3], mais sa signification funèbre, « fantôme », est si forte qu'elle nécessite ici l'épithète *repercussae*. Et l'original de ce fantôme reflété est lui-même *imago* [4]. Comme si le caractère immatériel du reflet gagnait par contagion – parallèlement à ce qui se passe en amour – le modèle. Narcisse, attiré par son double, même dans les versions où il ne se noie pas, ne sera bientôt plus qu'une ombre. Et une ombre qui dans l'Hadès continue encore à chercher son reflet.

Narcisse n'est donc qu'image. Puisqu'il refuse d'autrui tout contact corporel [5], puisqu'il ne cherche à étreindre qu'une image impalpable (425 *sq*.-450 *sq*.), puisqu'en définitive ce qu'il peut voir de lui, de son propre visage – comme c'est le cas pour tout un chacun – n'est que reflet.

Le caractère inévitablement « iconique » de la connaissance de soi-même, que met en lumière le mythe de Narcisse, et qu'Ovide explicite en inventant le motif de la reconnaissance [6], est également souligné dans le texte. Lorsque

---

1. *Ibid.*, 417.
2. *Ibid.*, 434 (*repercussae... imaginis umbra*).
3. Cela persistera dans la littérature européenne ; voir L. Vinge, *op. cit.*, p. 12 et n. 32.
4. Peut-être Ovide se souvient-il de l'*eidolon skias* d'Eschyle, *Agamemnon*, 838.
5. Cf. l'ambivalence de l'emploi du verbe « toucher » (*tetigere* au vers 354 et *tangi* en 453).
6. *Iste ego sum* est la réponse à l'oracle de Tirésias (*si se non noverit*) et son accomplissement.

Narcisse s'extasie devant son double, il est comparé – ou se compare lui-même – à « une statue taillée dans le marbre de Paros » (419), et l'expression de son admiration (*adstupet ipse sibi*, 410) semble l'équivalent latin du grec *thauma idesthai*, « merveille à voir », qui, depuis la séquence du bouclier d'Achille, ponctue la vision émerveillée des œuvres d'art. La comparaison avec les statues est fréquente chez Ovide. Mais il semble qu'elle ne soit jamais purement décorative et rhétorique. Ici, elle s'inscrit à l'évidence dans le cadre d'une réflexion sur le statut de l'image.

Narcisse et sa jumelle

La version canonique de l'histoire de Narcisse est rapportée brièvement par Pausanias, lorsqu'il mentionne la source de Thespies, au lieu-dit *Donakon*, « Les Roseaux [1] ». Mais il trouve stupide d'imaginer qu'un être humain, déjà en âge de tomber amoureux, soit incapable de faire la différence entre un homme et son reflet. Et il propose une autre version qui, moins connue, n'est cependant pas dépourvue d'intérêt : « Narcisse avait une sœur jumelle ; ils étaient en tous points d'apparence semblable, avaient tous deux la même chevelure, portaient des vêtements semblables et allaient à la chasse ensemble. Narcisse était amoureux de sa sœur, mais la jeune fille mourut. Il se rendait alors à la source, sachant fort bien qu'il voyait son propre reflet, mais tout en sachant cela, il trouvait un soulagement à son amour en s'imaginant qu'il voyait, non point son propre reflet, mais l'image de sa sœur [2]. »

On ironise souvent sur le rationalisme de Pausanias. Ce second récit explicite pourtant d'autres virtualités du mythe et met en lumière une problématique fondamentale, celle de la relation du double et de l'identité. Le Narcisse de Pausanias

---

1. Pausanias, *op. cit.*, IX, 31, 7.
2. *Ibid.*, IX, 31, 8-9. Voir F. Frontisi-Ducroux, 1980.

sait parfaitement qu'il a affaire à son propre reflet, comme, en fin de compte, mais seulement à toute extrémité, le Narcisse d'Ovide. L'illusion n'est pourtant pas expulsée du récit. Bien au contraire, à une aberration inexplicable, sinon par la volonté vengeresse d'une divinité offensée, cette version substitue un délire voulu, un vertige sciemment recherché pour apaiser la douleur du deuil. Les Anciens, on y reviendra au chapitre suivant, attribuaient à l'odeur capiteuse du narcisse des propriétés calmantes, et procédaient à un rapprochement étymologique entre *narkissos* et *narké*, l'engourdissement. Le dédoublement, qui permet à Narcisse de voir son visage et toute son apparence, agit comme une drogue, dont l'abus, une overdose sans doute, entraîne sa mort (le récit n'en précise pas les modalités).

Mais l'intérêt de cette version réside surtout dans l'hétérosexualité de Narcisse. Pourquoi une jumelle plutôt qu'un frère jumeau [1] ? Car cette sœur, qui s'habille et se coiffe comme son frère, et va à la chasse avec lui, est un garçon manqué. Elle est nommée « l'enfant », avec l'article au féminin, *hé pais* [2]. Comme le Narcisse d'Ovide, qui pouvait passer pour un *puer* aussi bien que pour un *juvenis* (vers 352), Narcisse et sa sœur sont encore des *paides*, âge où les sexes sont

---

1. Pausanias vient après Plutarque et son épouse miroir. Il écrit en un siècle où l'amour hétérosexuel n'est plus dévalué. Mais c'est surtout qu'un couple de jumeaux mâles constituerait un modèle positif, inadéquat dans le cas de Narcisse. Bien que Pollux soit le vrai jumeau d'Hélène, tous deux enfants de Zeus, c'est avec son frère Castor qu'il forme le couple mythique des gémeaux inséparables, dont l'amour fraternel sert de modèle à la *philia*, qui doit cimenter les relations interindividuelles masculines ; voir F. Frontisi-Ducroux, 1992. Sur les représentations de la gémellité dans l'Antiquité et, en particulier, à Rome, voir l'excellente étude de F. Mencacci, 1996.

2. Comme Atalante ; Elien, *Histoire variée*, 13,1. Narcisse est également chasseur chez Ovide, Philostrate, etc. La relation entre l'activité cynégétique de l'adolescence et divers types de déviance érotique est l'un des axes de signification du mythe de Narcisse, qui doit être mis en parallèle avec ceux d'Adonis, Hippolyte, Actéon, Perdiccas, etc. Voir M. Detienne, 1977, p. 72-77. La version de Pausanias qui met en scène un couple de chasseurs frère et sœur incestueux s'intègre parfaitement dans cette série.

tant soit peu indistincts. Ce qui explique leur similitude et leur homologie. Au sein de leur gémellité, l'écart des sexes, qui se marque à deux reprises dans la complémentarité des genres pour définir la jumelle comme « sœur jumeau » (*adelphèn didumon* [1]) et comme « *une* enfant », *hé pais*, creuse une opposition que l'éducation aurait dû accentuer, mais que leur comportement fusionnel, aberrant et transgressif, efface en brouillant l'identité de chacun.

Garçon manqué [2], la jumelle est, par ce manque, à la fois la copie de son frère et son image inverse et contraire. C'est, bien entendu, que le double parfait se doit d'être l'autre en même temps que le même [3]. Mais dans leur cas, la différence altère l'identité de chacun des jumeaux qui se modèle sur l'autre. Car cette sœur garçonnière, qui, loin d'être recluse au gynécée, court les bois avec son frère, n'est pas une vraie fille non plus, et ne devient jamais femme. Comme Atalante la chasseresse qui, après avoir longtemps fui ses prétendants, ne réussit guère son mariage [4], la jumelle de Narcisse rate le délicat passage de l'adolescence à l'âge adulte. Elle meurt avant ; le texte ne dit pas comment, mais tout laisse à penser qu'il s'agit d'un accident de chasse, activité incongrue pour une fille. De son côté – et à ses côtés –, Narcisse ne peut s'arracher au monde féminisé de la petite enfance. Déjà parvenus à l'âge d'être amoureux, c'est-à-dire de se tourner vers autrui et de sortir de l'univers familial, avec des modalités différentes selon leur sexe, ils continuent à vivre ensemble, dans la clôture

---

1. Le féminin *didumè* existe aussi, mais Pausanias a choisi la forme au masculin *didumos*.
2. Comme tout être féminin, dont la naissance constitue, selon Aristote, *De la génération des animaux*, IV, 3, 767b, le premier écart par rapport à la norme du masculin, et le premier pas vers le monstrueux.
3. Entre Castor et Pollux, l'écart est celui, infranchissable en principe, du mortel au divin ; hiatus que la *philia* exemplaire de Pollux réussit à abolir.
4. Continuant à chasser avec son époux, elle entra avec lui dans un sanctuaire de Zeus, où le couple s'abandonna aux transports amoureux. Offensé, le dieu les transforma en lions.

de l'inceste¹. « Ils vont à la chasse l'un avec l'autre (*met' allelôn*). » Une fois le couple défait par la mort, Narcisse, réduit à l'unité, cherche dans le jeu de la réflexion, dont il connaît le processus, à retrouver ce face à face, à recréer la dualité de la relation réciproque². En un retour, voire une régression, vers le temps révolu du miroir.

Aussi, en remplaçant la relation homo-érotique par la relation incestueuse, la version de Pausanias révèle un autre arrière-plan du mythe de Narcisse. L'adolescent aime sa sœur, non point parce qu'elle est une fille, mais parce qu'elle est sa sœur, sa jumelle, son double originel. Et une fois de plus Platon réapparaît, comme en filigrane, sous cette variante de l'amour de Narcisse. Il ne s'agit plus seulement de l'érotique selon Socrate, mais du vieux mythe raconté par Aristophane dans le *Banquet*, que le discours de Diotime viendra contredire en le dépassant, certes, mais qui, pour cette raison même, a de fortes chances de représenter un point de vue plus répandu et plus accessible. Le Narcisse prétendument « rationalisé » de Pausanias revit à sa façon le drame primordial des humains bienheureux d'antan, sphériques et parfaits, qui furent coupés en deux, « comme un œuf », par le vouloir des dieux inquiets et jaloux³. En quête, comme ces êtres amoindris, de sa moitié

---

1. Autre histoire de gémellité incestueuse, celle de Byblis, qui refuse ses prétendants parce qu'elle est amoureuse de son jumeau Caunos ; selon les versions, elle se suicide, par précipitation ou pendaison ; ou encore avoue son amour à son frère horrifié qui s'exile, mettant ainsi entre eux une grande distance : Antoninus Liberalis, *Métamorphoses*, XXX.
2. Le remplacement du jumeau mort par un double, poupée ou statue, est attesté, à Rome, dans le cas de Remus, par une version tardive (J. Malalas, *Chronographia*, VII, 172 ; *Patrologie grecque*, Migne, XCVII, 276-277). Le cas du roi spartiate mort à la guerre, mentionné par Hérodote, VI, 58, est un peu différent : même s'il concerne la double royauté (fondée sur une gémellité originelle), il relève davantage du simple *colossos*. Ce cas est connu surtout par l'ethnographie contemporaine ; cf F. Mencacci, *op. cit.*, p. 86 *sq.* Pour la relation entre le deuil ou l'absence et le double et l'image, voir M. Bettini, 1992.
3. Platon, *Banquet*, 189d *sq.* L'androgyne n'est que l'un des trois genres originels. Le double mâle est le plus intéressant aux yeux de Pla-

complémentaire dont la mort l'a séparé, Narcisse se dédouble volontairement, avec l'aide de la surface réfléchissante de la source, pour tenter de retrouver la délicieuse unité de l'œuf, puis du couple gémellaire. Leur conjonction se réalisera dans la mort, par un passage à travers le miroir des eaux. La phrase de Pausanias use du chiasme, figure idéale de la réflexion : « S'imaginant voir non point son propre reflet mais l'image de sa sœur. » L'ordre syntagmatique disjoint Narcisse (*heautou*) de sa sœur (*tes adelphès*), rapprochant du reflet de l'un (*skian*) l'image de l'autre (*eikona*), que l'imagination désespérée de Narcisse s'efforce de superposer et de fondre. Les deux termes sont aussi ambigus l'un que l'autre : plus encore que la *skia* fantomatique de Narcisse, l'*eikon* de sa sœur ne saurait être que l'image d'une morte. La surface de la source se révèle, comme ailleurs le miroir, un lieu d'équivalence de diverses catégories de doubles, reflets et fantômes, et une zone d'interférence entre la vie et la mort.

Et l'image que ce miroir aquatique reflète aux yeux de Narcisse, et qu'il va rejoindre, est à tous égards une *koré*, à la fois fille, comme la jumelle recherchée [1], et pupille, où l'amant se retrouve dans l'œil de l'aimé. Qu'il soit condamné par les dieux à la clôture du miroir, ou qu'il se refuse à abandonner la part féminine de son enfance, Narcisse, en définitive, se noie dans sa propre prunelle [2].

---

ton, qui évoque à peine la double femelle, dont la scission est à l'origine des « lesbiennes ».

1. Le terme *koré* n'apparaît pas dans le récit, qui parle d'*une* enfant (*hé pais*). Mais Pausanias rappelle, juste à la fin de ce récit, que Coré fut trompée de façon analogue par la fleur du narcisse et enlevée par Hadès ; cf. *infra*.

2. Une autre variante de la légende, due au poète latin Pentadius, remplace la sœur par le père, autre catégorie de double : c'est en cherchant à voir son père, le fleuve Céphise, que Narcisse découvre dans l'eau son propre visage : *Anthologie latine*, I, p. 214, n. 265. On reconnaît ici la relation d'analogie posée par les Anciens entre le reflet du miroir et la duplication de la reproduction sexuée.

XI

LES MÉTAMORPHOSES DE NARCISSE

La légende de Narcisse ne cesse de reprendre, en leur donnant de nouveaux développements, les éléments fondamentaux de la représentation du miroir chez les Anciens. Chaque version répond à une problématique différente et chaque variante marque un nouvel écart par rapport à la première mise en forme connue de la narration. Le mythe étant l'un des moyens de réflexion que se donne une culture, le mythe de Narcisse va désormais passer de son contexte initial à d'autres environnements culturels, en réinvestissant à chaque fois de nouvelles significations [1].

À la fin de l'Antiquité, la réorientation du mythe connaît deux étapes importantes, celle que lui fait subir le néoplatonisme et celle de la nouvelle sophistique.

Les exégèses néoplatoniciennes donneront un nouveau départ au mythe de Narcisse. Dans l'interprétation métaphysique qu'en donne Plotin, l'erreur de Narcisse devient allégorique des errances de l'âme qui se noie dans l'illusion de la matière. Renversement radical. Ce qui jusqu'alors était le châtiment de Narcisse, coupable d'avoir dédaigné Éros, devient sa faute. Pour avoir refusé l'ouverture sur autrui, étape indispensable vers la connaissance de soi,

---

1. Cf. L. Vinge, 1967, où l'on trouvera les références aux principales études.

Narcisse était condamné à se prendre au piège de sa propre image, à confondre le reflet et la réalité, à s'éprendre fatalement de sa trop séduisante apparence. Faute d'avoir accepté la connaissance de l'autre dans la réciprocité, Narcisse était condamné à une réflexivité illusoire. Désormais, cette erreur constitue sa faute. Il est coupable d'avoir pris son image pour un être réel, d'avoir préféré l'apparence à la réalité. Dans son état initial, le mythe était conforme à l'érotique platonicienne. Entre Platon et les néoplatoniciens, les ruptures sont au moins aussi importantes que la continuité. La référence au miroir qui sert chez le premier à figurer, de façon concrète et poétique, la hiérarchie entre les différents niveaux de réalité, les apparences sensibles n'étant que le reflet du modèle véritable que sont les Idées, devient chez Plotin systématique et prend une dimension métaphysique. La matière est pensée comme un miroir où l'âme se projette en reflets multiples qui composent le monde sensible. La faute consiste, dès lors, à oublier que les choses sensibles ne sont que reflets et, pour chaque âme, à se perdre complaisamment, corps et âme, en soi-même, « tel celui qui, ayant voulu se saisir du beau reflet qui flottait sur l'eau... fut entraîné au fond des flots et disparut [1] ». Il ne reste qu'un pas à franchir pour parvenir au narcissisme, tel que nous l'entendons. Peut-être est-il déjà présent dans l'œuvre de Plotin. L'âme est coupable de restreindre sa vision à elle-même en oubliant qu'elle n'est que parcelle et reflet de la totalité divine. Les textes néoplatoniciens posent aussi un parallélisme, mais sans que l'analogie soit complète, car le second semble moins coupable, entre Narcisse et le jeune Dionysos qui, captivé par son reflet dans le miroir tendu par les Titans, se laisse dépecer et disperser [2].

---

1. Plotin, *Ennéades*, I, 6,8,8. Cf. P. Hadot, 1976.
2. Cf. *supra*. Dionysos sera réunifié et ressuscité par les dieux. Voir P. Hadot, *op. cit.*, et J. Pépin, 1970, ainsi que M. Detienne, 1977, p. 163 *sq*.

L'interprétation de Plotin ouvrira une voie décisive sur le plan philosophique et littéraire. Elle fournira en particulier une riche source d'inspiration à la poésie de la Renaissance.

Sur l'autre étape, en partie antérieure à la précédente et non sans rapports avec elle, nous nous arrêterons davantage, parce qu'elle s'ancre davantage dans la tradition classique. Comme son nom l'indique, la seconde sophistique correspond, dans l'Empire romain hellénisé, aux IIe et IIIe siècles de notre ère, à une résurgence de l'enseignement de rhétorique, selon les modèles pédagogiques qui dans la Grèce du Ve siècle visaient à former les jeunes gens fortunés en vue de leur réussite politique. Cette renaissance, artificielle mais productive, de la culture classique est l'œuvre de rhéteurs, professeurs-conférenciers itinérants, qui composent et exécutent devant des auditoires cultivés des déclamations publiques, publiées ensuite. Nous ne nous intéresserons ici qu'à un seul type de ces déclamations, l'*ekphrasis*, qui décrit des œuvres d'art plus ou moins fictives, genre littéraire conventionnel dont le prototype est, dans l'*Iliade*, la description du bouclier d'Achille.

L'œuvre de l'un de ces rhéteurs, Philostrate [1], a eu une influence considérable sur la peinture occidentale, dans la mesure où elle a été, dès le XVIe siècle, éditée, traduite et abondamment diffusée. Les *Eikones* de Philostrate ont ainsi fourni, avec les *Métamorphoses* d'Ovide, le substrat de la peinture mythologique de la Renaissance italienne puis de la peinture classique européenne.

Narcisse occupe une place significative dans l'ouvrage de Philostrate, et il est également présent dans le livre de son successeur Callistrate.

---

1. En fait, il y a deux Philostrate. Cf. la traduction révisée et annotée par François Lissarrague, sous le titre *La Galerie de tableaux*, Paris, Belles Lettres, Roue à Livre, 1991, avec une préface de P. Hadot.

La peinture parlée

L'ouvrage de Philostrate intitulé *Eikones* est composé d'une suite de descriptions précédée d'une présentation qui situe le cadre et les conditions du récit. Le narrateur, le rhéteur lui-même, en déplacement à Naples, loge chez un hôte fortuné qui possède une galerie de tableaux. Le fils de la maison, âgé d'une dizaine d'années, demande à son prestigieux invité de lui expliquer les tableaux, ce que fait volontiers Philostrate, lorsque les amis de l'enfant sont réunis. Une visite guidée, un commentaire didactique destiné à de jeunes garçons, une relation pédagogique orale, telle est la situation première d'énonciation que le texte, fait pour être d'abord lu en public, rappelle à maintes reprises. Nous surajouterons quelques commentaires à ce texte dont nous donnons une traduction aussi fidèle que possible, au prix de quelques lourdeurs.

> « La source peint Narcisse et la peinture peint la source et tout ce qui concerne Narcisse. Un jouvenceau, de retour de la chasse, se tient debout près de la source, comme aspirant un désir venu de lui-même, épris de sa propre beauté, et son éclat resplendit, comme tu vois, jusqu'à l'eau. La grotte appartient à Acheloos et aux nymphes, et tout est peint de façon vraisemblable : les statues sont d'un art grossier et d'une pierre locale, et elles sont usées par le temps, ou mutilées par des enfants de bouviers et de bergers, ignorants encore et inconscients du divin. Elle n'est pas non plus sans rapport avec le culte bachique, cette source que Dionysos a pour ainsi dire fait naître pour les bacchantes ; elle est de surcroît ombragée de vigne et de lierre et d'hélix en vrille, et bien fournie en raisins et en tout ce dont on fait les thyrses. Au-dessus, des oiseaux sont de la fête, chantant savamment chacun sa mélodie. Et des fleurs blanches entourent la source, pas encore écloses, mais poussant déjà en l'honneur du jeune homme. La peinture respecte à ce point la vérité qu'elle fait même ruisseler quelques gouttes de rosée, à partir des fleurs

sur lesquelles une abeille vient se poser ; et je ne sais si c'est qu'elle est trompée par la peinture, ou s'il faut que nous soyons trompés nous-mêmes en croyant qu'elle existe. Mais toi, mon garçon, ce n'est pas une peinture qui t'a trompé, et tu ne t'es pas consumé pour des couleurs ou de la cire, mais c'est l'eau qui te façonne, tel que tu es, en train de la regarder ; tu ne le sais pas, et tu ne dissipes pas l'artifice de la source ; il suffirait pourtant de hocher la tête, de changer d'expression, d'agiter la main et de ne pas rester dans la même position. Mais, comme si tu venais de rencontrer un compagnon, tu restes sur place et tu attends. Crois-tu donc que la source va te parler ? Vraiment, il ne nous écoute pas, plongé dans l'eau qu'il est, jusqu'aux oreilles et jusqu'aux yeux. Pour notre part, comme cela est peint, racontons-le. Le jouvenceau se tient debout, croisant les pieds, la main gauche posée sur son épieu fiché en terre, tandis que sa main droite s'appuie sur sa hanche pour se soutenir, de façon à produire le schéma du déhanchement du côté droit, à cause de l'inclinaison du côté gauche. Le bras laisse voir un espace à l'inclinaison du coude, des plis à l'articulation du poignet, et des ombres obliques sur la paume, à cause des doigts qui se replient. Sa poitrine se soulève : je ne sais si c'est l'ardeur de la chasse ou déjà le désir amoureux. En tout cas l'œil est celui d'un amant, car son éclat naturellement farouche est adouci par le désir qui vient s'y poser [1] ; il croit sans doute être aimé en retour (*anterasthai*), car son reflet (*skia*) le regarde, tout comme il est regardé par lui. Il y aurait beaucoup à raconter sur sa chevelure si nous l'avions rencontré pendant la chasse. Car les mouvements sont innombrables pendant la course, surtout sous le souffle du vent. Mais telle qu'elle est décrivons-la. Abondante et comme dorée, elle retombe en partie sur la nuque, se partage sur les oreilles, ondoie sur le front, ruisselle jusqu'à la barbe naissante. Les deux Narcisse sont semblables (*isoi*), se renvoyant l'un l'autre la même beauté (*to eidos isa emphainontes allelôn*), si ce n'est que l'un se dresse en l'air et que l'autre est immergé dans la source. Le jouvenceau se tient au-dessus de celui qui se

---

1. *Himeros*, « désir » est un génie ailé qui escorte Éros. Il vient se poser sur l'œil de Narcisse comme l'abeille sur la fleur : l'action est dénotée par le même verbe, *ephizanôn*.

trouve dans l'eau, ou qui, plutôt, a le regard tendu vers lui, comme assoiffé de sa beauté [1]. »

Le texte pose d'emblée un parallélisme entre la mimésis picturale et la *mimésis* du reflet, entre l'art et la réflexion naturelle, conférant à l'*ekphrasis* de ce tableau une place à part et une fonction référentielle. Narcisse se mirant dans la source est, à la fois, le sujet du tableau et le paradigme de toute œuvre peinte. De fait, la description proprement dite du personnage n'occupe qu'une portion minime du texte et se fait attendre. Dès la deuxième phrase, le commentaire vient nourrir l'évocation du héros, en explicitant la situation : le flux du désir, la réflexivité, le rayonnement de la beauté sont donnés à voir au jeune spectateur, invité, à l'intérieur de la fiction énonciative, à constater la façon dont la peinture rend visible le désir et l'amour. La description du cadre qui suit n'est pas plus objective. Au moment même où il souligne la vraisemblance du décor, le texte fait référence à l'arrière-plan culturel du mythe, que les auditeurs cultivés du conférencier – au premier niveau de l'énonciation cette fois – ont déjà saisi à la phrase précédente. La grotte d'Acheloos et des nymphes renvoie au début du *Phèdre* de Platon, et le Dionysos du délire bachique à qui est attribué le surgissement de la source évoque le *Banquet*, que le dieu du vin patronne, avec Éros, et dont les pouvoirs sont affirmés à la fin du dialogue, à travers la figure silénique de Socrate [2]. Les oiseaux eux-mêmes, nichés dans la vigne et le lierre, en sonorisant de leurs savantes harmonies le tableau, participent à cette atmosphère dionysiaque, car le verbe qui dit leurs ébats (*komazein*) est aussi celui de la fête bachique. Ainsi sont convoqués les deux ouvrages fondamentaux de l'érotique

---

1. *Images*, I,23. Les deux premiers livres sont attribués à Philostrate l'Ancien, auteur de la *Vie des sophistes*.
2. De plus, le tableau de Narcisse est placé dans une salle regroupant des œuvres qui évoquent la puissance de Dionysos : I, 18, « Les Bacchantes » ; 19, « Les Pirates tyrrhéniens » ; 20, « Les Satyres », etc.

platonicienne. Le plaisir du public, qui attend et reconnaît les citations – « Il croit sans doute être aimé en retour, car son reflet le regarde, tout comme il est regardé par lui » –, s'accroît encore à repérer d'autres allusions, tel, pour décrire le processus de réflexion, le verbe *ektupoun* [1], que Platon utilise tantôt avec son sens artisanal de taille en relief ou de façonnage, tantôt en brouillant les deux plans, du modelage matériel et de la représentation impalpable que produit le reflet [2].

Mais la description du décor met en place d'autres niveaux référentiels. Le tableau, comme l'a indiqué l'introduction, dépeint, en même temps que Narcisse, toute l'histoire qui le concerne. Ainsi la fleur qui doit naître après la mort du héros est déjà présente sur la rive ; et le commentaire vient renforcer les infractions à la temporalité de la scène, tantôt en s'évadant vers le passé avec l'évocation de la chasse, qui permet aussi d'introduire quelque animation dans la figure pétrifiée du héros, tantôt en anticipant : « Il est tombé dans l'eau jusqu'aux oreilles et jusqu'aux yeux. » Et sa chevelure, « sur laquelle il y aurait tant à dire », cette chevelure qui « ruisselle en cascades » est déjà une plante aquatique.

La fleur du narcisse, déjà là sans l'être cependant tout à fait, qui amplifie la dimension temporelle de la peinture, est aussi le point de départ d'une série d'échos et de figures en abîme. Car c'est d'elle que la peinture se sert pour démontrer son respect criant de la vérité, c'est-à-dire son pouvoir illusionniste, en attirant une abeille, qu'elle piège, ou qui nous piège, tout comme la source va piéger Narcisse. L'anecdote de l'abeille introduit le motif de l'illusion trom-

---

1. C'est la seule occurrence de ce verbe dans les *Images*, mais Philostrate le Jeune utilise deux fois le substantif *ektupôma*, pour désigner les représentations en relief du bouclier d'Achille, en 10, 5, 405, 33 ; et 10, 20, 410, 29.
2. Pour le premier sens : Platon, *Banquet*, 193 a, précisément dans le discours d'Aristophane évoquant un éventuel dédoublement supplémentaire de l'être humain, et *Théétète*, 206d.

peuse (*apaté*), fondamentale dans la problématique de l'image, qui intéresse au plus haut point le rhéteur. En l'occurrence l'illusion est située en son lieu propre, celui du regard, car on ne sait si l'abeille est vraie, abusée par la vérité des fleurs peintes, ou peinte, et nous abusant par sa vérité. Le problème de l'illusion se joue entre le tableau et son spectateur, entre l'objet vu et le sujet voyant, mais ce dernier est dédoublé entre le narrateur commentateur et l'abeille. Et la description de ce premier piège ambigu, puisqu'on ne sait qui en est la victime, précède le piège central dont la victime est sans équivoque Narcisse lui-même.

La peinture comme la source, agents de ces deux pièges symétriques, sont présentés comme des sujets actifs. L'une respecte (la vérité), l'autre façonne (Narcisse), toutes deux trompent et dépeignent. Elles trompent par leur *graphein*. Mais ce verbe, qui décrit l'activité picturale et mimétique du tableau et de l'eau, est aussi et surtout le verbe de l'écriture. Il dénote l'activité du rhéteur, à qui la réflexion dans la source et la représentation picturale, représentatives l'une de l'autre, servent de modèle pour figurer sa propre activité, verbale et graphique, également productrice d'illusion. L'analogie est soulignée à plusieurs reprises. « Tu ne dénonces pas l'artifice de la source », dit le narrateur à Narcisse. L'artifice trompeur de la source est dit *sophisma* [1], comme sont dits *sophoi* les oiseaux dont les savantes harmonies viennent prêter leur voix à cette peinture que sa nature réduit au silence [2]. Autant de figures du sophiste, logées à l'intérieur du tableau, où il se projette également en interpellant Narcisse et en dialoguant avec lui. La description proprement dite, dont la précision minutieuse s'efforce à rendre dans tous ses détails la figure peinte, est introduite par une phrase des plus ambiva-

---

[1]. Philostrate utilise trois fois le terme *sophisma* : pour désigner l'habileté du peintre (I, 4, 2, 299, 27), l'invention de la lyre (I, 10, 1, 309, 1), et pour qualifier le rayon de soleil qui vient sonoriser la statue de Memnon (I, 7, 3, 305, 24).

[2]. Selon la définition de Simonide : Plutarque, M. 346, 3.

lentes : « Pour notre part, comme c'est peint, racontons-le », ce qui peut aussi s'entendre : « comme c'est écrit, disons-le ». L'activité de Philostrate décrivant un tableau à de jeunes enfants et celle de Philostrate conférencier prononçant un discours écrit devant un public érudit sont superposées et les deux niveaux d'énonciation confondus.

Le texte se clôt sur le second motif essentiel de la problématique de l'image, la similitude entre le modèle et son reflet, et leur parfaite équivalence. Les deux Narcisse, identiques en tout point si ce n'est que l'un se découpe sur le ciel et que l'autre est plongé dans la source, finissent par échanger leurs positions, quand, dans la phrase qui les superpose, le Narcisse des eaux est dépeint le regard tendu vers le premier, et comme assoiffé à son tour de sa beauté.

En rendant le reflet aussi vivant que son modèle, davantage peut-être, puisque celui-ci, figé, sourd et muet, quasiment immergé, par le regard au moins, dans les eaux, est déjà sans réaction, le rhéteur vient de prouver la prééminence du duplicata sur l'original. Mieux encore, en affectant de décrire un tableau dont sa parole fait naître l'image dans l'esprit de ses auditeurs, il suggère que la copie peut se passer de modèle. À la peinture qu'il décrit, comme au reflet de Narcisse, il ne manquait que la parole : « Crois-tu donc que la source va te parler ? » Le discours du rhéteur qui n'est que paroles n'est pas en manque d'images. Entre les mains du sophiste, maître des illusions, Narcisse, renvoyé de miroir en miroir, tour à tour fleur, abeille, adolescent ou ombre reflétée, est devenu la figure de l'auditeur, captivé par le *logos* au point de ne plus aspirer à d'autre réalité qu'à celle que façonnent les mots.

Par un retournement paradoxal de l'histoire, cette peinture purement verbale, cette tradition rhétorique de description de tableaux souvent fictifs sera à l'origine d'une tradition purement picturale en stimulant les peintres à rivaliser à leur tour, dans leur propre langage, purement visuel, avec la virtuosité de l'*ekphrasis*.

La statue et la source

L'œuvre de Callistrate s'inscrit dans la même tradition rhétorique. Sophiste lui aussi, il s'efforce d'égaler les descriptions de ses prédécesseurs en opposant aux tableaux des statues [1].

Celle de Narcisse possède toutes les caractéristiques du personnage qu'elle représente : l'indécision du moment qui sépare l'enfance de l'adolescence, « l'âge même des Érotes », et une beauté rayonnante dont le sculpteur a su traduire matériellement l'éclat, dans la blancheur du marbre et dans la luminosité de l'or dont sa chevelure bouclée est revêtue. Mais ses yeux sont tristes, car la statue représente aussi le destin de Narcisse. L'animation de la matière par l'art, et l'expression délicate des sentiments et des passions à travers la froideur du marbre constitue le thème favori de Callistrate, et son Narcisse ne se distingue pas sur ce point des autres statues décrites. Tout l'intérêt de cette description provient de la façon dont la statue est présentée et du cadre qui lui est attribué. Elle est placée dans un parc, au bord d'une très belle source d'eau pure et claire, où le Narcisse de marbre déverse, comme en un miroir (*katoptron*) la splendeur qui émane de son corps et de son visage.

S'ensuit le jeu attendu de la symétrie entre l'image et son reflet, et de leur rivalité, tout cela assez pesamment exprimé : « Et la source, recevant les empreintes [2] qui proviennent de lui, accomplit une reproduction de la même

---

[1]. *Les Statues*, V. Ce texte long et alambiqué ne saurait être rendu en traduction sans être assorti d'un commentaire minutieux. Nous nous limitons donc à quelques citations. Pour une analyse récente (ainsi que du texte de Philostrate), voir J. Elsner, 1996.

[2]. Callistrate substitue au terme *tupos*, utilisé par Philostrate, le mot *character* qui dénote lui aussi la gravure avant de désigner le signe, mais se réfère également aux traits du visage.

image (*eidolopoian*), à tel point que ces deux variétés d'images semblent rivaliser entre elles. »

Mais l'échange entre les doubles s'enrichit d'une inversion supplémentaire. Car le marbre, qui a métamorphosé, en le pétrifiant, l'original, le garçon réel, subit à son tour la métamorphose de l'eau. « La source, rivalisant avec les artifices du travail de la pierre, fabrique à son tour, en une figure incorporelle, la semblance du modèle corporel, et enveloppe dans la substance de l'eau l'ombre réfléchie qui descend de la statue, comme si elle lui donnait chair. »

Ce texte alambiqué présente à nos yeux un double intérêt. Il nous semble tout d'abord éclairer, par analogie, l'énigmatique jeu de miroir du sanctuaire de Lycosoura, et confirme l'hypothèse que nous avions avancée. Les statues des déesses, marmoréennes et massives, s'offrent, clairement reflétées, aux regards des fidèles, qui s'approchent du miroir en espérant y trouver leur propre image [1]. L'inversion qu'opère le miroir dans le temple et celle que décrit ici Callistrate sont parallèles : le miroir et l'eau de la source opèrent l'un et l'autre une transmutation de la matière qui aboutit à recréer l'original. Mais la nature des modèles étant radicalement différente, dans le premier cas le reflet dématérialise le marbre qui rend présent l'invisible, et le désincarne pour restituer à l'essence divine quelque chose de sa substance sans pareille ici-bas ; dans l'autre cas, la surface liquide se moule sur le reflet de Narcisse et lui donne chair, assure Callistrate, comme pour faire revivre le modèle premier.

Sur le miroir fixé à la paroi du temple, les images de Déméter et de Perséphone se dédoublent et cèdent la place à une apparition des divinités mêmes. La statue reflétée dans la source s'anime et « la figure, descendue sur l'eau, vit et respire [2] si bien qu'elle paraît être ce Narcisse lui-même, qui, dit-on, venu à la source et ayant vu sa beauté

---

1. *Supra*, « Au-delà du miroir ».
2. Elle est *zotikon kai empnoun*, « vivante et emplie de souffle vital ».

dans les eaux, mourut au milieu des nymphes, pour avoir désiré s'unir à son *eidolon* ».

À nouveau, l'inversion est complète, mais elle joue entre le modèle premier, évoqué certes (« le vrai garçon ») mais absent de la scène décrite, et son double secondaire, le reflet de sa statue, qui lui confère une existence... que lecteurs, auditeurs et spectateurs savent totalement fallacieuse. Callistrate, en dissociant, grâce au relais de la statue, Narcisse de son reflet, en les plaçant face à face sur des niveaux différents de réalité et de représentation – car la source n'est pas de marbre –, complique encore le jeu de la *mimésis*.

Cette surenchère de simulacres dissout et fait s'évanouir tout original – que la peinture est encore censée présentifier. Est-ce à dire en définitive que, comme la figure des dieux, ou comme l'Idée platonicienne, la beauté de Narcisse n'est perceptible que par l'intermédiaire des images ? Lesquelles sont – *ekphrasis* oblige – modelées par le miroir des mots. Car c'est par une dénégation (« Les mots sont impuissants à dire comment la pierre... ») que s'ouvre la description. Et la dernière phrase est là pour affirmer le pouvoir iconique et mimétique du *logos* : « Voilà le récit, qui est tel qu'était l'image. » Callistrate explicite donc lourdement ce que nous laissait entendre la description par Philostrate du tableau de Narcisse [1].

Il n'est pas jusqu'à la préciosité du style de Callistrate qui ne soit révélatrice : *to kat' hudatôn schèma*, dit-il, pour désigner le reflet. L'expression se veut, sans doute, un doublet, en situation, du composé *katoptron*. Elle restitue à ce terme sa valeur spatiale, en évoquant le regard qui descend. Elle rejoint aussi, en les explicitant, les valeurs infernales fréquemment associées au reflet, qu'il soit nommé *eidolon* ou *skia* [2]. Plus nettement encore que celui qui se perd dans

---

1. Lucien procède à une dénonciation explicite de la fiction dans son *Histoire vraie*, 4.
2. On ne peut opposer l'horizontalité de l'un à la verticalité de

un miroir de bronze, le regard qui cherche son double sur la surface des eaux opère une catabase.

Entre les mains, ou plutôt entre les mots du sophiste, Narcisse, héros emblématique de la fascination par l'image, n'est que l'instrument d'une démonstration, celle des pouvoirs de l'illusion, visuelle et plus encore verbale. Par l'extrême raffinement de son expression, la réflexion esthétique de Callistrate nous reconduit pourtant à la dimension religieuse du mythe.

Derniers regards

L'un des derniers témoignages antiques, celui de Nonnos, au Ve siècle de notre ère, inscrit l'histoire de Narcisse dans un contexte dionysiaque d'illusion voire de tromperie, d'où la violence n'est pas exclue. Le narcisse fait partie des fleurs odorantes qui bordent la fontaine de vin où Dionysos attire la nymphe Aura, une chasseresse assoiffée, pour l'endormir et la violer. Le parfum capiteux de la fleur et ses vertus hypnotiques viennent surajouter leurs effets à ceux de l'ivresse qui paralyse la malheureuse victime du dieu. C'est dans ce contexte qu'est évoquée la légende, en une version particulière, quant à la généalogie du héros : « Il y poussait les fleurs en grappes, porteuses du nom de Narcisse, charmant jeune homme que dans le Latmos feuillu engendra Endymion, le jeune époux de Séléné cornue ; il vit jadis l'image spontanée, façonnée sur l'eau en une forme muette, de sa trompeuse beauté, et mourut en contemplant le fantôme ombreux de son apparence [1]. » Ces

---

l'autre. Les « ombres » de la caverne sont projetées sur une paroi verticale, comme l'est le miroir tenu en main. Si le reflet de Narcisse est plus souvent *skia* qu'*eidolon*, cela peut être dû, autant qu'à la relation de Narcisse avec son double, reflété sur la surface horizontale des eaux, au caractère fatal du dénouement.

1. Nonnos, *Dionysiaques*, XLVIII, 584-586 (*skioeidea phasmata morphès*).

quelques vers reprennent le même vocabulaire et les mêmes images que les séquences mettant en scène la jeune Perséphone à son miroir, puis son fils Dionysos, perdu dans la contemplation de son visage [1]. Comme l'enfant-dieu, à qui il est souvent comparé, Narcisse meurt en scrutant [2] l'image reflétée de sa beauté. Mais ici l'image « ombreuse » est dite « semblable à une ombre », composé qui rajoute un degré d'impalpable, et en fait par avance un incontestable fantôme [3].

Perséphone et le narcisse

Ce Narcisse de l'Antiquité tardive, à la fois piégé par son image à l'instar de l'enfant Dionysos, et piège floral, parfumé et symbolique, pour la malheureuse victime d'un Dionysos plus redoutable, nous renvoie à la fleur, qui onze siècles plus tôt avait surgi dans *L'Hymne homérique à Déméter*, pour jouer un rôle décisif dans le rapt de Perséphone par Hadès [4]. Le narcisse est « ce piège que fit croître la terre pour la jeune fille semblable à une fleur à peine éclose » (vers 8). L'éclat merveilleux de la fleur suscite chez tous ceux qui la voient avec admiration respectueuse, un étonnement quasi religieux. Et Perséphone ressent cette stupeur qu'inspire le sacré, le *thambos* : « Éblouie, elle tendait les deux mains pour saisir le beau jouet, lorsque la terre aux vastes chemins s'entrouvrit... » (vers 15-16).

Le face à face entre la *koré* et la fleur inconnue qui la

---

1. *Ibid.*, V, 594 *sq.* et VI, 169 *sq.* (voir *supra*) ; *tupon autoteleston*, « l'image spontanée » répond à *automaton* et *autocharakton* en V, 595 et 599, ainsi qu'à *antitupoio* en V, 596 et VI, 173.
2. Ici *paptaino*. On trouve *opipeuo* en VI, 174 et *diopteuo* en V, 599.
3. VI, 207 ; XLVIII, 586 (*skioeidea phasmata morphès : skioeidea phasmata*).
4. *L'Hymne homérique à Déméter*, I, est daté du VIe et même, selon Jean Humbert, de la fin VIIe siècle avant notre ère. Pausanias qui résume l'histoire (IX, 31, 9) conclut que la fleur du narcisse est bien antérieure au héros homonyme.

ravit et la captive par sa nouveauté n'est pas encore vraiment un jeu de miroir. Pourtant, la jeune fille à qui est destiné ce piège, est dite *kalukopidi*. Quel que soit le sens exact de l'épithète, et que la comparaison florale porte sur l'aspect d'ensemble, ou sur les yeux de Coré [1], elle évoque « une jeune fille en fleur [2] », que la terre engloutit en échange du narcisse qu'elle a fait surgir [3]. De ces deux fleurs, l'une séduit l'autre par sa beauté et ce piège visuel entraîne la jeune fille au royaume des ombres.

Le narcisse et Perséphone sont donc associés dès le VIe siècle, sinon avant, et dans cette association, la dimension infernale du mythe est en corrélation avec la fascination opérée par la vue [4]. Pourtant « le parfum de cette boule de fleurs » est également évoqué : il enchante et fait sourire le vaste ciel, la terre entière et la mer houleuse. Paralyse-t-il l'univers ? Lorsque Hadès surgit, personne n'entend le cri de Perséphone, à l'exception d'Hécate et d'Hélios, très éloignés, l'un et l'autre, de la terre et du lieu du drame.

De fait, c'est généralement par l'odeur capiteuse de la fleur, et par la torpeur qu'elle est censée provoquer, que les Anciens justifiaient un autre rapport entre le narcisse et Perséphone. Un vers de Sophocle évoque cette relation, peut-être cultuelle. « Ici fleurissent en grappes superbes le narcisse, antique couronne des deux grandes déesses, et le crocus aux reflets d'or [5]. » Plutarque, dans un *Propos de*

---

1. Voir N.J. Richardson, 1974, p. 144, qui rassemble toutes les interprétations.
2. Vers 8 et 427. Le mot *kalux* désigne le bourgeon ou le bouton d'une fleur ; cf. aussi vers 66 : *glukeron thalos*, « jeune pousse ».
3. Comme le disent Laurence Kahn et Nicole Loraux (« La jeune fille et la mort », *in* Yves Bonnefoy éd., *Dictionnaire des mythologies*, article « Mort. Les mythes grecs », Paris, 1981) : « La jeune fille ressemble trop au narcisse ; il fallait la rapatrier d'urgence dans le sein de la terre. »
4. La dimension visuelle est présente dans le deuil de Déméter : Coré aux Enfers est pour elle invisible. Ce qu'elle veut c'est *voir* sa fille (333 ; 339 ; 350 ; 386 ; 470).
5. Sophocle, *Œdipe à Colone*, 681-684. La mention du narcisse suit

table consacré à la question de savoir « s'il faut des couronnes de fleurs dans les banquets », cite ce vers de Sophocle, en précisant que les Grandes Déesses sont « les déesses infernales ». Cette citation intervient juste après l'explication du nom du narcisse : « [il fut ainsi nommé] parce qu'il engourdit les nerfs et provoque une pesante torpeur [1] ».

Ce témoignage est recoupé par celui de Clément d'Alexandrie : « Le narcisse est une fleur à l'odeur lourde et, sa dénomination l'indique, elle produit dans les nerfs un engourdissement [2]. » Pline explique lui aussi que le narcisse « attaque les nerfs et rend la tête pesante ; son nom narcisse, vient de *narcè*, sommeil et non de l'enfant de la fable. » Et il distingue deux variétés, dont l'une est nocive, l'autre sédative et calmante [3]. L'efficacité apaisante du narcisse est également sous-jacente à la version préférée par Pausanias. Narcisse cherche dans son reflet un remède à la souffrance causée par la perte de sa jumelle. Ce va-et-vient de l'olfactif au visuel doit être replacé dans le cadre d'une conception matérialiste de la sensation : l'odorat comme la vue et comme aussi l'audition, résultent, on s'en souvient, de l'émission de fines particules qui voltigent dans les airs et s'en viennent ébranler l'organe concerné.

L'effet narcotique attribué au narcisse mythique comporte ainsi deux pôles, l'un positif et calmant, l'autre

---

celle de Dionysos le Bacchant (678-679) ; vient ensuite la mention du Céphise (687). Les associations majeures sont donc en place. Quant à Crocos, il fait partie de cette catégorie de jeunes gens, Hyacinthe, Attis, Adonis, morts, comme Narcisse, dans la fleur de leur beauté et pour des raisons érotiques, et métamorphosés en fleurs à valeur souvent funéraire ; voir M. Detienne, 1977, p. 78-117.

1. Plutarque, M. 647b.
2. Clément d'Alexandrie, *Pédagogue*, II, VIII, 71, 3 (éd. Marrou, 1965).
3. Pline, *Histoire naturelle*, XXI, 75. Du point de vue de la botanique contemporaine l'identification de la plante n'est pas certaine. Cette famille comporte de nombreuses variétés. Il semble qu'il y ait aussi des interférences avec la colchique, inodore mais à la fois vénéneuse et sédative.

négatif, qui cause une torpeur fatale, un engourdissement mortel. C'est par là que se justifie la relation avec certaines divinités chthoniennes, Perséphone et Déméter [1], d'abord, mais aussi les Érinyes à qui le commentateur d'Homère, Eustathe, attribue aussi une couronne de narcisses, en évoquant la stupeur dont ces divinités vengeresses châtieraient les coupables [2]. Dans le cas d'Oreste, leur efficacité hallucinatoire se déploie surtout sur le plan visuel, si l'on en croit les tragiques, ainsi que la peinture italiote qui dote une Érinye d'un miroir où surgit le visage de Clytemnestre.

Les accointances du narcisse avec la mort sont également indiquées par Artémidore : « Des couronnes faites de narcisses sont pour tous mauvaises, même si on voit ces fleurs dans leur saison, et surtout pour ceux qui gagnent leur vie grâce à l'eau et au moyen de l'eau et pour ceux qui doivent naviguer [3]. »

De ces témoignages on a pu conclure à un usage cultuel du narcisse dans les cérémonies éleusiniennes et même, mais c'est là pure hypothèse, à l'usage de plantes narcotiques sinon hallucinogènes pour faciliter l'époptie lors de l'initiation [4]. On suppose également que la fleur du narcisse était utilisée pour l'ornementation des tombes [5].

---

1. Hésychius mentionne une fleur semblable au narcisse, nommée « démétrienne ».
2. Eustathe, à *Iliade*, V, 206. Cf. Probus, à Virgile, *Bucoliques*, II, 48 (*a pictore Narcissi floribus Erinyes, i. e. Furias, primas esse coronatas aiunt*).
3. Artémidore, *La Clé des songes*, I, 77, 20-24 (trad. Festugière). Le narcisse est défini comme une fleur froide et humide dans les *Geoponica* (XI, 25), traité agronomique grec, œuvre d'un compilateur du VIe siècle de notre ère.
4. Cf. S. Eitrem, « Narkissos », 1935, coll. 1727.
5. P. Hadot, *op. cit.*, interprète aussi dans un sens funèbre l'épithète *Sigèlos*, « silencieux », que porte Narcisse à Oropos où se trouve son tombeau, parce que, dit Strabon (IX, 2, 10), « les gens se taisent en passant devant » ; comme lorsque l'on passe devant le bois des Euménides (Sophocle, *Œdipe à Colone*, 129-132). Oropos se trouve près de Rhamnonte, qui possède un sanctuaire de Némésis (Pausanias, *Description de la Grèce*, 1, 33, 2) ; c'est cette *Rhamnusia* qu'invoque avec succès l'un des amants repoussés, dans la version d'Ovide. Face à Rhamnonte se trouve Érétrie, où Probus situe l'histoire de Narcisse.

Quoi qu'il en soit, la configuration religieuse des valeurs du narcisse est clairement délimitée, elle implique en premier lieu les Grandes Déesses, Déméter, dont *L'Hymne homérique* expose les pouvoirs inquiétants et les aspects terribles, et sa fille Coré, qui devient chez Hadès Perséphone, la puissante souveraine de tous les mortels [1]. Mais sont concernées aussi les Érinyes, dont les relations avec Déméter sont multiples : groupements cultuels [2], analogies de pratiques rituelles [3], et homonymies d'épithètes : les unes et les autres sont les *Semnai* (« Vénérables ») ou les *Potniai* (« Maîtresses »), et la Déméter de Thelpousa se nomme aussi *Erinys* [4].

Tel est le terrain, à dominante funèbre et infernale, où prend racine, à l'aube de l'âge classique, le narcisse qui, quelques siècles plus tard, à rebours de ce que raconte la légende, donnera naissance au garçon du même nom [5]. C'est, bien entendu, cette nouvelle création mythique qui, seule, permet après coup, de retrouver en filigrane les éléments latents déjà associés à la fleur, dans *L'Hymne homérique*.

Le narcisse n'est pas un miroir. C'est pourtant un piège visuel, un beau jouet qui fascine une fille à peine sortie de l'enfance. Et cette victime n'est pas étrangère au miroir : car Coré, jeune fille paradigmatique, est aussi la prunelle

---

1. Celles dont l'effigie se reflète dans le miroir du temple, à Lycosoura.
2. En Attique, à Phlya : Pausanias, *op. cit.*, I, 31, 4 ; à Colone, où Poséidon est également présent : Sophocle, *Œdipe à Colone*, 469-470 et 1600-1601 ; au cap Mycale : Pausanias, *op. cit.*, I, 28, 6 ; 31, 4 ; II, 11, 4.
3. Les *nephalia*, interdiction de vin pour les libations. Ce refus du vin peut être compris comme un refus de l'oubli et un devoir de mémoire vengeresse.
4. Pausanias, *op. cit.*, VIII, 25, 6. Cette Déméter Erinys, violée par Poséidon, met au monde une fille au nom mystérieux, nommée à Phigalie *Despoina* (« Maîtresse ») (Pausanias, VIII, 42, 1-4), et le cheval Arion. Elle possède un doublet béotien qui s'unit à Poséidon, également chevalin, pour enfanter le même Arion. Ces figures évoquent fortement l'aventure parallèle de Méduse et l'enfantement de Pégase et de Chrysaor.
5. Les divers trajets de cette évolution du mythe, à partir du modèle végétal, ont été étudiés par Jo Russo.

miroitante logée au fond de l'œil. Devenue Perséphone, reine des Enfers, où la terre entrouverte l'a engloutie en échange de la fleur nouvelle, ses relations avec le miroir passent, outre par l'œil et le regard, par le disque lunaire, autre de ses apanages, autre refuge des âmes mortes. Et sa mère, Déméter, n'est pas non plus sans affinité avec le miroir : il intervient dans son culte, et le rôle qu'il y joue, bien éloigné des soucis féminins de la beauté et de la parure, découle des pouvoirs visionnaires que les Anciens attribuaient à l'instrument.

Narcisse n'est pas une femme. Aussi succombe-t-il à son image. Mais c'est que cet adolescent refuse le devenir masculin, en refusant de répondre à l'amour, et à la sociabilité qu'il engendre. Le retour sur soi-même dont il est châtié reproduit tant soit peu la clôture qui constitue, disent les hommes grecs, la vocation naturelle de la femme. Pour Coré, l'ouverture sur autrui se fait sans son accord. Et la nature est en effet complice de cette violence, malgré les protestations et le deuil de Déméter.

Le mythe qui voit naître la fleur dramatise une étape décisive de la vie féminine, l'arrachement de la fille à sa mère. Le mariage y est mis en scène comme une rupture brutale, vécue dans la stupeur, accompagnée d'un changement d'identité, que souligne son changement de nom, et comme un passage dans un autre monde où la vie conjugale se déroule dans les ténèbres et dans la proximité des morts.

Le mythe qui fait mourir Narcisse met en scène l'erreur du jeune homme qui ignore l'indispensable détour par autrui que le mâle doit accomplir pour devenir lui-même, pour devenir sujet.

D'un mythe à l'autre, est venu s'insérer un grand dieu, Éros, qui aux noces de Perséphone n'intervenait guère, sinon dans le désir impérieux du dieu ravisseur ; et la problématique symbolique s'est déplacée du féminin au masculin. C'est désormais l'identité masculine qui est en jeu, car c'est de l'homme seul que l'Éros viril exige la réciprocité amoureuse [1]. Faute à demeurer objet. Ce qu'est la femme, dont il importe peu, par conséquent, qu'elle en vienne jamais à se noyer dans son propre reflet.

---

1. Ce qui ne signifie pas que la réciprocité dans les relations hétérosexuelles n'ait pas été appréciée, tant au niveau sentimental qu'à celui des rapports physiques, comme le montrent, entre autres témoignages, certaines peintures de vases (mais pas toutes) ; voir F. Frontisi-Ducroux, 1996.

XII

RÉFLEXIONS

Le miroir attire, fascine et captive. L'homme grec, tout en abandonnant aux femmes l'usage concret de l'instrument et le droit futile d'y réfléchir leur beauté, ne s'est pas privé d'en exploiter les ressources. Il en a fait pour lui-même un objet privilégié de réflexion. Philosophes, physiciens, poètes et historiens, intellectuels et artistes n'ont cessé d'en décrire les effets, de méditer sur ses propriétés, d'en démonter les mécanismes, d'en analyser le fonctionnement. Ils s'en sont servis pour comprendre le processus visuel, ils y ont trouvé un modèle pour concevoir la vue, le plus beau de tous les sens. De cet objet bon à explorer et à rêver, ils ont amplifié les pouvoirs : support de bien des fantasmes, lieu de toutes les fantasmagories, le miroir offre des voies d'accès sur les mondes de l'invisible.

Tout en essayant de rendre compte de cette extrême richesse symbolique, nous avons orienté l'enquête dans une direction particulière, en cherchant dans le miroir quelques réponses au problème de l'identité féminine et du rôle de chacun des deux sexes, au niveau des représentations collectives, bien plus qu'à celui des pratiques concrètes, qui ne nous sont guère accessibles.

Car le miroir fonctionne comme un opérateur de discrimination des sexes, en jouant un rôle déterminant dans la séparation comme dans la réunion des hommes et des femmes.

Pourquoi le miroir est-il interdit aux hommes ? C'est en raison d'un double danger. Danger de fermeture sur soi, qui serait fatal à l'individu mâle, comme il l'est à Narcisse ; car sa vocation est dans l'ouverture sur autrui, sur le semblable, et dans la socialisation. Danger d'aliénation, dans l'assimilation à un reflet renvoyé par un objet, entraînant une quasi-chosification.

Inversement si le miroir est réservé aux femmes, c'est que leur condition se définit par la fermeture, voire la réclusion, et que le face à face avec cette chose qui leur renvoie leur propre image illustre à merveille cette clôture. Quant à l'aliénation, aucun risque, puisque la femme est autre par définition. Elle est déjà objet, elle est, dans la tradition qui lui donne pour ancêtre Pandora, matérialisée de naissance, d'essence et de statut.

Peu nous importe ici que, dans la vie réelle, la femme ait pu parfois mettre le nez à la fenêtre, et même se rendre au temple, à la fontaine ou au cimetière. Peu importe surtout qu'elle se soit fabriqué sa personnalité parmi ses semblables, en suivant des modèles féminins. On n'en sait pas grand-chose, sauf pour ces exceptions temporaires que sont les fêtes religieuses, et pour des pratiques périphériques, tels les chœurs de jeunes filles à Sparte ou à Lesbos [1]. Car ce que l'on entrevoit du gynécée dans les images ou les discours est produit par des regards et des mots masculins, destinés à tous, mais reflétant le point de vue dominant, celui de l'homme. Et les rôles symboliques qu'il s'assigne sont celui de sujet pour lui-même et d'objet pour la femme.

Le miroir donc les sépare. L'interdit masculin du miroir, d'autant plus fort qu'il était probablement plus symbolique qu'effectif, rappelle le moment du sevrage, marque la coupure d'avec le monde des femmes, l'indispensable expulsion du petit mâle hors du gynécée, la fin du temps

---

1. Voir L. Bruit-Zaidman, 1991.

où, entre les mains des mères et des nourrices, il n'était qu'une pauvre chose indifférenciée.

Mais le miroir les réunit aussi, car son usage est explicitement érotique. Il sert à préparer la femme à rencontrer l'homme. Les textes, les images, ainsi que le rituel matrimonial témoignent de l'importance accordée par les Grecs aux préparatifs nuptiaux, emblématiques eux-mêmes des préliminaires de toute union sexuelle. Toilette et parure ont pour but de susciter le désir. Pas d'Éros sans Himéros. L'amour demande à être précédé et stimulé par le désir. Il s'agit du désir masculin, bien entendu. Aussi n'y a-t-il toilette que de la mariée.

Dès lors, nouvelles questions : pourquoi le désir des hommes grecs demande-t-il à être ainsi stimulé, et pas celui de leurs femmes ? C'est, d'une part, que celui-ci ne compte pas, puisque le point de vue est androcentriste. D'autre part, on sait trop bien qu'en ce domaine comme ailleurs, la femme est excessive, en proie à des passions bestiales – autre face de la différence essentielle de celle qui oscille entre animalité et artifice –, incapable de refréner ses désirs et ses instincts. Tirésias, explorateur involontaire du continent féminin, en a jugé, sur le point suivant, celui du plaisir. L'homme, qui est celui qui prend et qui épouse, qui se définit par la modération, et qui est la mesure de toutes choses, a décidé que son appétit devait être provoqué par la beauté, et que la beauté masculine, celle du garçon, résidait dans le « naturel » du corps à l'exercice, tandis que celle de la femme exigeait un surplus de parure. C'est dire que lorsque son désir est en cause, entre les deux images contraires de la femme, l'homme grec préfère l'artificielle et artificieuse Pandora au catalogue des femmes animales que lui propose le poète Sémonide. Plus proche, sans doute, malgré son caractère factice à l'excès, du juste milieu où il se situe lui-même : celui du civilisé modèle.

Mais pourquoi la femme a-t-elle besoin de miroir ? La mariée, en particulier – mais nous avons dit que son cas est exemplaire de tout préliminaire érotique – s'apprête, alors qu'elle est, assez exceptionnellement, de sortie. Elle va se montrer, être donnée et donnée à voir. Mais pourquoi faut-il qu'elle se voie elle-même ? On peut fort bien imaginer une fiancée passive, faisant l'objet d'opérations d'embellissement, accomplies sur elle par d'autres, par un groupe de matrones, comme cela se passe dans certaines sociétés.

Ici, il nous faut évoquer un contre-exemple significatif, l'étrange rituel du mariage spartiate. La fiancée, enlevée par son époux, était remise aux mains d'une *nympheutria* qui lui coupait les cheveux à ras, l'affublait d'un pardessus et de godillots et la couchait sur une paillasse, seule et sans lumière. Le jeune marié venait la rejoindre furtivement et brièvement... et ces visites clandestines duraient longtemps, si bien qu'il leur naissait parfois des enfants avant que le mari n'ait vu sa femme en plein jour. C'était, assure Plutarque, un moyen d'entretenir le désir et l'amour [1].

L'inversion est totale. Entre Sparte et le reste de la Grèce, où le rituel du dévoilement de la mariée, l'*anakaluptéria*, et de l'échange des regards marque le temps fort de la cérémonie. Entre le mariage et l'existence antérieure des jeunes Lacédémoniennes, qui, contrairement aux fillettes d'Athènes et d'ailleurs, élevées sous clé, recevaient une éducation publique, comportant danses, chœurs chantés, exercices sportifs, exécutés dans une nudité complète sous les regards de tous, et assistaient parallèlement à l'entraînement des garçons qu'elles stimulaient ou raillaient de la voix. Inversion si parfaite que le tableau paraît fabriqué à dessein.

À quoi tend ce rite brutal ? Cette mariée mise à mal, tondue, fagotée, virilisée ? À réduire l'écart entre les deux sexes, au moment de leur union ? À affaiblir l'épuisante ardeur sexuelle de la femme, comme on fait pour les juments dont on taille la crinière ? Les Spartiates connaissent bien le pouvoir effrayant des chevelures : leurs

---

1. Plutarque, *Lycurgue*, 15 ; cf. *Numa*, 26, 1 et Xénophon, *République des Lacédémoniens*, 1, 5.

jeunes guerriers les portent longues et les soignent particulièrement, les peignant, les lissant et les faisant briller, avant de s'élancer au combat [1].

Pas de miroir pour la mariée spartiate. Himéros, le désir, est-il là malgré tout, tapi dans l'obscurité ? À cette épouse invisible et défigurée, probablement fortement fantasmée par les autres Grecs, les images d'Athènes opposent les cortèges publics et les scènes de toilette nuptiale. Ces peintures, qui décorent souvent des vases féminins, sont destinées aussi et même davantage aux regards des hommes, à qui elles entrouvrent l'intimité du gynécée. Ils peuvent y contempler la fiancée se parant, avant que d'apparaître, désirable, sur le seuil de la maison paternelle, pour que l'époux, posant fermement sa main sur son poignet, la fasse passer dans sa propre demeure.

La présence affichée du miroir indique que la femme doit se voir, avant d'être vue. Elle doit se voir, pour l'homme, en vue de l'homme. Le regard qu'elle porte sur elle-même la place en position de sujet et d'objet de regard [2]. En voyant son reflet, elle se reconnaît sujet et objet à la fois. Le miroir lui permet cette situation de sujet sans quoi elle ne se sentirait pas objet. La réflexivité visuelle accordée à la femme par le miroir joue un rôle analogue à celui du retournement sur les scènes d'enlèvement d'une mortelle par un dieu. Les belles images d'Athènes montrent la victime, en passe d'être violée, se retournant pour envisager son séducteur. Regard qui est le signe d'un consentement minimal, tel le geste d'approbation que le sacrificateur obtient de l'animal en l'aspergeant d'eau froide [3].

---

1. Plutarque, *Lycurgue*, 22, 2.
2. À cet égard, les images attiques qui montrent la femme regardant son miroir plutôt que son reflet sont symptomatiques des réticences de l'Athènes du Ve siècle.
3. Les récits et les images jouent très explicitement sur l'entrecroisement du mariage et du sacrifice, par exemple à propos d'Iphigénie et d'Andromède, l'une convoquée à Aulis sous prétexte d'un mariage avec Achille, l'autre offerte à un monstre marin qui va consommer le mariage en dévorant la mariée.

Dans ces images, conçues et élaborées par un imaginaire masculin, on verra moins le fantasme, trop partagé, de la conviction que « dans le fond, elles aiment ça [1] », que la reconnaissance du fait que, pour faire un couple, qu'il s'agisse de faire l'amour ou de faire des enfants, il faut être deux. La réciprocité du plaisir était appréciée des Grecs, qui, pour s'en justifier, y voyaient une garantie de qualité pour leur progéniture.

Sous le voile qui l'enveloppe et qu'elle va soulever elle-même, autre indice de sa participation, la mariée n'est pas de bois. Bien qu'elle soit issue d'un pur artefact, et que le miroir d'airain ciselé redouble sa nature factice, la femme n'est pas une poupée. Un mannequin passif n'est pas une vraie femme. C'est ce que signifie l'éclat de rire d'Héra, soulagée de découvrir, sous la robe de mariée qu'elle arrache, une grossière effigie de bois, au lieu de la fiancée que Zeus, pour susciter sa jalousie et la faire revenir vers lui, prétendait épouser [2].

Si la mariée n'est pas une inerte poupée c'est aussi parce qu'avant les noces la jeune fille renonce à ses jouets d'enfant et offre sa poupée à Artémis, ou à quelque autre déesse [3]. De même, plus tard, lorsqu'elle ne sera plus bonne ni à susciter le désir, ni à reproduire l'image de son époux, elle abandonnera son miroir à la divinité. Miroir et poupée, ces deux objets remplissent une fonction similaire dans la démarcation des genres et dans la définition des rôles sociaux de chaque sexe. La poupée – dont les noms, grec et latin, *coré* et *pupilla*, désignent le miroir de l'œil – est ce à quoi la petite fille est conviée à s'identifier. Objet-femme, modèle-chose, interdit au garçon, encore dans nos civilisations, son pouvoir de fascination mimétique peut conduire à d'étranges aliénations. C'est ce que prouve, à

---

1. Cf. Ovide, *Art d'aimer*, I, 673.
2. Dans le récit étiologique de la fête des *Daidala*. Voir F. Frontisi-Ducroux, 1974.
3. On trouve également à Brauron des miroirs votifs en miniature.

notre époque, la vogue des clubs qui célèbrent et diffusent le culte de la poupée « Barbie » : « Je suis une Barbie professionnelle », disait récemment, pour se présenter, l'une de ces femmes, mannequin d'un jouet. Au moins, les femmes grecques étaient-elles préservées de semblables aberrations par les rituels qui scandaient les différentes étapes de leur vie. L'abandon de la poupée pour devenir femme ; le renoncement au miroir lorsqu'elle ne l'est plus. Dans l'entretemps, les accidents sont rares et n'ont rien de tragique. Lorsqu'une femme, exceptionnellement, se perd de vue dans son miroir au point de parler à sa propre image, elle n'en meurt pas : ce n'est qu'une pauvre folle, une obscure figure de contes, dont on rit, sans en faire tout un mythe [1].

Au cœur de l'aliénation, ou de l'altérité qui constitue son lot, le miroir, qui sert à la femme à se parer, représente une part minime d'autonomie, l'œil supplémentaire que lui concède l'homme, en contrepartie de tout ce qu'il lui refuse dans l'ordre du voir et du savoir [2]. Le disque miroitant désigne l'ambivalence du statut féminin : femme-objet d'abord, mais si possible quelque peu sujet aussi. Sujet de son propre regard, par l'intermédiaire d'un objet toutefois, œil artificiel qui la chosifie, prothèse métallique qui affiche son infirmité foncière, en rappelant que ce qu'elle voit et connaît par le miroir, elle ne le pourrait pas sans lui ; qu'elle dépend d'un instrument, là où l'homme prétend s'en passer et ne s'envisager qu'à travers un double bien vivant, qui est son semblable.

Le face à face entre la femme et son miroir, cette clôture de réflexivité interdite aux mâles, n'est que le prélude à l'ouverture vers l'homme, ouverture nécessaire, désirée par beaucoup, déplorée par d'autres mais, en tout cas, gérée et conduite, d'un bout à l'autre, par les mâles. Aussi l'image,

---

1. Sur Makkô ou Akkô, épouvantail de contes de nourrices, voir *supra*, « Figures ».
2. Pour se confirmer dans son statut de sujet exclusif du regard, l'Athénien a inventé la figure plaisante du phallus à œil, ou de l'oiseau phallus doté d'un œil inquisiteur ; voir F. Frontisi-Ducroux, 1996.

assez rare en fait, de l'homme offrant un miroir à celle qu'il courtise, est-elle exemplaire. Le cadeau, explicitement érotique, lui est destiné, en définitive, à lui-même. C'est à lui-même qu'il cherche à « faire plaisir ». Exemplaires aussi ces gemmes qui montrent une femme complètement nue, tenant un miroir au cours d'un coït *a tergo*, et se retournant vers son partenaire pour le regarder [1]. Elle pourrait utiliser les pouvoirs de rétrovision du miroir afin de voir le visage de son amant et ce qui se passe derrière elle. En lui faisant abandonner le face à face avec elle-même pour un vis-à-vis avec l'autre, les artistes semblent avoir voulu indiquer que l'usage féminin du miroir n'est que l'étape préliminaire à la réciprocité visuelle et amoureuse qui peut accompagner l'acte sexuel.

Si l'on ne tient pas compte de l'intervention masculine, qui constitue la finalité de l'usage féminin du miroir, on peut considérer que ce « stade du miroir » correspond à ce que nous appelons communément « narcissisme [2] ». Un texte d'Achille Tatius est à cet égard bien éclairant. Il s'agit d'un passage que nous avons déjà évoqué parce qu'il transpose à la relation hétérosexuelle l'analyse platonicienne de l'amour, faisant de la jeune Leucippé l'homologue de l'éromène selon le *Phèdre*. Extrême avancée de l'Antiquité tardive vers un féminisme encore loin à venir. Pour encourager Clitophon dans son entreprise de séduction, son cousin Clinias lui explique les ressorts de l'amour chez la femme : « Il a quelque séduction pour une jeune fille, l'amant qui a le même âge qu'elle ; l'impétuosité de la nature, dans la fleur de la jeunesse, ainsi que la conscience d'être aimée donnent souvent naissance à un amour en retour (*anterota*). Car toute jeune fille désire être belle, prend plaisir à être

---

1. J. Boardman, 1970, pl. 906 (Paris B. N. 1104) et fig. 298 (Munich A 1432 ; perdue) ; époque classique.
2. J'utilise le terme en son sens, courant, d'amour excessif de soi-même et de sa propre image, sans m'engager dans les champs conceptuels de la psychanalyse.

aimée, sait gré de son témoignage à celui qui l'aime ; mais si elle n'est pas aimée, elle n'est pas certaine d'être belle [1]. »

Dans le meilleur des cas, celui qui est le plus favorable à la gent féminine, la tendance naturelle de la femme, disent les hommes grecs, est la complaisance à soi-même. Le sentiment premier qui l'anime est le souci de sa beauté. Son désir est tourné vers elle-même. D'où la fonction du miroir, précieuse prothèse visuelle, troisième œil artificiel. La chance de l'amant est de pouvoir prendre la place de ce fidèle compagnon. Et, en se faisant miroir pour offrir à sa belle un reflet rassurant et conforme d'elle-même, de l'inciter à devenir à son tour un miroir qui lui retourne docilement son amour... et qui, un peu plus tard, pourra le dupliquer en reproduisant les images qu'il aura imprimées en son sein.

Voilà pourquoi Écho est une femme. Vivant miroir vocal. Désir voué à n'être que réponse. Voilà pourquoi Narcisse est un garçon. Narcisse étranger au désir, qui refuse de se faire miroir d'autrui, et que les dieux condamnent, pour ce refus, au désir vain de soi, qui n'est erreur et faute que parce qu'il est un homme. Quelle femme d'ailleurs s'y serait laissé prendre ?

---

1. Achille Tatius, *Le Roman de Leucippé et Clitophon*, I, IX, 3-7. Voir *supra*, « Figures ». La femme qui prend l'initiative du désir reste encore, à cette époque et pour longtemps, un contre-modèle bien inquiétant.

Au miroir de Pénélope

Au terme d'analyses qui ont traversé le miroir grec en prenant en compte aussi bien les images que les textes, Françoise Frontisi-Ducroux, en conclusion, rappelle la vocation proprement féminine de cet instrument de toilette et s'interroge sur la relation qu'il entretient avec l'identité de la femme et celle de l'homme. Le mythe de Narcisse fournit des éléments de réponse. L'effet de miroir s'y présente sous un double aspect, suivant qu'il s'agit de l'oreille ou des yeux. L'écho est sur le plan auditif ce qu'est le reflet sur le plan visuel. Il renvoie et répète, sous forme de double, les paroles mêmes qui viennent d'être prononcées. C'est pourquoi la nymphe Écho intervient et joue son rôle dans l'histoire de Narcisse. Tout entière possédée par sa passion pour un jeune homme incapable de répondre à son attente, Écho est réduite à n'être rien que le reflet des mots que profère la bouche de l'aimé. Quant à Narcisse, il est à ce point fermé à l'amour d'autrui qu'il ne saurait s'éprendre que de sa propre image, reflétée au miroir des eaux. Pour les Grecs, la femme est plutôt du côté d'Écho, l'homme du côté de Narcisse. La première n'est pas seulement enfermée dans son face à face solitaire avec le miroir comme elle l'est dans le gynécée. Quand elle se mire, l'image que lui renvoie le miroir est déjà prise dans le regard de l'homme ; elle se voit elle-même comme le reflet de ce que perçoit, quand il la dévisage et la convoite, l'œil de son partenaire masculin. Le seul miroir pour l'homme c'est, au contraire, le vis-à-vis de ceux qui le regardent, comme il le fait lui-même, au fond des yeux. Au lieu de la réflexivité du miroir, la réciprocité des regards qui se croisent. Mais Narcisse prend trop à la lettre ce que Platon dit de l'Éros masculin : quand on plonge son œil dans l'œil de l'être aimé, c'est soi-même qu'on y voit, comme dans un miroir. Narcisse méconnaît ou détourne le vrai sens de la formule du philosophe : pour se voir, se connaître, il faut un œil autre que le sien, un être autre, une âme différente pour s'y mirer [1]. On se voit dans et par ce qui n'est pas soi. Suivant deux directions contraires, mais par un excès analogue, Écho et Narcisse manquent tous deux cette union de soi et de l'autre qui, par l'échange des regards, la réciprocité du voir et de l'être vu, constitue une des dimensions fondamentales de l'identité personnelle, pour les Grecs anciens. Tout entière absorbée dans l'autre qu'elle reflète, Écho n'est plus personne. Fermé à autrui, fasciné par sa propre image, épris de son fantôme, Narcisse cesse d'exister ; il dépérit ou disparaît, englouti dans le faux-semblant illusoire qu'il projetait de lui-même sur la surface transparente d'une fontaine, en s'y regardant.

Cette configuration que dessinent, à un pôle, la femme, être de passivité, avec le miroir, à l'autre pôle, l'homme, actif, avec l'échange des regards, n'a jamais constitué un cadre rigide et fixe. Des glissements, des inversions ont été à divers moments possibles. Dans le *Banquet* de Xénophon, Socrate, célébrant la puissance d'Éros, n'hésite pas à mettre sur le même plan, pour les assimiler entièrement, l'amour des garçons, dont il se proclame l'adepte, et l'amour que, de notoriété publique, Niceratos voue à son épouse,

---

1. Pour Platon cet autre que soi est d'abord un au-delà de soi. Pour se connaître il faut regarder ce qui, vous dépassant, vous renvoie votre image purifiée de tout ce qui, en vous, est secondaire et étranger, comme le corps propre à chacun. En se mirant dans l'autre, il s'agit de se voir dépouillé des particularités qui vous limitent, en forme de pure intelligence, de divin.

laquelle de son côté lui offre le sien en retour [1]. Éros-Antéros ; dans l'Athènes de l'époque classique, cette réciprocité de l'amour conjugal apparaît comme une singularité et fait nettement figure d'exception. Mais dès avant les premiers siècles de notre ère, le statut érotique de la femme, surtout de l'épouse, semble bien s'être modifié. C'est ce changement que souligne Michel Foucault, dans sa conclusion de *L'Usage des plaisirs* : la femme et le rapport à la femme sont désormais les temps forts de la réflexion morale sur les plaisirs sexuels. Michel Foucault retient à cet égard deux thèmes nouveaux ; l'importance prise par la conduite matrimoniale et « la valeur accordée à des rapports de symétrie et de réciprocité entre les deux conjoints [2] ». Le texte d'Achille Tatius que cite Françoise Frontisi a une portée plus générale : ce n'est plus de l'épouse qu'il s'agit dans son lien conjugal avec son mari, mais de la femme en tant que femme, et de la relation érotique où elle se trouve engagée par le regard amoureux de son vis-à-vis. Ce changement de perspective ne s'est pas opéré de façon linéaire, la femme parvenant peu à peu à se faire reconnaître comme partenaire de l'homme pour occuper enfin dans le regard du mâle une place semblable à celle qu'il s'était d'abord à lui seul octroyée.

Les retours d'Ulysse dont nous avons suivi le récit au début de ce livre nous conduisent à proposer une hypothèse de travail différente. Qu'a pu représenter pour le statut des femmes l'avènement de la cité ? Les institutions civiques mises en place à partir du VIIe siècle ne se bornent pas à réserver aux seuls mâles adultes l'exercice en commun de la pleine souveraineté ; elles rattachent directement l'humanité de l'être humain à sa participation à la vie publique. Si l'homme se définit comme un animal politique, que sera la femme ? Dans la cité où elle vit, elle reste étrangère à l'activité proprement politique. La disparité entre les sexes,

---

1. Xénophon, *Banquet*, VIII, 3.
2. M. Foucault, 1984, p. 277.

qui existait déjà, bien entendu, aux époques plus anciennes, n'a pu que se renforcer et s'étendre quand la femme s'est trouvée exclue de ce qui constitue désormais le centre de l'existence sociale, le noyau de l'identité. Faute d'être pleinement citoyenne, la femme ne saurait non plus, sur d'autres plans – relations sexuelles, conjugales, familiales, interpersonnelles – assumer le rôle d'un partenaire égal dans un jeu d'échanges dont la règle serait la réciprocité. Tous les citoyens sont en principe égaux et semblables (*isoi* et *homoioi*) ; ils occupent, chacun face aux autres, des positions symétriques. Sur ce fond d'égalité virile, les différences individuelles s'établissent par la rivalité, la compétition, l'effort pour apparaître aux yeux de tous comme « les meilleurs ». L'honneur, la gloire s'obtiennent par l'exploit guerrier, la supériorité militaire, ou par l'excellence de la parole, des sages avis dispensés au conseil. Les femmes ne sont pas faites pour le combat en armes, et pas davantage pour le discours. Le mieux qui puisse leur arriver dans le domaine de la parole, c'est de se taire et de ne prêter, dans leur conduite, à aucun commentaire verbal. L'honneur des femmes est fait de silence, leur réputation s'avère d'autant meilleure qu'elles parlent moins et qu'on parle moins d'elles. Leur première vertu est de se faire oublier.

Qu'en est-il dans « le monde d'Ulysse » ? La gloire impérissable que la « belle mort » assure au jeune guerrier tombé sur le champ de bataille, tel n'est pas le lot des femmes. Au moment de quitter Andromaque pour se rendre au combat, Hector intime à son épouse l'ordre de « retourner à ses travaux, à sa toile, à sa quenouille et de laisser aux mâles, natifs de Troie, le soin de défendre la ville ». La guerre, lui rappelle le héros troyen en une formule qui aura valeur de proverbe, « la guerre est l'affaire des hommes [1] ». La même injonction, nous la retrouvons mot pour mot au premier chant de l'*Odyssée*, dans la bouche de Télémaque qui sermonne sa mère pour qu'elle

---

1. Homère, *Iliade*, VI, 492.

remonte dans sa chambre sans se mêler de ce qui ne la regarde pas. Mais cette fois, c'est le discours (*muthos*) qui a pris la place de la guerre (*polemos*). « Va, dit son fils à Pénélope, rentre à ton logis, retourne à tes travaux, ta toile, ta quenouille... le discours, c'est l'affaire des hommes » (I, 358).

Pourtant, en Phéacie, dont le peuple tout entier vénère Arété à l'égal d'un dieu, la reine, dont chacun reconnaît l'esprit et la bienveillante sagesse, ne doit rien ignorer de l'art du bien parler, puisqu'on lui confie de régler à l'amiable, sans violence, les querelles qui opposent entre eux des hommes du pays (VII, 70-75 [1]). Et à Sparte, chez Ménélas, Hélène ne se prive pas de prendre la parole au même titre que son époux devant les étrangers accueillis en hôtes au palais. Quant à Pénélope, lorsqu'il lui arrive de quitter l'étage et les appartements des femmes pour descendre jusqu'au *megaron*, la grand-salle où les prétendants se réunissent entre hommes pour deviser et festoyer, c'est pour leur adresser, face à leur assemblée, des discours qui tantôt « flattent leur cœur par de douces paroles pour avoir leurs cadeaux et pour dissimuler leurs desseins », propos qui réjouissent fort Ulysse en secret (XVIII, 283), soit pour leur faire honte publiquement de leur conduite envers l'étranger placé sous sa protection, soit enfin pour leur communiquer la décision qu'elle vient de prendre, de mettre sa main au concours et d'épouser celui d'entre eux qui triomphera à l'épreuve de l'arc. La reine n'a pas la langue dans sa poche et on comprend qu'Eurymaque, l'ayant entendue parler, vante en elle, non seulement la plus belle des femmes, mais celle qu'aucune autre n'égale en sagesse et en rectitude d'esprit (XVIII, 243). Même si Athéna, pour renforcer la prudence d'Ulysse, le met en

---

1. Cf. Hésiode, *Théogonie*, 80-92. Le roi de justice c'est celui « dont les lèvres ne laissent couler que de douces paroles. Son langage infaillible sait vite, comme il faut, apaiser les plus grandes querelles ». On reconnaît les rois sages « à ce qu'ils savent donner, sur l'agora, une revanche sans combat, en entraînant les cœurs par des mots apaisants ».

garde contre l'inconduite éventuelle d'une épouse dont tout mari doit se méfier après une si longue absence, même si Télémaque parfois s'interroge sur ce que médite sa mère, la Pénélope de l'*Odyssée* semble au-dessus de tout soupçon, sans avoir à craindre les on-dit, les commérages, les ragots[1]. Concernant sa vertu, son *areté*, le dernier mot est prononcé, au terme du récit, du fond de l'Hadès, par l'ombre d'Agamemnon dont la gloire, contrairement à celle d'Ulysse, a été ternie par une fin ignominieuse sous les coups de son épouse et de l'amant qu'elle s'était choisi. « Le renom de sa vertu (*kleos aretès*) ne périra jamais, proclame Agamemnon depuis le royaume des morts, et les dieux immortels dicteront à la terre de beaux chants pour vanter la sagesse de Pénélope. »

L'honneur de Pénélope, sa *timè*, ne se nourrit pas de silence. Il s'affirme dans une gloire impérissable (*kleos aphthiton*), parallèle à l'éternel renom qu'apportent à Achille une belle mort, en son jeune âge, loin de chez lui et à Ulysse le retour chez soi, bien vivant après tant d'années écoulées. Entre le mari et l'épouse, dans leurs retrouvailles, la gloire circule, comme le regard, de l'un à l'autre, et se renforce pour chacun d'eux. À l'éloge que fait Eurymaque de sa beauté et de son esprit, Pénélope répond qu'avec le départ d'Ulysse son excellence, son *areté*, s'est envolée, en même temps que sa stature et sa beauté. S'il s'en revenait, ajoute-t-elle, pour veiller sur moi, « ma gloire en serait et plus grande et plus belle » (XVIII, 225 ; cf. XIX, 124 *sq.*). La gloire de Pénélope a besoin de se mirer et de se refléter dans celle de son époux. La symétrie est si forte que la gloire de la femme, étrangement, se dit au masculin, dans la bouche du mari, par le biais de ce que les commentateurs

---

[1]. Qui ne manqueront pas dans d'autres traditions légendaires, pour ne pas parler des commentaires modernes. Comme l'écrit très justement Froma Zeitlin (1996, p. 44), « *the poem presents her (Pénélope) in such a way as to assume us of her fidelity. At the same time it endows her action with sufficient ambiguity to arouse the need for interpretation, often with dramaticaly different readings* ».

contemporains nomment une « comparaison inversée [1] ». Arrêtons-nous à un moment décisif du récit, au chant XIX. C'est le premier contact, les premiers mots qu'échangent Ulysse et Pénélope, leur premier face à face depuis le retour du héros. La reine est descendue dans la grand-salle que les prétendants ont quittée ; les servantes ont débarrassé les restes du repas. Assise près du foyer, Pénélope fait disposer devant elle un siège pour le vieux mendiant loqueteux dont on lui a parlé. Elle veut le voir, l'interroger sur ce qu'il a pu connaître concernant son époux. Mais d'abord elle lui demande qui il est, d'où il vient. Sur ce point, silence d'Ulysse : en son déguisement, dissimulé sous sa métamorphose, sa fausse identité, il demeure un sans-nom, venu de nulle part : monsieur Personne. Au lieu de répondre à la question posée, le héros entame son propos par l'éloge de Pénélope, cette femme « que nul mortel au monde ne pourrait blâmer ». Utilisant la formule dont il s'est tant de fois servi pour proclamer sa propre gloire, Ulysse célèbre, dans la renommée de la reine, « une gloire qui a monté jusqu'aux champs du ciel ». Oui, enchaîne-t-il, « elle est semblable à celle d'un roi parfait qui, respectant les dieux, maintient haut la justice ; la terre noire, pour lui, produit orges et blés, l'arbre est chargé de fruits, le troupeau croît sans cesse, la mer pacifiée apporte des poissons et les peuples prospèrent » (XIX, 108 *sq.* ; cf. IX, 201 et 259). On reconnaît ici le tableau qu'Hésiode présente du Bon Roi, Maître de Justice, dispensateur par sa vertu de toutes les bénédictions qu'un souverain peut attirer sur son royaume [2] : c'est, magnifié, son propre portrait que brosse Ulysse ; en disant la gloire de sa femme, il dessine la figure idéale de ce qu'il sera, de ce qu'il doit être, au terme de ses errances, quand, redevenu lui-même, l'ordre et la paix rétablis, il règnera de nouveau sur la terre et le peuple d'Ithaque.

---

1. D'après l'anglais « *reverse simile* » ; voir, en particulier, F. Zeitlin, 1996.
2. Hésiode, *Travaux*, 225-237.

L'échange de l'excellence et du renom se fait, entre époux, dans les deux sens. La gloire d'Agamemnon s'était perdue, la guerre finie, à l'heure du retour, par la félonie de sa femme. Celle d'Ulysse brille du surplus d'éclat que lui procure l'*areté* de Pénélope (XXIV, 193 [1]). C'est que le mérite est analogue pour l'un et l'autre des conjoints. Ulysse a su « ne pas oublier le retour », garder toujours en mémoire, en dépit des épreuves et des tentations, le souvenir de son pays et de sa femme. Pénélope, de son côté, n'a jamais cessé, malgré vingt ans d'absence, « de se bien souvenir d'Ulysse, l'époux de sa jeunesse » (XIV, 195). Quand ils se rejoignent, les deux protagonistes de l'*Odyssée* partagent en quelque sorte la même gloire, comme ils partagent entre eux sentiments et pensées en raison de leur *homophrosunè*, cet accord intime, cette similitude de cœur et d'esprit dont Ulysse confie à Nausicaa qu'en eux réside pour des époux le secret du bonheur. À la toute jeune fille, en souci d'un prochain mari, Ulysse déclare : « Il n'est rien au monde de meilleur, entre homme et femme, qu'au foyer l'accord de tous leurs sentiments » (XVI, 181 *sq.*).

Mais pour aller au-delà de ce qu'une telle formule comporte pour nous d'un peu plat et banal, il faut éclairer le sens que prend la « concordance de pensée entre époux », l'*homophrosuné*, dans le contexte du retour d'Ulysse, de sa reconnaissance, de la reconquête par le héros de son identité.

Nostos, d'abord : le « retour » qu'il a fallu « garder sans cesse en mémoire », avoir toujours présent à l'esprit, sans que l'oubli jamais n'en efface le souvenir, ce *nostos* possède une dimension proprement intellectuelle. Dérivé du verbe *neomai* – comme sans doute aussi le mot *noos*, « l'intelligence », qui lui serait par conséquent apparenté –, *nostos*

---

1. Le texte est ambigu. On peut comprendre, avec Victor Bérard, « c'est ta grande vertu qui te rendit ta femme » ou, avec Philippe Jaccottet, dont je suis la traduction, « tu as acquis avec ta femme (en l'épousant, en la retrouvant) grande vertu ».

n'implique pas seulement qu'on retourne au point de départ, mais qu'on a su y revenir vivant, intact, sain et sauf, préservé [1]. La clé du retour chez soi d'Ulysse, note Gregory Nagy, c'est précisément son *noos*, le danger étant qu'il soit obscurci par l'oubli, *lethé*.

Quand il réapparaît, émergeant au milieu des siens, à la lumière et à la vie, depuis ce monde de nulle part où il semblait pour toujours englouti, le personnage du disparu est comparable à une pièce d'un jeu d'échecs, longtemps perdue puis retrouvée. Dès qu'on l'a remise à sa place sur l'échiquier et que, s'articulant aux autres pièces, elle remplit de nouveau l'espace que son absence avait creusé, ce qui se trouve avec elle finalement rétabli, c'est la validité d'ensemble d'un jeu dont tous les éléments sont solidaires. La comparaison cependant ne saurait être filée jusqu'au bout. La pièce du jeu d'échecs égarée, oubliée, redécouverte, reste toujours la même. Les événements survenus entre-temps, les années qui passent n'ont pas de prise sur son identité. Il suffit de la mettre à sa place ; tout repart comme au premier jour. Mais dans le cas d'Ulysse, pour qu'il vienne se réinsérer dans son Ithaque natale et qu'il y restaure l'ordre que son départ avait ruiné, il faut d'abord que soit confirmé et rendu manifeste aux yeux de tous le lien entre le jeune Ulysse, parti il y a vingt ans, et le vieux mendiant, « personne », qui hante le palais aujourd'hui. Sous les traits et les haillons qui le déguisent, est-ce bien cet Ulysse qui s'est embarqué autrefois ? Et même quand il récupère, grâce à Athéna, la figure authentique de son apparaître, les traces que l'âge, les épreuves, le cours du temps ont imprimées sur tout son corps ne le rendent-ils pas méconnaissable et différent ?

Sur le plateau de l'échiquier, l'ordre de disposition des pièces, d'une partie à l'autre, demeure immuable. Dans le texte de l'*Odyssée*, la narration prend en compte, séquence après séquence, l'épaisseur du temps. Entre l'avant et

---

1. G. Nagy, 1983 ; P. Chantraine, 1968, s.v. *noos*.

l'après, le passé et le présent, c'est la mémoire qui noue les fils de la continuité et du changement ; mémoire de l'aède d'abord, dont le chant fait revivre les événements d'autrefois, mémoire d'Ulysse aussi, qui non seulement doit garder en tête à tout moment le souvenir du retour, mais qui s'institue lui-même mémorialiste de ce retour, en en faisant le récit, à la façon d'un aède, chez les Phéaciens, mémoire enfin de tous les protagonistes – de Pénélope en particulier – qui vivent la situation où ils se trouvent impliqués par référence aux expériences anciennes dont la remembrance ne cesse pas de hanter leur esprit.

D'hier à aujourd'hui, le jeu des interférences, des glissements, rapprochant parfois jadis et maintenant jusqu'à les confondre, les opposant d'autres fois jusqu'à les dissocier, brouille la figure des personnages et rend leur identité problématique. Celle d'Ulysse ne s'impose pas, dès qu'il apparaît, comme une évidence. Elle doit être, par les spectateurs, reconstruite au terme d'une démarche où l'intelligence, comme la mémoire, intervient. Pour être pleinement lui-même, Ulysse doit être reconnu comme tel. Ce sont les modalités de cette reconnaissance (*anagnorisis*), suivant les occasions et les personnes concernées, qui font l'objet des derniers chants du poème. L'incertitude sur la personne, les flottements de l'identité se marquent par divers procédés. Ce peut être par duplication ou superposition de l'autre au même, la figure d'Ulysse disparu on ne sait où depuis tant d'années se projetant sur un second individu, différent de lui, se substituant à ce dernier par effet de ressemblance, l'absent prenant en quelque sorte la place du présent dans l'évidence de son apparaître. Ce peut être aussi, chez une seule et même personne, un dédoublement par dissemblance d'avec elle-même, la mise en question de sa continuité d'existence, de sa permanence identitaire. Avant qu'Ulysse ne réapparaisse en chair et en os au terme de ses longues errances, pour les spectateurs qui ont Télémaque présent devant eux, Ulysse surgit, tel qu'il était jadis au temps de sa jeunesse, en surimpression sur les traits, le corps, la voix même de son fils. Sur la personne de Télémaque, comme en un miroir – bien que le poète n'use pas, et pour cause, de cette comparaison –, c'est l'image de l'Ulysse d'autrefois qui transparaît, sans que pour autant le lien entre l'identité du père et celle du fils en soit pleinement confirmée.

Au début de l'*Odyssée*, Télémaque, mêlé aux prétendants dans le palais, est convaincu que son père est mort et qu'il ne reviendra jamais. Sous les traits de Mentor, Athéna surgit pour ranimer le zèle du jeune homme et le persuader du retour prochain d'Ulysse. Télémaque accueille l'étranger, lui demande qui il est, s'entretient avec lui. « Ulysse ne restera plus longtemps hors du domaine de ses pères, déclare Athéna-Mentor : habile comme il est, il saura bien nous revenir. » Et à son tour, elle questionne : « Mais voyons, parle-moi sans rien dissimuler. Es-tu bien, tel que je te vois, le fils d'Ulysse ? La tête, les beaux yeux, terriblement tu lui ressembles » (I, 205-210). « Je vais te répondre en toute franchise, réplique Télémaque ; ma mère dit que je suis bien son fils, mais moi je n'en sais rien : à quel signe un enfant tout seul reconnaît-il son père ? » Si Ulysse était auprès de lui vivant, sa présence pourrait confirmer sa filiation ; mais comme il a disparu sans laisser de trace, que nul ne peut ni le voir ni l'entendre, le fils doit se contenter de le tenir pour « celui qu'on dit son père » (I, 220). En réponse, la déesse, authentifiant la marque que sous forme de ressemblance Ulysse a imprimée sur Télémaque, affirme sa conviction : les dieux n'ont pas voulu que votre race devienne « sans nom » (*nonumos*), puisque Pénélope t'as enfanté tel que tu es.

Scénario analogue quand Télémaque, à l'improviste, se présente devant Nestor. Le vieillard s'exclame : « Ton père... tu serais vraiment son fils, à lui... Mais ta vue me frappe de stupeur. Mêmes mots, même tact. Comment peut-on si jeune refléter le langage d'un père ? » (V, 224-226). Quant à Hélène, le temps de jeter un coup d'œil au jeune homme, son siège est fait : « Mes yeux n'ont jamais rencontré pareille ressemblance, ni d'homme ni de femme ; cette vue me frappe de stupeur ; c'est sûrement le fils de ce grand cœur d'Ulysse, c'est lui, c'est Télémaque. » À son tour Ménélas : « Je pense comme toi, ma femme ; moi aussi j'ai vu la ressemblance. Ulysse, le voilà. Ce sont ses pieds, ses mains, l'éclair de son regard et, sur le front, la même chevelure ! » (IV, 140-144 ; 148 *sq.*). Qui regarde Télémaque est frappé de stupeur, dérouté, projeté de l'instant présent vingt ans en arrière : c'est Ulysse qu'il voit, l'Ulysse d'antan, à la place de son fils. Ce fils qu'a engendré le ventre de Pénélope n'est pas « sans nom » (*nonumos*), n'est pas *outis*, « personne ». L'être de Télémaque est signé du nom d'Ulysse.

Mais quittons Télémaque, miroir d'un Ulysse fantomatique, pour revenir au vieux mendiant, déguisement cachant un Ulysse bien réel. Il le masque, mais pas au point que le regard ne puisse y découvrir quelques éléments autorisant l'amorce d'une reconnaissance. Il est vrai qu'à prendre à la lettre le programme de métamorphose qu'Athéna entend appliquer à Ulysse, on est en droit de supposer qu'il n'y a plus rien de commun dans l'aspect d'Ulysse avant et après l'opération. En quoi le vieux mendiant *aeikelios*, non semblable, affreux, la peau fripée, le crâne chauve, les yeux éraillés, couvert de guenilles, peut-il évoquer l'allure du héros « semblable à un dieu » ? Et pourtant... sous le regard d'Euryclée, la vieille nourrice qui a connu Ulysse du jour de sa naissance à celui de son départ, le spectacle du pauvre hère miteux, accablé par l'âge, venu quémander son pain, évoque aussitôt la figure de son maître. « Beaucoup d'hôtes infortunés, lui dit-elle quand Pénélope le lui confie pour un brin de toilette, beaucoup sont venus au palais, mais je dis que pas un ne ressemble autant que toi, par la taille, la voix et les pieds à Ulysse » (XIX, 480). « Ô vieille, répond le mendiant, ainsi disaient tous ceux qui nous ont vus l'un et l'autre : que nous avions beaucoup de traits communs, comme toi-même le remarques finement. » Paradoxe d'un « apparaître » qu'Athéna a peaufiné pour y effacer toute trace de l'identité d'Ulysse, mais où la figure du héros cependant, pour un œil avisé, ne manque pas de transparaître. Figure d'Ulysse donc, mais de quel Ulysse : le jeune enfant, l'adolescent, l'homme dans la force de l'âge, tels qu'ont pu le voir, à divers moments, la nourrice et l'épouse du héros ? ou cet Ulysse qu'il est devenu désormais sous le poids de l'âge et qui est inconnu de l'une et l'autre femme ? Quand Pénélope invite Euryclée à laver les pieds de son hôte, elle ne manque pas d'évoquer, elle aussi, la ressemblance avec Ulysse, mais c'est un rapprochement qui, dans et par la ressemblance entre les deux hommes, vise à marquer l'écart et la dissemblance que le temps a creusés entre l'Ulysse d'hier et celui d'aujourd'hui. « Lève-toi maintenant, lave cet homme qui a l'âge du maître ; Ulysse aussi, sans doute, a déjà ces pieds et ces mains-là ; dans le malheur en effet les mortels vieillissent vite » (XIX, 159 *sq.*). La seule ressemblance ne réside-t-elle pas dans le fait que les deux hommes sont devenus également des vieux et que, pour les reconnaître, il faut sauter d'une époque à l'autre en se remémorant un passé disparu ? C'est tout ce que chacun a vécu, les temps anciens, qu'Ulysse entraîne à sa suite, en récupérant, aux yeux de tous, son identité.

Mais regardons d'un peu plus près comment, par ce retour, tout se remet en place à Ithaque. Le premier à reconnaître son maître, c'est Argos ; les années ont fait de ce chien l'équivalent de ce qu'est, en homme, le mendiant dont Ulysse a emprunté l'apparence : pouilleux, déjeté, sans force, Argos gît, inerte, sur un tas de fumier, à l'écart. Dès l'approche d'Ulysse, sans pouvoir se lever, remuant seulement la queue et couchant les oreilles, il reconnaît celui qui s'avance de son côté. Contrairement aux humains, il n'a pas besoin pour repérer sa présence de *semata*, de signes. *Sema* : le maître mot de la reconnaissance, comme l'ont montré pertinemment bien des commentateurs de l'*Odyssée* [1] : le *sema* est à la fois signe concret, visible, apparent –

---

1. Excellente mise au point dans C. Chiesa, 1991, p. 27-33.

indice qu'il faut déchiffrer parce qu'il renvoie à autre chose que ce qui est vu –, preuve enfin assurant l'accord des esprits, l'*homophrosuné*, concernant une vérité rendue incontestable pour ceux-là seulement qui partagent le privilège de posséder l'information permettant de décoder le signe. Certitude médiate par conséquent, reconstruite, et qui va chercher, dans le passé, dans le non-visible, son fondement. La reconnaissance de son maître par Argos est au contraire immédiate. L'animal l'éprouve sur-le-champ sans avoir à l'appuyer de preuve ou de démonstration. Il flaire la présence d'Ulysse, plus qu'il ne reconnaît une identité douteuse, parce que masquée par l'âge et le déguisement.

Mais Argos n'est pas le seul être à se passer, pour identifier Ulysse, d'un signe de reconnaissance. Télémaque est dans le même cas. Ne connaissant Ulysse que par ce qu'on lui en a dit [1], ne disposant sur son aspect d'autre référence que cette figure du héros dont on lui affirme qu'elle se reflète sur son propre corps, Télémaque accepte d'emblée, sans questionner, sans exiger de preuve, de reconnaître dans l'inconnu surgi devant lui son père Ulysse de retour à Ithaque après vingt ans d'absence. D'où vient cette assurance, comment expliquer cette confiance immédiate ? Est-ce seulement que ce retour répond à son attente, à ses désirs, qu'il comble ses vœux ?

Revenons sur la scène telle qu'elle est décrite au chant XVI. Sous son aspect de pauvre hère, Ulysse séjourne depuis la veille dans la cabane d'Eumée le porcher, qui lui a offert l'hospitalité. Au matin, fraîchement débarqué de Pylos, Télémaque se rend à son tour chez Eumée et le prie d'aller prévenir Pénélope qu'il est revenu sain et sauf. À peine Eumée est-il parti, laissant le père et le fils seuls en tête à tête dans la cabane, qu'Athéna s'avance et franchit le seuil : « En face de la porte, debout, elle apparut, mais aux seuls yeux d'Ulysse. Télémaque l'avait devant lui sans la voir, sans rien deviner, car les dieux ne se montrent pas à

---

1. Cf. IV, 112 et 144 : Ulysse a quitté Ithaque, son fils à peine né.

tous les yeux ; seuls Ulysse et les chiens la virent ; sans aboyer ils filèrent, grondant dans un coin du logis, apeurés » (XVI, 159 *sq.*). Sur un signe de la déesse, Ulysse sort. D'un coup de sa baguette d'or, Athéna lui rend sa prestance, sa jeunesse, son éclat d'antan. Quand Ulysse, ayant repris sa forme authentique, rentre dans la baraque, Télémaque ébloui et troublé détourne les yeux, craignant de voir un dieu. « Comme tu apparais autre, mon hôte, s'exclame-t-il. Tout à l'heure je t'ai vu sous d'autres vêtements et sous une autre peau. Serais-tu l'un des dieux ? » Pour Télémaque, la métamorphose à laquelle il vient d'assister ne saurait être celle de son père, transformé en un instant de vieillard pouilleux en héros brillant. Il ne peut s'agir que d'un de ces tours que les dieux se plaisent à jouer aux humains pour les surprendre et les égarer. Comment Ulysse va-t-il le convaincre ? Quelle preuve va-t-il lui donner ? Aucune. Rien d'autre qu'une affirmation répétée. Écoutons-le : « Je ne suis pas un dieu. Pourquoi me prendre pour l'un des leurs ? Je suis ton père. » Et Ulysse de verser des larmes en baisant son fils. Télémaque n'est pas convaincu. À sa place, qui le serait ? « Non, tu n'es pas mon père, tu n'es pas Ulysse ; un dieu m'abuse pour redoubler mes pleurs. Tu n'étais à l'instant qu'un vieux couvert de loques ; maintenant tu apparais semblable aux dieux qui règnent sur le ciel. » Qui, sinon un dieu, pourrait se faire, en un clin d'œil, ou jeune homme ou vieillard, ou affreux ou superbe ? Certes, Ulysse ne manquera pas d'invoquer, sur ce point, le rôle d'Athéna qui le protège et qui peut à son gré couvrir un mortel ou d'éclat ou d'opprobre. Mais il ramène le problème à ses dimensions humaines et même domestiques, en morigénant le jeune Télémaque sur le mode autoritaire d'un père s'adressant à son fils : « Télémaque, il ne convient pas, quand ton père est ici, d'en paraître à ce point surpris et confondu. Ici tu ne verras jamais un autre Ulysse ; c'est moi qui suis ton père. » Pas d'autre Ulysse que celui qui, devant Télémaque, lui parle comme le père à son fils. Pas d'autre issue pour Télémaque

que d'entrer – enfin – dans la peau d'un fils et de faire confiance aux paroles d'un père. Jusqu'alors son statut était à tous égards incertain, équivoque. Il n'était plus un enfant sans être tout à fait un homme. Dans le palais où il vit, il est le rejeton légitime de la maison sans en être vraiment le maître. Ambiguïté analogue dans ses rapports avec sa mère : sa dépendance à son égard est terminée sans que sur elle, pour autant, son autorité soit reconnue et assurée. Quant à son père, en est-il indubitablement le fils ? Il ne le sait que par ouï-dire. Quand Ulysse, celui qu'on dit être son père, se tient devant lui en chair et en os ; qu'avec lui il établit en personne, dans le présent, le rapport du père au fils, le doute n'est plus permis, le vide est comblé qui tenait à l'absence entre eux d'un passé commun. C'est d'un seul mouvement qu'Ulysse redevient lui-même en tant que père et que Télémaque conquiert son identité en tant que fils. Dans le bonheur des retrouvailles, chacun tombe dans les bras de l'autre pour mêler ensemble leurs larmes.

Tout au contraire, il n'est pas un moment du passé d'Ulysse, avant son départ, où Euryclée n'ait été mêlée. Dans la personne du héros, elle connaît l'enfant, l'adolescent, le jeune époux, comme si elle l'avait fait. Sans doute est-ce cette intimité quasi physique avec Ulysse qui permet à la vieille nourrice, en dépit de la métamorphose, du déguisement, des années écoulées, de flairer, comme Argos, derrière le vagabond venu mendier, son Ulysse de toujours. Ce sont les pieds, surtout, qui éveillent sa remembrance. Si elle a dû baigner Ulysse à tous les âges, son office ne consiste-t-il pas, avant tout, à laver les pieds du maître, chaque fois qu'il rentre à la maison ? Les pieds d'Ulysse, elle connaît ; la ressemblance avec ceux du mendiant la frappe aussitôt. Sa déclaration à ce sujet – que nous avons citée tout à l'heure – joue à la fois comme le prélude et l'amorce de ce qui sera, avec la reconnaissance proprement dite, l'évidence presque fulgurante d'Ulysse présent devant ses yeux. Le *sema*, cette fois indubitable, irrécusable dans ce qu'il donne à voir et à penser, c'est, un peu au-dessus du pied, la cicatrice qui marque la jambe d'Ulysse, qui la signe. En dépit du temps, elle ne s'efface pas. Le bourrelet sur la peau, dans la constance de sa visibilité, est un « signe », un *sema*, parce qu'il constitue la trace d'un événement qui s'est produit autrefois : à travers lui le passé disparu affleure à la surface du présent.

De cette cicatrice, Ulysse se servira encore, de propos délibéré cette fois et avec un plein succès, pour persuader le porcher Eumée et le bouvier Philétios qu'il est bien lui-même. Mais en quoi ce bourrelet de chair sur sa jambe peut-il, témoin muet mais irrévocable, emporter la conviction ? Face aux deux serviteurs dont il veut s'assurer l'aide pour tuer les prétendants, Ulysse se décide à soulever ses haillons pour découvrir sa cicatrice. « Maintenant, leur dit-il, je vais vous montrer un signe indubitable (*sema ariphrades*) pour que vous me reconnaissiez et me fassiez confiance. À ces mots, écartant ses haillons, il montra la grande cicatrice. Après l'avoir bien vue, avoir bien recherché leurs souvenirs du maître, ils lui jetèrent les bras au cou » (XXI, 217 *sq.*). D'abord voir, voir de ses yeux, ensuite remonter dans le passé aussi loin qu'il le faut pour y découvrir ce qui, lié au présent et l'éclairant, en fait un signe irrécusable et confère du coup au vieux mendiant dont on regarde la jambe sa véritable identité : Ulysse en personne.

L'événement qui a laissé sa marque sur la jambe d'Ulysse ne risquait pas de s'effacer de la mémoire des gens de son entourage. Il s'est produit à un moment décisif de son existence quand, au sortir de l'enfance, en ce tournant de la vie que constitue l'adolescence, il a accédé au statut de *couros*, de jeune guerrier, en triomphant à l'épreuve d'une chasse initiatique organisée pour lui par la famille de sa mère, sous l'autorité de son aïeul maternel Autolycos. Il s'agissait de tuer un sanglier, une bête gigantesque qu'il réussit à abattre d'un coup de lance mais qui, en le chargeant, lui avait déchiré la chair au-dessus d'un genou. Homère rapporte si longuement et avec tant de détails cet épisode ancien, sans rapport apparent avec le récit où il est inséré, que bien des commentateurs modernes ont condamné ce passage comme une interpolation tardive et déplacée. Mais en décrivant par le menu les événements d'autrefois, la mémoire du poète ne s'abandonne pas à une digression inutile, elle actualise le travail de remémoration qui s'opère dans l'esprit de chaque témoin quand il rapproche la cicatrice visible sur la jambe du mendiant de la blessure infligée à Ulysse au temps lointain de sa jeunesse.

À cet égard, la nourrice Euryclée se tient, plus que tout autre, aux premières loges. À la naissance de son petit-fils, Autolycos s'était rendu à Ithaque pour le voir. Euryclée gardait le nourrisson sur ses genoux et c'est elle qui, tout de go, eut l'idée de proposer au grand-père de trouver un nom pour l'enfant. Autolycos choisit donc pour ce rejeton qui devait tenir de lui son esprit de ruse et de tromperie, le nom d'Ulysse. À l'occasion de cette visite, Autolycos avait formulé le souhait que l'enfant, quand il aurait grandi, s'en vienne en hôte dans sa famille maternelle où il serait reçu à bras ouverts. Après la chasse et la blessure, soignée et guérie par son grand-père et ses oncles, Ulysse revint en son manoir, comblé de cadeaux précieux. Chez lui chacun voulait l'entendre et savoir tout ce qui s'était produit pendant son séjour chez Autolycos. « Il sut leur raconter en détails cette chasse et comment il reçut le coup du blanc boutoir en suivant au Parnasse les fils d'Autolycos » (XIX, 464, 7).

Fidèlement rapportés par Homère, ces détails sont ceux-là mêmes qu'en son retour le jeune homme a racontés à son entourage et qui sont restés gravés dans la mémoire des auditeurs comme un morceau de sa vie, une partie d'Ulysse lui-même.

C'est pourquoi la cicatrice, aussitôt vue, agit à la façon d'un révélateur. Elle inverse, d'un coup, la direction de cette métamorphose qu'Athéna avait imposée au héros : non plus d'Ulysse au mendiant, mais directement du mendiant à Ulysse. L'astucieux fils de Laerte était assez malin pour se méfier. Au moment de livrer ses pieds au bassin qu'Euryclée lui prépare, « Ulysse s'assit loin du foyer, car il avait soudain pensé qu'en lui prenant la jambe elle verrait la cicatrice et que tout serait découvert » (XIX, 399). À peine à ses pieds en effet pour lui donner le bain, « la vieille reconnaît son maître à la blessure ». D'émotion, elle lui lâche la jambe qui heurte le chaudron, le bronze retentit, la cuvette bascule, l'eau se répand à terre. Mettant la main au menton d'Ulysse, Euryclée s'écrie : « Ulysse, c'est donc toi, c'est toi mon cher enfant. Et moi qui ne t'ai pas aussitôt reconnu. Il était devant moi, je le palpais, ce maître. »

Assise un peu à l'écart, Pénélope est présente à la scène. Va-t-elle comprendre ? Ulysse le redoute, qui souhaite, pour la réussite de son plan, que son identité ne soit pas trop tôt révélée. Bouleversée par l'évidence d'une soudaine présence d'Ulysse devant elle, Euryclée tourne les yeux vers Pénélope pour qu'en rencontrant son regard la reine comprenne que son époux est là, dans la salle. « Pénélope ne put rencontrer ce regard. Athéna détournait son esprit et ses yeux. » Faute d'un face à face déclenchant le croisement des regards, le message de la cicatrice transmis par la nourrice ne parvient pas jusqu'à Pénélope. L'hôte du palais reste pour elle ce qu'Ulysse veut faire croire : un pauvre hère loqueteux.

Le « signe irrécusable », s'il a fait ses preuves à l'égard d'Euryclée, de Philétios, d'Eumée, va se montrer pourtant insuffisant au cours de deux épisodes dont l'importance est décisive : il ne s'agissait plus en effet de simples comparses mais des deux personnes dont le rapport avec Ulysse est tel qu'il ne saurait, sans être reconnu par elles, redevenir pleinement lui-même. Il a déjà rétabli sa relation avec son fils et avec ceux des serviteurs qui lui sont fidèles ; il lui faut désormais, en redonnant vie au lien qui l'unissait avec Laerte et avec Pénélope, s'authentifier en tant que fils par son père, en tant que mari par sa femme.

Commençons par Laerte même si, dans la chronologie du récit, sa rencontre avec Ulysse vient en dernier comme le terme ultime d'une réintégration qui est d'ores et déjà, après le meurtre des prétendants et les retrouvailles avec Pénélope, assurée, au moins en ce qui concerne son statut dans le palais et dans la sphère domestique [1].

Depuis le départ d'Ulysse, tout au long de ces années d'absence, accablé par l'âge et le deuil, le roi Laerte vit à l'écart, en marge, retiré et quasi reclus dans un logis campagnard, travaillant la terre avec quelques esclaves et une vieille servante, sans plus jamais descendre en ville. Quand le fils entreprend de rendre visite à son père en son domaine rural, il se sépare, à l'arrivée, de ceux qui l'ont accompagné, Télémaque, Eumée et Philétios ; il veut aborder son père seul, en tête à tête. Ulysse a abandonné ses loques, il n'est plus déguisé, Athéna lui a rendu son aspect normal. Il est lui-même. Il veut pourtant mettre son père à l'épreuve, le tester pour voir s'il le reconnaîtra, « si ses yeux devineront ou s'ils ne verront qu'un inconnu après une si longue absence ». Que signifie cette expérience, sinon qu'Ulysse est encore, dans son identité, équivoque, incertain ou, plus exactement, double ? Il n'y a plus l'Ulysse déguisé, métamorphosé en mendiant pouilleux et l'Ulysse qui a retrouvé son aspect authentique. Mais cet Ulysse vrai, dans la forme actuelle de son apparaître, est confronté à cet autre Ulysse que Laerte garde en tête, logé dans sa mémoire : le jeune héros d'autrefois qui, parti guerroyer devant Troie, a depuis lors disparu et dont seul subsiste, en dehors du souvenir, le reflet qu'en présente à qui sait voir la personne de Télémaque. Dans le tête-à-tête avec son fils, Ulysse voyait en face de lui sa propre image, tel qu'il était jadis, son double adolescent. Quand Laerte, dans son verger, se montre à ses yeux, c'est encore un double qu'il aperçoit, sinistre cette fois, un autre lui-même, sous la figure de ce vieillard crasseux dont Athéna lui a imposé de prendre pour un temps l'apparence : « Tout cassé de vieillesse, le

---

[1]. La réintégration dans Ithaque et Céphalonie, par la réconciliation finale avec les familles des prétendants massacrés, se fera grâce à l'intervention d'Athéna et sur son ordre.

cœur plein de chagrin, il apparut aux yeux du héros d'endurance et le divin Ulysse ne put tenir ses larmes. » À deux reprises, une fois objectivement (c'est le poète qui parle), une autre fois à travers les paroles qu'Ulysse adresse à son père, l'allure de Laerte est décrite en des termes qui rappellent de près ceux qui désignaient la triste dégaine du vieux mendiant auquel le héros devait s'identifier : « Laerte portait un manteau malpropre, ignoble et rapiécé... sur la tête une toque de chèvre », cette *kunéé* dont se coiffent les esclaves, les rustres, les vilains. Ulysse fait donc semblant de croire, à son aspect, que Laerte est l'obscur serviteur d'un maître, comme il a feint lui-même devant les prétendants d'être un homme de rien réduit à mendier sa pitance. « Tu ne prends guère soin de ta personne, dit le fils au père ; quelle triste vieillesse, tu es sale, tes linges sont ignobles » (XIX, 250). Sous ces vêtements sordides (*aeikea*), Laerte a lui aussi perdu toute ressemblance avec ce qu'Ulysse connaît de lui et qui devrait donner à sa personne un air royal. La détresse de Laerte est si grande qu'il ne peut supporter le récit que lui forge son fils sur un prétendu passage d'Ulysse en Alybas, cinq ans auparavant. La douleur submerge le vieillard qui se couvre, à deux mains, la tête de poussière. Ulysse décide alors d'arrêter cette comédie et de dévoiler son identité. « Si tu es bien Ulysse rentré chez lui, réplique Laerte encore sceptique, donne-m'en quelque signe assez certain (*sema ariphrades*) pour me convaincre » (XIX, 328-329). Réponse d'Ulysse : « Que tes yeux voient tout d'abord la cicatrice qu'un sanglier me fit sur le Parnasse... » D'abord la cicatrice ; mais s'il s'agit d'un signe irrécusable, le d'abord est de trop car il n'est pas besoin d'une autre preuve ensuite. Et pourtant Ulysse la développe longuement en énumérant au fur et à mesure qu'il les montre à Laerte, tous les arbres que son père lui a donnés, qu'il a plantés pour lui et qu'il nommait quand, tout petit enfant, Ulysse courait derrière lui, au jardin : treize poiriers, dix pommiers, quarante figuiers, cinquante rangs de ceps. « À ces mots, Laerte sentit se dérober ses genoux et son cœur, car il avait reconnu la vérité des signes que lui donnait Ulysse » (XIX, 345-346).

En quoi le choix de ces signes, comme compléments nécessaires de la cicatrice, peut-il éclairer les diverses implications que comporte cette scène de reconnaissance finale entre Laerte et Ulysse ? Nous ne sommes plus à l'intérieur du palais, dans la grand-salle où l'on se réunit en nombre pour festoyer, écouter le chant de l'aède, deviser et se quereller ; nous sommes sortis des exploits guerriers, du sang répandu, de la vie héroïque, des expéditions en pays lointain. En contrepoint, comme une parenthèse bucolique, nous voilà dans la solitude d'un jardin soigneusement entretenu, avec ses rangées de ceps et le large éventail de ses arbres à fruits. Cette autre face de la vie à Ithaque, agricole, paisible et non plus violente, est placée sous le signe du très vieil âge et de la petite enfance. Devant Télémaque, Ulysse, pour se faire reconnaître, se mettait en situation de père qui entend se faire obéir. Devant Laerte, dans ce cadre de douceur agreste, Ulysse réintègre sa première enfance, quand il apprenait, docile, sous la férule de son père, à connaître le nom des plantes, à bêcher, planter, soigner, faire pousser et prospérer les produits de la terre, à l'image de ce que réussit, sur son domaine, le bon souverain, le roi de justice. Cette plongée vers la période où Ulysse était bambin face à son père adulte arrache Laerte à son destin de vieillard solitaire et endeuillé ; elle le restitue à ce qui demeurait, enfoui en lui sous son apparence servile, de force, de courage, de noblesse. Redevenu le père d'Ulysse dans le moment même où il le reconnaît comme son fils, Laerte, à peine rentré chez lui, baigné par la servante, frotté d'huile, vêtu de son plus beau manteau, se métamorphose à son tour, comme il est arrivé à Ulysse. Athéna, certes, lui donne un coup de main : elle accroît la vigueur de ses membres ; elle le fait paraître plus grand et plus robuste. Mais on peut supposer aussi que cette immersion dans un passé retrouvé, agissant comme un bain de jouvence, est la source du changement qui s'opère en lui : « Son fils le regarda, stupéfait de le voir tout pareil à un dieu immortel, et il lui adressa ces paroles ailées : ô père, c'est sans doute un des dieux qui te donne cette beauté et cette taille » (XXIV, 370 *sq.*).

La scène a d'autres résonances encore. Le temps détruit toute chose, on le sait ; le passé est aboli et les hommes, semblables aux feuilles éphémères des arbres, sont voués à se flétrir et disparaître après s'être épanouis en verte floraison. Mais en faisant revivre le passé dans son chant, en réactualisant dans le détail, sans rien oublier, tout ce qui a eu lieu autrefois, alors que les vignes et les arbres n'étaient encore que jeunes pousses mises en terre, l'aède et Ulysse rétablissent le lien entre ce temps d'autrefois et l'actualité d'aujourd'hui. Ils tissent, d'une génération à l'autre, comme du plant à l'arbre, de la semence à la récolte, la continuité d'une même lignée. Ulysse revenu, reconnu, Laerte est à son fils ce que ce fils est à Télémaque : semblables à travers le temps qui les sépare et les isole. Le vieil âge dès lors change d'aspect et se présente dans une autre lumière : moins la déperdition de tout ce qui fait le bonheur et l'éclat de la vie, dans l'impuissance et la solitude, que leur accomplissement, dans la quiétude du repos enfin obtenu.

La dernière scène de reconnaissance joue comme le prélude du destin que Tirésias, aux Enfers, a prédit à Ulysse, quand il aura apaisé le ressentiment que Poséidon nourrit contre lui : revenu pour toujours à son logis, Ulysse connaîtra la plus douce des morts, au terme d'une vieillesse heureuse, ayant autour de lui des peuples fortunés (XI, 135 *sq.*). Ce sont ces mêmes mots qu'Ulysse rapporte à Pénélope, à la fin de leurs confidences mutuelles, avant de retrouver « avec joie la loi du lit ancien ». La reine conclut cet échange de paroles qui ouvre à leur couple, pour l'avenir, une perspective moins sombre que leur passé : « Si c'est à nos vieux ans que les dieux ont vraiment réservé le bonheur, l'espoir nous reste d'être un jour déchargés de nos maux » (XXIII, 286 *sq.*).

Mais faisons nous aussi retour à Pénélope. Si nous l'avons gardée pour la fin, pour la bonne bouche pourrait-on dire, alors que la scène de sa reconnaissance d'Ulysse précède l'épisode analogue chez Laerte, qui clôt la série, ce n'est pas pur artifice d'exposition. Le texte de l'*Odyssée* comporte bien des complexités, bien des ambiguïtés, que d'autres ont fort justement soulignées. Notre propos, plus simple, était de présenter une interprétation du récit où toutes les errances, toutes les aventures d'Ulysse viendraient converger vers Pénélope, les retrouvailles du héros et de son épouse au terme du parcours permettant à l'un et à l'autre d'être eux-mêmes. Mais en quoi le cas de Pénélope est-il à cet égard différent de tous ceux qui sont demeurés comme elle à Ithaque ? S'il est vrai qu'Ulysse récupère son identité au fur et à mesure que les regards d'autrui le rétablissent comme partenaire dans les relations qui définissent son statut en tant que père, que maître et chef d'une maison, que fils et héritier légitime d'une lignée royale, comment la reconnaissance de son épouse pourrait-elle faire autre chose que de confirmer une identité qui était déjà, en dehors d'elle, établie ? Une différence pourtant saute aux yeux. Pénélope est la seule à résister, à refuser les évidences, à demeurer sceptique devant la cicatrice, le tir à l'arc, la mort des prétendants, entêtement qui provoque la stupeur d'Euryclée et l'indignation du fils. Pourquoi se montrer incrédule à l'égard des *semata* qui ont emporté chez tous la conviction ? N'est-ce pas que l'enjeu n'est pas pour elle exactement le même que pour Télémaque, Laerte et les serviteurs ? En reconnaissant Ulysse, Télémaque trouve un père, Laerte un fils, les esclaves un maître. Pénélope n'est pas en peine d'un mari. Elle a une myriade de prétendants qui tournent autour d'elle depuis des années. Elle ne cherche pas un époux, elle veut Ulysse. Elle a gardé en mémoire le souvenir de l'homme de sa jeunesse ; il a disparu, sans doute a-t-il changé ; elle veut être sûre qu'il s'agit bien du même Ulysse, unique dans sa singularité. Cette exigence, entre des êtres, d'un rapport qui ne réponde pas seulement à une fonction sociale mais à une affinité particulière entre deux individus, c'est elle qui fonde la méfiance systématique de Pénélope à l'égard de celui qui se présente comme Ulysse. En dépit des évidences apparentes, elle le met à l'épreuve, avec toute la méfiance, la rouerie, la ruse qui caractérisent Ulysse, l'homme à la *métis*. Et cette attitude de prudente réserve témoigne de l'attachement que Pénélope voue à la personne de son mari. S'il y a, comme le note Froma Zeitlin, un lien entre l'identité d'Ulysse et la fidélité de Pénélope, on comprend que la mise à l'épreuve de la première constitue en même temps la preuve de la seconde.

Les prétendants sont morts, leurs cadavres jonchent la salle, Ulysse a su les vaincre en bandant son arc, cet arc que seul Télémaque aurait peut-être réussi à tendre si son père ne le lui avait pris des mains. Rien n'y fait. Pénélope n'est pas convaincue. On lui a conté tant de balivernes – à commencer par Ulysse – qu'elle se méfie de ce qu'elle voit et de ce qu'on lui dit. Même les *semata*, les signes irrécusables qu'on lui met sous le nez ou dont on lui rebat les oreilles la laissent sceptique. Avec Ulysse elle a été, en ce domaine, à bonne école. Face à ce mendiant étranger qui se prétend Ulysse, il lui faut se montrer plus Ulysse que lui. Ce sont deux êtres semblables, deux figures en miroir qui s'affrontent pour se retrouver.

Lors de leur premier entretien, depuis le retour du héros, Ulysse déguisé débite à Pénélope, avec cet art où il est passé maître, des menteries « tout à fait semblables à des réalités » (XIX, 203). Il prétend être né en Crète, et être resté sur place après le départ pour Troie de son frère Idoménée, et avoir ainsi pu accueillir, en le comblant d'attention et de cadeaux, Ulysse détourné de sa route par la tempête. Bouleversée par ce récit Pénélope n'en met pas moins le conteur à l'épreuve : « Étranger, lui dit-elle, je voudrais une preuve à tes dires. Si ton récit est vrai, si c'est toi qui reçus là-bas, en ton manoir, mon époux... dis-moi quel vêtement il portait sur le corps » (XIX, 215). Ulysse est évidemment bien placé pour répondre à ces interrogations. Il énumère donc le double manteau teint de pourpre, la robe fine, l'agrafe d'or dont il décrit minutieusement le décor ciselé. Comment Pénélope aurait-elle pu ne pas le croire ? Elle reconnaissait « les signes assurés », les *empeda semata* que le pseudo-Crétois lui décrivait : les vêtements et le bijou qu'elle avait de ses mains offerts à Ulysse au moment du départ. Ces « signes assurés », ou, comme l'implique l'adjectif *empedos*, fermement établis, immuables, permanents, sont sans conteste véridiques. Mais c'est précisément cette véracité des signes produits qui trompe la reine en rendant crédibles les fabulations mensongères d'un époux dissimulé lui-même sous une fausse apparence.

Face à des « mensonges semblables à des vérités », à un Ulysse semblable à un vieux mendiant, comment Pénélope pourrait-elle n'être pas sur ses gardes. Il lui faut employer les armes d'Ulysse, suivre la voie oblique de la ruse et du mensonge, pour être sûre quand elle le serre dans ses bras que ce ne peut être personne d'autre que son Ulysse.

D'autant plus fort le regret qu'elle a de lui, la nostalgie de sa présence, d'autant plus grande sa méfiance à l'égard de celui qui, à la fois semblable et différent, menteur et véridique, se prétend le seul et unique Ulysse.

Partagée entre l'espoir d'un retour, auquel on avait fini par ne plus croire, et la crainte d'être trompée, Pénélope aborde dans l'incertitude et le trouble le face à face auquel elle est conviée avec ce personnage équivoque qui peut être soit un mendiant se faisant passer pour Ulysse, soit Ulysse qui s'est fait passer pour un mendiant.

C'est Euryclée qui s'en est venue la chercher pour l'entretien. Après le combat, la vieille nourrice a tout vu : Ulysse souillé de poussière et de sang au milieu des cadavres, veillant à ce que tout soit remis en ordre, la grand-salle nettoyée et purifiée par le feu et le soufre, les servantes fautives châtiées, qui s'étaient faites complices des prétendants. À la demande de son maître, elle grimpe quatre à quatre l'escalier, folle de joie, jusqu'à la chambre où repose Pénélope. « Debout, lui dit-elle, lève-toi et viens voir en bas ton mari. Ulysse est revenu. » Tu as perdu l'esprit, répond Pénélope : une autre que toi serait montée chez moi m'éveiller et me conter pareille sornette, je l'aurais sur-le-champ renvoyée du manoir. Euryclée révèle alors ce qu'elle avait reçu l'ordre de lui taire jusque-là : elle a reconnu Ulysse dans l'étranger ; Télémaque était au courant, mais, comme elle, ne disait rien tant que les prétendants n'avaient pas été punis. À ces mots Pénélope saute de joie et, prenant la vieille dans ses bras, les yeux pleins de larmes, elle la prie de ne pas se jouer d'elle, de ne pas la tromper. Comment croire qu'un homme seul, serait-il Ulysse, a pu vaincre une troupe aussi nombreuse de jeunes guerriers, comme l'étaient ensemble les prétendants ? Seuls les dieux en seraient capables pour leur faire payer leurs crimes. Que peut répondre la nourrice ? Je n'ai rien vu, dit-elle, je n'ai rien su, j'ai entendu seulement le bruit du carnage. La seule chose certaine c'est que les prétendants sont morts et qu'Ulysse est en bas, qui attend. Pour incrédule que soit ton cœur, ajoute-t-elle, il te faut pourtant céder à l'évidence. J'ai vu sur sa jambe, preuve assurée (*sèma ariphrades*), la cicatrice de la blessure que lui fit autrefois la défense d'un sanglier (XXIII, 72 *sq.*). Pénélope pourtant, en son cœur incrédule, n'est toujours pas convaincue. Quand, quittant son étage pour suivre Euryclée, elle descend vers la grand-salle, c'est afin de voir, de ses yeux, si les prétendants sont réellement morts, et « qui les a tués ».

Qui a tué les prétendants ? Les dieux certes ont dû à cet exploit apporter leur appui. Mais le vainqueur mortel, cet homme vêtu de loques, qu'aussitôt entrée et assise dans la salle elle aperçoit adossé à un pilier, en face d'elle, les yeux baissés, sans la fixer ni dire un mot, est-ce bien Ulysse, son époux ? Pénélope, en chemin, s'était demandé ce qu'elle ferait : allait-elle, gardant ses distances, interroger l'homme, le questionner ou courir vers lui pour lui sauter au cou ? Ni l'un ni l'autre. Elle demeure figée, muette, incapable de proférer une parole ni même de le regarder en face dans les yeux. « Prise de stupeur, tantôt elle reconnaissait Ulysse en ce visage, tantôt doutait, ne voyant plus que ses haillons. » C'est alors que Télémaque éclate, indigné. Il reproche à Pénélope un cœur endurci, trop ferme, plus dur que la pierre. Mais en fustigeant le tempérament de sa mère, entêtée dans son refus, le fils, sans le savoir, célèbre sa vertu. Se montrer toujours ferme, faire preuve d'un cœur patient (*tetleoti thumô*), c'est cela même qui caractérise Ulysse, le héros d'endurance (*polutlas*), et qui lui a donné la force de supporter les pires épreuves pour rentrer chez lui (XXIV, 163 ; XVIII, 135 ; IX, 436). Et c'est ce même cœur qui a permis à Pénélope, comme Anticléia l'a assuré à Ulysse aux Enfers, comme Eumée le confirme à Télémaque (XI, 181 ; XVI, 37), ce même cœur qui lui a permis de résister à ses malheurs, d'endurer, en restant fidèle à son époux [1].

L'entrevue de la reine avec l'étranger qui, pour la première fois devant elle, proclame ouvertement son identité d'Ulysse semblerait n'avoir rien donné si elle n'avait prêté à une ébauche de complicité entre les deux époux. Ils ne se sont adressé l'un à l'autre ni regard ni parole. Mais, en réponse aux reproches de Télémaque, Pénélope glisse une remarque qui éclaire d'un sourire le visage d'Ulysse, parce qu'il ouvre la voie à une reconnaissance pleine et entière. « Si vraiment c'est Ulysse qui rentre en sa maison, affirme-t-elle, nous nous reconnaîtrons facilement l'un et l'autre, car il est entre nous certains signes secrets que nous sommes seuls à connaître » (XXIII, 107-110). Ce signe secret, caché à tous, connu d'eux seuls, c'est le témoin secret que la reine entend convoquer au moment voulu pour tester Ulysse, pour le mettre à l'épreuve. Les autres signes qu'on lui présentait comme irrécusables n'avaient pas pour elle valeur de preuve parce qu'ils relevaient, dans leur évidence, du domaine public et qu'on pouvait les utiliser, comme Ulysse l'avait fait dans le cas des vêtements et

---

1. Cf. F. Zeitlin, 1996, p. 31.

de l'agrafe, pour tromper. Bien des gens connaissaient l'histoire du sanglier et de la blessure ; et rien de plus semblable à une cicatrice qu'une autre cicatrice. Ulysse était capable de bander son arc, c'est vrai, mais était-il le seul au monde dans ce cas ? Enraciné au fond de leur mémoire commune, le secret partagé est, au contraire, le signe incontournable de l'intimité unissant un couple dont les composants ne sont ni dissociables ni remplaçables. La seule question est de savoir si l'étranger dont tous proclament qu'il est Ulysse est lui aussi détenteur du souvenir secret dont la possession exclusive fait du mari et de sa femme, à la façon du *sumbolon*, les deux morceaux symétriques qui doivent coïncider en leur brisure, quand ils se rejoignent pour reformer la pièce unique dont ils ont été dissociés.

Pour sonder la mémoire d'Ulysse et s'assurer de son identité Pénélope devra retourner contre lui les armes qui sont siennes de la ruse et de la tromperie. La journée s'avance, le soir vient. Tout demeure encore incertain. Avant de quitter la salle pour aller au bain et se vêtir comme il se doit, Ulysse adresse à son fils conseil et rappel à l'ordre : « Télémaque, laisse donc ; ta mère veut m'éprouver ; bientôt elle n'aura plus de doute. Parce que je suis sale et couvert de haillons, elle ne peut me respecter ni croire encore que c'est moi » (XXIII, 113-115). Quand il revient, la nuit tombée, dans la salle où est demeurée Pénélope, Ulysse est métamorphosé. Par les soins conjugués de l'intendante Eurynome et de la déesse Athéna, « quand il sortit du bain on aurait dit un Immortel ». De nouveau l'homme et sa femme sont assis face à face et Ulysse donne libre cours à son amertume, attribuant l'indifférence de Pénélope au « cœur de fer » qu'elle porterait en sa poitrine, le même « cœur de fer », que, soit dit en passant, Hector reconnaissait à Achille, après que le héros grec l'eut emporté sur lui (XXIII, 172 ; cf. *Iliade*, XXII, 357). Ulysse n'ira donc pas rejoindre Pénélope dans leur couche commune. Il demande à Euryclée de lui dresser un lit, à l'écart, pour y dormir tout seul. C'est l'occasion que saisit la reine pour tramer sa ruse et piéger son époux. Feignant d'avoir enfin reconnu Ulysse, elle intime à la nourrice l'ordre de lui obéir et d'aller chercher dans la chambre le lit qu'Ulysse bâtit autrefois de ses mains, de le porter dehors pour le dresser là où le maître en a formulé le désir : « C'était sa façon d'éprouver son époux. Mais Ulysse, indigné, méconnut le dessein de sa fidèle épouse » (XXIII, 181-182). Tombant dans le panneau, il exprime sa douleur et sa colère. Il a suffi d'un mot que Pénélope a prononcé pour qu'il en ait l'âme meurtrie. Ce mot, c'est « déplacer ». Qui a déplacé ce lit (XXIII, 183-184) ? Cette interrogation anxieuse, qui met en question, dans la bouche d'Ulysse, la fidélité de l'épouse, balaie au contraire, dans l'esprit de Pénélope, toutes les hésitations, et lui apporte la certitude qu'elle a bien affaire à Ulysse. Car l'anxiété d'Ulysse remonte d'un passé très ancien, du souvenir demeuré immuable dans leur mémoire à tous deux, de ce moment lointain où Ulysse construisait lui-même ce lit, l'immobilisant à jamais en l'édifiant à partir d'un tronc d'olivier enraciné profond dans le sol, bâtissant enfin autour de lui la chambre et le palais. Seuls Ulysse et Pénélope savent comment ce lit a été fabriqué. Le secret de ce travail, cette structure cachée de la couche conjugale, tel est le grand signe (*mega sêma*) qui les lie l'un à l'autre, apportant la preuve à chacun que son vis-à-vis est bien le même qu'il y a plus de vingt ans, au temps de leur jeunesse.

Ulysse parle, il relate la fabrication du lit, il rappelle que personne, en dehors d'eux, ne savait que ce lit, contrairement aux autres, était fixe, immuable, *empedon*, et qu'il aurait fallu couper le tronc de l'olivier pour le bouger. En l'écoutant, « Pénélope sentait se dérober ses genoux et son cœur, elle avait reconnu les signes assurés », les signes immuables (*sèmata empeda*), immuables comme le lit, comme le souvenir, comme l'identité d'Ulysse, comme la fidélité de Pénélope.

C'est alors que la femme s'élance en pleurant vers son

mari, qu'elle lui jette les bras autour du cou, qu'elle l'embrasse et s'explique : si elle ne l'a pas reconnu et fêté sur-le-champ, « c'est qu'elle avait toujours au cœur la crainte que quelqu'un ne vînt l'abuser par ses contes ». « Mais maintenant que tu m'as décrit le signe indubitable de notre lit qu'aucun mortel n'a vu... mon cœur est convaincu » (XXIII, 225-230).

Sur ce grand *sèma*, secret irrécusable, immuable, les commentaires n'ont pas manqué, qui en ont souligné la richesse et les résonances multiples. Je me bornerai ici à évoquer certains des traits marquants.

Le signe du lit, ou du pied du lit, joue en ce moment décisif du poème comme le carrefour où se croisent et se renforcent les valeurs diverses du mot *sèma* : un élément concret, visible ; à travers lui et au-delà de lui, quand on le déchiffre, une prise sur l'invisible ; un message véhiculant un savoir ; un mot de passe ; l'évocation, dans ce qui est présent, d'une absence : celle d'un défunt, dans le cas d'un *sèma* funéraire, ou d'un événement passé, quand il matérialise un souvenir. Dans le cas du *mega sema*, sa particularité tient à ce que son caractère immuable appartient à la fois au signe lui-même, le lit fixé au sol par son pied, à la permanence du souvenir que ce pied évoque, au maintien du secret préservant l'exclusivité d'un mot de passe, signe de reconnaissance entre deux partenaires, l'immuabilité, enfin, des significations auxquelles il renvoie : le lit conjugal qu'on ne peut bouger témoigne à la fois de l'identité d'Ulysse, resté lui-même, de son départ à son retour, et de la fidélité de Pénélope qui a su, comme le proclame Anticléia aux Enfers, en bonne et constante épouse, garder intacts (*empeda*), préservés, non seulement le lit, mais tous les biens du couple, malgré l'absence de son conjoint (XI, 178 [1]).

Ce lit auquel conduisent les tribulations du héros et le

---

[1]. Cf. aussi XVI, 74-77 ; XIX, 325-329. En l'absence du mari, la bonne épouse garde en sa demeure, tout intact (*empeda*), respectant le lit du conjoint, comme cela a été bien vu par Froma Zeitlin, 1996.

récit qu'en fait le poète est lui-même lourd de sens. Il est un objet fabriqué, une œuvre d'art qui traduit chez Ulysse l'homme de l'habileté technique, des savoir-faire en tout genre, de l'esprit industrieux, maître des artifices à l'instar d'Athéna et d'Héphaïstos. Il est intégré à l'espace domestique, au dedans de la maison qui a été construite après coup autour de lui. Mais il reste lié, par le tronc de l'olivier qui lui sert de support, à l'espace naturel, à la terre féconde, porteuse de la végétation, au dehors. Il fait le lien entre le palais, situé en ville, résidence royale, et le jardin de Laerte, avec ses arbres et ses vignes, séjour campagnard. En enracinant dans le sol même d'Ithaque, au cœur de la maison, la couche où s'unissent le roi et la reine, il légitime leur pouvoir souverain, il rattache la lignée royale à l'ensemble du peuple soumis à l'autorité de son chef.

Il fait plus encore. Immuable en dépit du temps qui fuit et détruit toute chose, il exprime entre autrefois et maintenant une forme de permanence. D'hier à aujourd'hui, il incarne cette continuité que la mémoire vise à rétablir.

Dans le récit, l'épisode du *sema* du lit nous renvoie au point de départ, quand Ulysse s'est embarqué pour Troie. D'une certaine façon, il abolit le temps en réactualisant le passé dans le présent du texte. De nouveau réunis, tels qu'ils sont l'un et l'autre, l'un par rapport à l'autre, Ulysse et Pénélope se retrouvent tous les deux rajeunis. Et cette nuit qu'Athéna allonge pour qu'ils demeurent plus longtemps dans les bras l'un de l'autre revêt toute l'apparence de leur première nuit de noces. Pour que la rumeur ne se répande pas au-dehors du massacre des prétendants, Ulysse a veillé à ce que la maison semble se préparer à célébrer dans la joie le nouveau mariage de Pénélope. La lyre retentit ; sous les pieds des danseurs et des femmes aux belles ceintures, la demeure tout entière résonne du bruit de la fête. « En l'entendant, les gens dehors allaient disant : nul doute, c'est la reine tant briguée qui se marie » (XXIII, 148-149).

Avant d'aller au lit les époux se parlent, puis, « après avoir joui des plaisirs de l'amour, ils goûtèrent le charme des confidences réciproques » (XXIII, 300-301). Les souffrances, les épreuves que chacun a endurées et dont il fait à l'autre le récit, pour diverses qu'elles soient, se redoublent et s'échangent jusqu'à se confondre dans les mots qui les disent. Ulysse tient dans ses bras la femme de son cœur, sa fidèle compagne. Que ressent Pénélope au terme de ses peines, de ses douleurs, de son attente et de son deuil ? Écoutons ce que chante le poète : « Bienvenue apparaît la terre aux naufragés dont Poséidon a fait sombrer le beau navire en haute mer, chassé par le vent et la houle ; peu d'entre eux peuvent échapper à la mer grise et nagent vers le rivage ; tout leur corps est ruisselant d'écume ; joyeux, ils mettent pied sur la rive, loin du malheur. Ainsi fut bienvenu à ses yeux le mari, et ses bras blancs ne voulaient plus se détacher du cou » (XXIII, 233-240). Ces vers font écho à ceux du cinquième chant, quand Ulysse, son radeau brisé, nageant à bout de forces pour sauver sa vie au milieu des flots, aperçoit la rive de Phéacie où il va pouvoir mettre pied. Mais c'est Pénélope qui prend ici la place du naufragé épuisé, nageant pour échapper à Poséidon, et dont le cœur éclate de joie à la vue de la terre qui le sauve.

Il n'y a pas de miroir dans l'épopée. Ni Héra, s'apprêtant, dans l'*Iliade*, à séduire Zeus avec l'aide d'Aphrodite, ni Hélène, ni Circé, ni Calypso, ni Nausicaa, ni Pénélope, dans l'*Odyssée*, ne sont jamais montrées un miroir à la main. Elles chantent, elles tissent, elles filent seulement. C'est Pénélope, partenaire égal d'un lien amoureux où l'échange est réciproque des regards, des paroles, des souvenirs, des caresses, c'est Pénélope qui renvoie à son époux l'image de l'homme qu'il est redevenu quand faisant retour à Ithaque pour la rejoindre, il découvre en elle, au miroir de ses yeux et de son passé, qu'il est bien et toujours lui-même : Ulysse en personne.

BIBLIOGRAPHIE

ABL = HASPELS C.H.E., *Attic Black-Figured Lekythoi*, Paris, De Boccard, 1936.
ABV = BEAZLEY J.D., *Attic Black-Figure Vase-Painters*, Oxford, Oxford University Press, 1956.
ARV² = BEAZLEY J.D., *Attic Red-Figure Vase-Painters*, Oxford, Oxford University Press, 1963, 2ᵉ éd.
DK = DIELS H., Die Fragmente der *Vorsokratiker*, Berlin, 1903 ; 6ᵉ éd., W. Kranz, 1951.
LIMC = *Lexicum Iconographicum Mythologiae antiquae*, Zurich-Munich, Artemis, 1981-1994.
LSC = TRENDALL A.D., *The Red-Figured Vases of Lucania, Campania and Sicily*, Oxford, Oxford University Press, 1967.
RVAP = TRENDALL A.D. et CAMBITOGLOU A., *The Red-Figured Vases of Apulia*, I et II, Oxford, Oxford University Press, 1978 et 1982.

AELLEN C., *À la recherche de l'ordre cosmique. Forme et fonction des personnifications dans la céramique italiote*, I et II, Kilchberg/Zurich, Akanthus, 1994.
ARTHUR M., *Penelop's Renown*, Princeton, Princeton University Press, 1991.
AUSTIN N., *Helen of Troy and her Shameless Phantom*, Ithaca, New York, Cornell University Press, 1994.
BALENSIEFEN L., *Die Bedeutung des Spiegelbildes als ikonographisches Motiv in der antiken Kunst*, Tübingen, Tübingen Studien X, 1990.
BALTRUSAITIS J., *Le Miroir*, Paris, Elmayan-Seuil, 1978.
BENVENISTE E., *Le Vocabulaire des institutions indo-européennes*, Paris, Minuit, 1969.

BÉRARD C., « L'impossible femme athlète », AION VIII, Naples, Ist. Univ. Orientale, 1986, p. 195-202.
BÉRARD C. et alii, La Cité des images, Lausanne/Paris, LEP-Nathan, 1984.
BERNAND A., Sorciers grecs, Paris, Fayard, 1991.
BETTINI M., éd., La maschera, il doppio e il ritratto, Rome-Bari, Laterza, 1991.
BETTINI M., Il ritratto dell'amante, Turin, Einaudi, 1992.
BOARDMAN J., Greek Gems and Finger Rings, Londres, Thames and Hudson, 1970.
BOLLACK J., Empédocle, t. III, Commentaires, Paris, Minuit, 1969.
BOUVIER D., « Mneme, o le peripezie della memoria greca », in I Greci, vol. II, 2, Turin, Einaudi (à paraître).
BOYANCÉ P., Le Culte des muses chez les philosophes grecs, Paris, De Boccard, 1957.
BOYANCÉ P., « Platon et le vin », BAGB, Paris, 1951, p. 3-19.
BRUIT-ZAIDMAN L., « Les filles de Pandore. Femmes et rituels dans les cités grecques », in SCHMITT PANTEL P. et alii, Histoire des femmes. L'Antiquité, Paris, Plon, 1990, p. 363-403.
BRUIT-ZAIDMAN L. et SCHMITT PANTEL P., La Religion grecque, Paris, Armand Colin, 1989.
CAJKANOVIC V., « Ogledalo u verovanyima i kulta », in Sabrana dela iz srpske religije i mitologije, t. II, Belgrade, 1994.
CAPPELLI R., « Il " mundus muliebris " nel mondo antico », in G. Macchi ed., Lo Specchio e il doppio, Milan, Fabbri ed., 1987, p. 234-250.
CASEVITZ M., « L'humour d'Homère. Ulysse et Polyphème au chant IX de l'Odyssée », Études homériques, travaux de la maison de l'Orient, 17, Lyon, 1989.
CHANTRAINE P., Dictionnaire étymologique de la langue grecque, Paris, Klincksieck, 1968.
CHIESA, C., Sémiosis, signes, symboles. Introduction aux théories du signe linguistique de Platon à Aristote, Berne, Peter Lang S.A., Éditions scientifiques européennes, 1991.
DELATTE A., La Catoptromancie grecque et ses dérivés, Liège, H. Vaillant-Carmanne-Paris, Droz, 1932.
DETIENNE M., Dionysos mis à mort, Paris, Gallimard, 1977.
DOVER K.J., Homosexualité grecque, Grenoble, La Pensée sauvage, 1982.
EITREM S., « Narkissos », Paulys Realencyclopädie des classischen Altertumswissenschaft, XV/2, Stuttgart, Druckenmüller, 1935, col. 1721-1733.
ELSNER J., « Naturalism and the erotics of the gaze », in

N. Kampen ed., *Sexuality in Ancient Art*, New York, Cambridge University Press, 1996, p. 247-261.
FOUCAULT M., *L'Usage des plaisirs*, Paris, Gallimard, 1984.
FREUD S., *Cinq psychanalyses*, Paris, PUF, 1954.
FRONTISI-DUCROUX F., *Dédale, mythologie de l'artisan en Grèce ancienne*, Paris, Maspero, 1974.
FRONTISI-DUCROUX F.,« Du simple au double », *Le Deux*, Revue d'esthétique, Paris, juillet 1980, p. 111-130.
FRONTISI-DUCROUX F., *Prosopon. Valeurs grecques du masque et du visage*, Paris, EHESS, 1987 (Lille, thèses, ISSN 0294-1767).
FRONTISI-DUCROUX F., « Les Grecs, le double et les jumeaux », *Topique*, 50, 1992, p. 239-262.
FRONTISI-DUCROUX F., *Du masque au visage*, Paris, Flammarion, 1995.
FRONTISI-DUCROUX F., « Eros, desire and the gaze », *in* N. Kampen ed., *Sexuality in Ancient Art*, New York, Cambridge University Press, 1996, p. 81-100.
GEORGOUDI S., *Des chevaux et des bœufs dans le monde grec*, Paris-Athènes, Daedalus-De Boccard, 1990.
GOLDHILL S., *The Poet's Voice*, Cambridge, Cambridge University Press, 1991.
GRAF F., *La Magie dans l'Antiquité gréco-romaine*, Paris, Belles Lettres, 1994.
HADOT P., « Le mythe de Narcisse et son interprétation par Plotin », *Nouvelle Revue de Psychanalyse*, 13, 1976.
HARTOG F., « Des lieux et des hommes », *in* Homère, *l'Odyssée*, trad. de Philippe Jaccottet, Paris, La Découverte, 1982, p. 415-428.
HASPELS C. H. E., *Attic Black Figured Lekythoi*, Paris, De Boccard, 1936.
HÉRITIER F. *Masculin/féminin. La pensée de la différence*, Paris, Odile Jacob, 1996.
ISLER-KERÉNYI C., *Stamnoi*, Lugano, Bolla, 1976.
JEANMAIRE H., *Dionysos*, Paris, Payot, 1951.
JONSSON EINAR MAR, *Le Miroir. Naissance d'un genre littéraire*, Paris, Belles Lettres, 1995.
JOST M., *Aspects de la vie religieuse en Grèce*, Paris, SEDES, 1992.
KAHIL L., *Les enlèvements et le retour d'Hélène dans les textes et les documents figurés*, Paris, De Boccard, 1955.
KAMPEN N. ed, *Sexuality in Ancient Art*, New York, Cambridge University Press, 1996.
KEENE CONGDON L.O., *Caryatid Mirrors of Ancient Greece*, Mayence, Von Zabern, 1981.

KEULS E., *The Reign of the Phallus*, New York, Harper and Row, 1985.

LEJEUNE A., *Recherches sur la catoptrique grecque d'après les sources antiques et médiévales*, Bruxelles, Palais des Académies, 1957.

LEJEUNE A., *Euclide et Ptolémée, deux stades de l'optique géométrique grecque*, Louvain, Bibliothèque de l'université, 1948.

LEZZI-HAFTER A., *Der Schuvalov-Maler*, Mayence, Von Zabern, 1976.

LISSARRAGUE F., *Un flot d'images, une esthétique du banquet grec*, Paris, Adam Biro, 1987.

LISSARRAGUE F., « Femmes au figuré », *in* SCHMITT PANTEL P. et alii, *Histoire des femmes. L'Antiquité*, Paris, Plon, 1990, p. 157-251.

LISSARRAGUE F., « Women, boxes, containers : some signs and metaphors », *in* E. REEDER, *Pandora, Women in Classical Greece*, Princeton, Princeton University Press, 1995.

LLOYD G. E. R., *Les Débuts de la science grecque*, Paris, Maspero, 1974.

LLOYD G. E. R., *La Science grecque après Aristote*, Paris, La Découverte, 1990.

LONGO O., « Onde e/o corpuscoli. La luce fra Aristotele ed Epicuro », *Atti e Memorie dell'Academia Patavina di Scienze, Lettere ed Arti*, vol. C (1987-1988), Padoue, 1989, p. 55-68.

LORAUX N., « La main d'Antigone », *Metis*, I, 2, Paris-Athènes, 1986, p. 165-196.

LORAUX N., *Les Expériences de Tirésias. Le féminin et l'homme grec*, Paris, Gallimard, 1989.

LORAUX N., *Né de la terre*, Paris, Seuil, 1996.

MAC KINLAY A.P., « On the way scholars interpret *amauros* », *Antiquité Classique*, XXVI, Louvain, 1957.

MAC CARTHY W., « The Shape of the Mirror : Metaphorical Catoptrics in Classical Literature », *Arethusa*, 22, Albany, 1989, p. 169-184.

MENCACCI F., *I fratelli amici. La rappresentazione dei gemelli nella cultura romana*, Venise, Marsilio, 1996.

MOSSÉ C., *La Femme dans la Grèce antique*, Paris, Albin Michel, 1983.

MUGLER C., *Dictionnaire de la terminologie optique des Grecs*, Paris, Klincksieck, 1964.

NAGY G. « Sema and Noesis : Some Illustrations », *Arethusa*, 16, Albany, 1983.

OAKLEY J. H., « Nuptial Nuances : Wedding Images in Non-Wed-

ding Scenes of Myth », *in* E. REEDER, *Pandora, Women in Classical Greece*, Princeton, Princeton University Press, 1995.
OBERLAENDER P., *Griechische Handspiegel*, Hambourg, 1967.
ONIANS R. B., *The Origins of European Thought*, Cambridge, Cambridge University Press, 1954.
ONIANS R. B., « On the Knees of Gods », *Classical Review*, n° 38, 1924, p. 303 *sq*.
PAPADOPOULOU-BELMEHDI J., *L'Art de Pandora, la mythologie du tissage en Grèce ancienne*, Paris, Belin, 1992.
PELLIZER E., « L'eco, lo specchio e la reciprocità amorosa. Una lettura del tema di narcisso », *Quad. Urb. di Cult. Class.*, NS 17, 2, Rome, 1984.
PÉPIN J., « Plotin et le miroir de Dionysos », *Revue internationale de philosophie*, XXIV, 1970, p. 304-320.
PUCCI P., « Les figures de la *métis* dans l'*Odyssée* », *Metis*, I, 1, Paris-Athènes, 1986, p. 11-12.
PUCCI P., *Ulysse le Polytrope*, Lectures intertextuelles de l'*Iliade* et de l'*Odyssée*, Lille, 1995.
RAMNOUX C., *La Nuit et les Enfants de la Nuit dans la tradition grecque*, Paris, Flammarion, 1959.
REDFIELD J., « Homo domesticus », *in* Vernant J.-P. (sous la direction de), *L'Homme grec*, Paris, Seuil, 1993, p. 185-222.
REEDER E. D. *et alii, Pandora, Women in Classical Greece*, Princeton, Princeton University Press, 1996.
RICHARDSON N. J., *The Homeric Hymn to Demeter*, Oxford, Oxford University Press, 1974.
ROBERT L., *Monnaies grecques*, Genève, Droz, 1967.
ROBERT L., « L'épigramme grecque », *Opera Minora Selecta*, t. V, Amsterdam, Hakkert, 1989, p. 552 *sq*.
ROBERT L., « Les épigrammes satiriques de Lucillius sur les athlètes », *Opera Minora Selecta*, t. VI, Amsterdam, Hakkert, 1989, p. 317-427.
SASSI M. M., *Le teorie della percezione in Democrito*, Florence, La Nuova Italia, 1978.
SCHEID J. et SVENBRO J., *Le Métier de Zeus. Mythe du tissage dans le monde gréco-romain*, Paris, La Découverte, 1994.
SCHMITT PANTEL P. *et alii, Histoire des femmes. L'Antiquité*, G. Duby et M. Perrot éd., Paris, Plon, 1990.
SCHNAPP A., *Le Chasseur et la Cité. Chasse et érotique dans la Grèce ancienne*, Paris, Albin Michel, 1997.
SEGAL C., « Divine Justice in the Odyssey : Poseidon, Cyclops and Helios », *American Journal of Philology*, n° 113-114, Baltimore, 1992, p. 489-518.

SIMON G., *Le Regard, l'Être et l'Apparence dans l'Antiquité*, Paris, Seuil, 1986.
SIMON G., « Science de la vision et représentation du visible. Le regard de l'optique antique », *Les Cahiers du Musée national d'art moderne*, 37, automne 1991, p. 5-21.
SKODA F., *Le Redoublement expressif*, Paris, SELAF, 1982.
SOURVINOU-INWOOD C., *Studies in Girls' Transitions : Aspects of the Arkteia and Age Representation in Attic Iconography*, Athènes, Kardamitsa, 1988.
STAROBINSKI J., « Inside and Outside », *Hudson Review* 28, 1975, p. 333-351.
THOMPSON D'ARCY W., *A Glossary of Greek Birds*, Londres-Oxford, Oxford University Press, 1936.
TRENDALL A.D., *The Red-Figured Vases of Lucania, Campania and Sicily*, Oxford, Oxford University Press, 1967.
TRENDALL A.D. et CAMBITOGLOU A., *The Red-Figured Vases of Apulia*, I et II, Oxford, Oxford University Press, 1978 et 1982.
VERNANT J.-P., « Corps obscur, corps éclatant », *Corps des dieux, Le Temps de la réflexion*, VII, Paris, 1986, p. 19-45.
VERNANT J.-P., *L'Individu, la Mort, l'Amour*, Paris, Gallimard, 1989.
VERNANT J.-P., *Figures, Idoles, Masques*, Paris, Julliard, 1990.
VERNANT J.-P., « Introduction », *in* Vernant J.-P. (sous la direction de), *L'Homme grec*, Paris, Seuil, 1993.
VIDAL-NAQUET P., « Valeurs religieuses et mythiques de la terre et du sacrifice dans l'*Odyssée* (1970), *in Le Chasseur noir*, Paris, La Découverte, 3e éd., 1991.
VILLANUEVA-PUIG M.-C., *Images de la vie quotidienne en Grèce dans l'Antiquité*, Paris, Hachette, 1992.
VINGE L., *The Narcissus Theme in Western European Literature up to the early 19th*, Lund, Gleerups, 1967.
WASOWICZ A., « Miroir ou quenouille ? La représentation des femmes dans la céramique attique », *Mélanges Pierre Lévêque*, t. II, Besançon, 1989, p. 413-438.
WEST M. L., « The *Anacreontea* », *in* O. Murray ed., *Sympotica*, Oxford, Oxford University Press, 1990, p. 272-276.
ZEITLIN F., *Playing the Other*, Chicago-Londres, Chicago Press, 1996.
ZÜCHNER W., *Griechische Klappspiegel*, Berlin, De Gruyter, 1942.

CRÉDITS PHOTOGRAPHIQUES

Sauf mentions contraires, les photographies sont des auteurs.

Athènes. *Musée archéologique national* : fig. 24, 25.
Berlin. *Preussischer Kulturbesitz* : fig. 29.
Oxford. *Ashmolean Museum* : fig. 14.
Paris. *Bibliothèque nationale* : fig. 2 ; *Musée du Petit-Palais (photo Bulloz)* : fig. 17, 18 ; *Réunion des musées nationaux* : fig. 3, 4, 12, 13, 28.

TABLE

Avant-propos 9

ULYSSE EN PERSONNE, par Jean-Pierre Vernant 11

L'ŒIL ET LE MIROIR, par Françoise Frontisi-Ducroux . 51
    I. Miroir, petit miroir 53
    II. Des mots, des choses et des images 72
    III. Entre miroir et quenouille 92
    IV. Figures 112
    V. La vue mode d'emploi 133
    VI. Aristote et les règles 147
    VII. Un objet paradoxal 155
    VIII. Le philosophe et le débauché 177
    IX. Au-delà du miroir 182
    X. Narcisse et ses doubles 200
    XI. Les métamorphoses de Narcisse 222
    XII. Réflexions 242

AU MIROIR DE PÉNÉLOPE, par Jean-Pierre Vernant 251

Bibliographie 287

DES MÊMES AUTEURS

Françoise FRONTISI-DUCROUX :
Dédale. Mythologie de l'artisan en Grèce ancienne, Paris, Maspero, 1975.
La Cithare d'Achille, Rome, éd. de l'Ateneo, 1986.
Le Dieu-Masque. Une figure du Dionysos d'Athènes, Paris, La Découverte-École de Rome, coll. « Images à l'appui », 1991.
Du masque au visage, Aspects de l'identité grecque, Paris, Flammarion, 1995.

Jean-Pierre VERNANT :
Les Origines de la pensée grecque, Paris, PUF, 1962 ; 7e éd., « Quadrige », 1990.
Mythe et Pensée chez les Grecs. Études de psychologie historique, Paris, Maspero, 1965 ; nouv. éd. augmentée, Paris, La Découverte, 1985.
Mythe et Tragédie en Grèce ancienne (avec Pierre Vidal-Naquet), Paris, Maspero, 1972 ; 7e éd., 1989.
Mythe et Société en Grèce ancienne, Paris, Maspero, 1974 ; Seuil, « Points Essais », 1992.
Les Ruses de l'intelligence. La métis des Grecs (avec Marcel Detienne), Paris, Flammarion, 1974 ; 2e éd., « Champs », 1978.
Religion grecque, religions antiques, Paris, Maspero, 1976.
Religions, histoires, raisons, Paris, Maspero, 1979.
La Cuisine du sacrifice en pays grec (sous la dir. de Marcel Detienne et Jean-Pierre Vernant), Paris, Gallimard, 1979 ; 2e éd. 1983.

La Mort dans les yeux. Figures de l'autre en Grèce ancienne, Paris, Hachette, 1985 ; 2e éd. 1986.
Mythe et tragédie, II (avec Pierre Vidal-Naquet), Paris, La Découverte, 1986.
L'Individu, la Mort, l'Amour. Soi-même et l'autre en Grèce ancienne, Paris, Gallimard, 1989.
Mythe et Religion en Grèce ancienne, Paris, Seuil, 1990.
Passé et Présent. Contributions à une psychologie historique réunies par R. Di Donato, 2 vol., Rome, ed. di Storia e letteratura, 1995.
Entre mythe et politique, Paris, Seuil, 1996.

En collaboration :
La Cité des images, sous la direction de C. Bérard et J.-P. Vernant, Lausanne/Paris, LEP-Nathan, 1984.
Mythes grecs au figuré. De l'antiquité au baroque, sous la direction de S. Georgoudi et J.-P. Vernant, Paris, Gallimard, 1996.

CET OUVRAGE A ÉTÉ TRANSCODÉ
ET ACHEVÉ D'IMPRIMER SUR ROTO-PAGE
PAR L'IMPRIMERIE FLOCH À MAYENNE
EN AOÛT 1997

N° d'impression : 41493.
N° d'édition : 7381-0497-X.
Dépôt légal : août 1997.

Imprimé en France.